Joseph Vogl

Kapital und Ressentiment

Joseph Vogl

Kapital und Ressentiment

Eine kurze Theorie der Gegenwart

C.H.Beck

www.chbeck.de
Umschlaggestaltung: geviert.com, Michaela Kneißl
Satz: Fotosatz Amann, Memmingen
Druck und Bindung: CPI – Ebner & Spiegel, Ulm
Gedruckt auf säurefreiem und alterungsbeständigem Papier
Printed in Germany
ISBN Buch 978 3 406 76953 5

myclimate

klimaneutral produziert
www.chbeck.de/nachhaltig

Inhalt

Vorbemerkung

Im Titel *Kapital und Ressentiment* wird das Bindewort ‹und› einer kritischen Belastung ausgesetzt. Es verweist auf die Frage, wie sich der Aufbau neuer unternehmerischer Machtformen im digitalen Kapitalismus mit der Aushöhlung demokratischer Prozeduren und Institutionen kombiniert. Dabei wird eine Spur verfolgt, die von der Herrschaft der Finanzindustrie über die Entstehung der Plattformökonomie bis hin zu den Dynamiken und Stürmen auf den aktuellen Meinungsmärkten führt.

Einige zentrale Thesen bestimmen den Parcours der folgenden Kapitel. So wird die gegenwärtige Internetindustrie zunächst als Erneuerung eines Finanzregimes begriffen, das sich seit den 1970er Jahren formierte und über diverse Krisen hinweg mit der Bewirtschaftung von Informationen aller Art eine neue Quelle der Wertschöpfung erschloss. Information ist zur wichtigsten Ressource im gegenwärtigen Kapitalismus geworden. Die damit verbundenen Geschäftsmodelle sind zudem einer engen Wahlverwandtschaft zwischen Finanzwesen und Kommunikationstechnologien geschuldet. Was man heute Digitalisierung nennt, ist nicht einfach durch die Umwandlung analoger Werte in digitale Formate und durch die Ausbreitung solcher Technologien in alle möglichen sozialen, politischen und ökonomischen Bereiche charakterisiert. Elektronische Netzwerke haben vielmehr eine effektive Fusion von Finanz- und Informationsökonomie ermöglicht, die eine schnelle Expansion des Finanzsektors und die Hegemonie des Finanzmarktkapitalismus bewirkte. Damit ist einerseits eine wirtschaftliche Handlungsmacht entstanden, die über nationale Grenzen hinweg in die Entscheidungsprozesse von Regierungen, Gesellschaften und Volkswirtschaften interveniert. Andererseits haben die Privatisierung des Internet, rechtliche Privilegien und die Kommerzialisierung von Information seit den 1990er Jahren auch zur Aufzucht neuer Medienkonzerne geführt, deren Geschäft in der Aneignung von öffentlichen Infrastrukturen, in der Ausweitung privater Kontrollmechanismen und in der Erzeugung und Belieferung von Informationsmärkten besteht. Im Zusammenhang von Netzwerkarchitekturen, Plattformindustrie und Digitalfirmen sind die Steuerung von Gesellschaften und die Beherrschung öffentlicher Sphären selbst zu einem unternehmerischen Projekt geworden. Die damit ausgelösten Debatten über fragmentierte Öffentlichkeiten und politische Polarisierung, über Demokratieverlust und eine aktuelle Konjunktur der Verlogenheit werden schließlich zum Anlass genommen, das Wechselverhältnis zwischen Wirtschaftsprozessen, Weltbezügen und Affektökonomien zu verfolgen. Dabei kommt dem Sozialaffekt des Ressentiments eine privilegierte Position zu: Im gegenwärtigen Wirtschaftssystem fungiert er als Produkt und Produktivkraft zugleich und trägt gerade mit seinen politischen und sozialen Erosionskräften zur Stabilisierung des Finanz- und Informationskapitalismus bei. – Diese Thesen sollen weder Epochenhermeneutik betreiben noch generelle Zeitdiagnosen ausstaffieren. Sie stützen eine kurz gefasste Theorie der gegenwärtigen Lage allerdings darin, dass sie sich auf jene Umstände und Bedingungen beziehen, die eine Verständigung über diese Gegenwart und deren Herstellung erst ermöglichen.

1. Kapitel

Monetative Gewalt

In der Wirtschaftsgeschichte werden große Umbrüche weniger durch schallende Ereignisse als durch unmerkliche Drehungen langfristiger Tendenzen markiert. Während sich die letzte Finanzkrise als lautstarkes Ende einer finanzkapitalistischen *belle époque* bemerkbar machte, hat eine pedantische Zählung seit den siebziger Jahren mehrere Hundert Banken- und Währungskrisen registriert, die von der Herstatt-Pleite 1974 bis zum Zusammenbruch des Dotcom-Marktes im Jahr 2000 reichten.[1] Solche Serien bieten hinreichendes Material dafür, dem jüngeren Finanzsystem eine strukturelle Instabilität zu attestieren, in der Turbulenzen und Crashs zu Routinen wurden und der Begriff der Finanzkrise selbst seine Verweiskraft auf den Charakter außerordentlicher Marktbegebenheiten verlor: Die ‹Krisen› sind stationär geworden. Vor allem aber zeichnet sich darin die allmähliche Verfertigung eines ökonomischen Regimes ab, in dem seit vier Jahrzehnten das Zusammenwirken von misslichen Umständen, Zwangslagen, neuen Geschäftsideen, rabiaten politischen Interventionen und ideologischen Konjunkturen zu einem Ausbruch des Finanzkapitals aus seiner wohlfahrtsstaatlichen Einhegung geführt hat, um nun das Geschick von Nationalstaaten, Gesellschaften und Volkswirtschaften zu diktieren.

Vor diesem Hintergrund konnte das Vierteljahrhundert nach dem Ende des Zweiten Weltkriegs immer wieder als Ausnahmeperiode erscheinen, als goldenes, aber versunkenes Wirtschaftsidyll, in dem unter dem Eindruck der wirtschaftlichen, sozialen und politischen Desaster der zwanziger und dreißiger Jahre die Rettung des Kapitalismus auf der Geschäftsgrundlage gemäßigter Varianten versucht wurde. Denn über alle kontroversen Bewertungen dieser Nachkriegszeit hinweg musste man konzedieren, dass damals starke Gewerkschaften und Bankenregulierung, Kapital- und Währungskontrollen, eine defensive Konjunktur-, Steuer- und Sozialpolitik, langfristige Investitionen und Massenproduktion, niedrige Zinsraten und überschaubare Gewinnspannen zumindest vorübergehend zu industriellem Wachstum, Lohnsteigerungen und zu einer Moderation in der Einkommens- und Vermögensverteilung geführt hatten. Wie einstmals von Max Weber, Joseph Schumpeter, John Maynard Keynes oder Karl Polanyi in Aussicht gestellt, schienen die Zeiten entfesselter Märkte eines extremistischen Kapitalismus endgültig vorbei zu sein, und noch 1968 galt die Hoffnung, dass mit den bestehenden wirtschaftlichen Institutionen und Instrumenten westlicher Industriestaaten unkontrollierte Inflationen und Depressionen verhindert, Wirtschaftswachstum verstetigt und «gesamtgesellschaftliche Prozesse» optimiert werden könnten. Es handelte sich, kurz gesagt, um eine Epoche, die von der Hoffnung auf *peace and plenty*, auf «Wohlstand für alle» und den Aussichten geprägt war, Verteilungskämpfe durch erwartbare Wachstumsdynamiken zu entschärfen.[2]

Die Erosion dieser sozialen und politischen Kompromissformeln verlief dann über einige Stationen, in denen sich eine Verschiebung ökonomischer Kräfte mit der Verlagerung politischer Entscheidungsmacht kombinierte. Dabei wurden die Trendumkehr wie deren Scheitelpunkt durch zwei hinreichend diskutierte Daten markiert. Das betrifft einerseits das Ende des Abkommens von Bretton Woods in den Jahren 1971 und 1973, also jener 1944 beschlossenen Nachkriegsordnung, die mit der Bindung wichtiger Währungen an den

Dollar und des Dollars an Gold stabile Devisenkurse und somit Sicherheiten im internationalen Waren-, Kapital- und Zahlungsverkehr garantieren sollte. Was immer den Untergang dieser Finanz-, Währungs- und Wirtschaftsepoche ausgelöst haben mag: eine zunehmende Mobilität im internationalen Kapitalverkehr und eine expansive US-Geldpolitik, die Verwandlung der USA von einem internationalen Gläubiger zu einem globalen Schuldner, die Anhäufung von ausländischen Dollarguthaben, das anwachsende Defizit der USA durch den Vietnamkrieg und steigender Inflationsdruck, eine Suche nach höheren Kapitalrenditen aufgrund sinkender Profitraten in amerikanischen Unternehmen, Exportüberschüsse vor allem in Deutschland und Japan oder das Missverhältnis zwischen amerikanischen Verpflichtungen und Goldreserven – es wurde damit jedenfalls ein Scheitern komplexer finanzpolitischer Konstruktionen sowie ein langsamer, aber endgültiger Übergang von Warengeld zu Kreditgeld, zu ungedeckten Währungssystemen mit fluktuierenden Wechselkursen vermerkt. Damit wurden nicht nur neue Märkte für neue Finanzprodukte – wie Währungsderivate – geschaffen, sondern insgesamt ein nahezu exponentielles Wachstum der umlaufenden Geldmenge initiiert.[3] Auf Devisenmärkten werden heute weltweit – und zwar täglich – fünf Billionen Dollar umgesetzt.

Andererseits haben steigende Inflationsraten, Stagnation und sinkende Produktivität in den Vereinigten Staaten drastische Leitzinserhöhungen der *Federal Reserve* unter Paul Volcker zwischen 1979 und 1981 motiviert. Sie haben das Kunststück vollbracht, die Handelsdefizite und Auslandsschulden der USA zu deren Vorteil zu wenden und internationales Überschusskapital mit hochverzinsten Anlagen an die Wall Street zu lenken. Auch wenn Volckers Entscheidung wohl eher improvisierten und intuitiven Charakter besaß, schlug sich der Erfolg solcher Inflationsbekämpfung neben einer Festigung des Dollarkurses in einer folgenreichen Umverteilung von

Vermögen und Einkommen nieder. Während die Profitraten für Banken und Finanzinstitute, für Wertpapiere, Anleihen, Aktien und große Kapitalvermögen anstiegen und 70 % der Gewinne aus europäischen Handelsüberschüssen zurück in die New Yorker Finanzmärkte flossen, wurden Schulden verteuert, Lohnsteigerungen gebremst, die Einnahmen von produzierender Industrie, von Kleingewerben und Landwirtschaft reduziert. Dem Anwachsen des Finanzsektors und den Erträgen aus Finanzkapital standen Rezession, Schuldenkrisen der Dritten Welt und steigende Arbeitslosigkeit gegenüber. Mit unsichtbarer Hand wurden Einkommensanteile von 55 % jener Haushalte, die keine oder negative Finanzwerte besaßen, auf die oberen 45 % verteilt.[4]

Expandierende Finanzmärkte und Schuldenökonomie haben in den siebziger Jahren also die Hegemonie des US-amerikanischen Kapitalismus unter veränderten Vorzeichen gesichert und damit den Rahmen für die Abarbeitung jener liberalistischen Programme geboten, die erstmals unter der Militärdiktatur Chiles seit 1973 getestet und nach der politischen Ankunft von Thatcher und Reagan ab den achtziger Jahren in unterschiedlichen Abfolgen, Zeitspannen und Versionen durchgesetzt wurden. Die Maßnahmen erstreckten sich vom Kampf gegen Gewerkschaften und Arbeitsmarktreformen über die Privatisierung von sozialer Vorsorge, öffentlichen Aufgaben und Dienstleistungen bis zur umfassenden Revision von Unternehmens-, Vermögens- und Einkommensteuern, zur gezielten Förderung von Kredit- und Finanzmärkten sowie zur Entlastung von Kapitaleinkünften. Dabei hat dieses Gemisch aus heterogenen Entwicklungen und konzertierten Aktionen einen systemischen bzw. systematischen Zusammenhang mit der Flankierung durch prominente Institutionstypen erhalten. So hatte der 1945 gegründete Internationale Währungsfond (IMF) – um ein Beispiel neben anderen Organisationen wie Weltbank oder GATT bzw. WTO zu nennen – zunächst die Aufgabe, internationale Geldpolitik zu koordinieren und mit Ausgleichszahlungen mögliche Spannungen im System fixer Wechselkurse zu moderieren. Nachdem allerdings der IMF mit dem Zusammenbruch des Weltwährungssystems und der Aufkündigung des Abkommens von Bretton Woods vorübergehend funktionslos geworden war, hat man seit den 1970er Jahren sein Aufgabengebiet neu erfunden und eine Instanz geschaffen, die nun die Einhaltung von Stabilitätskriterien angesichts flottierender Devisenkurse kontrollieren und zudem als *lender of last resort* für Zentralbanken und Regierungen auf den internationalen Finanzmärkten fungieren sollte.[5]

Damit begann die große Zeit jener ‹Strukturanpassungsprogramme›, mit denen Weltbank und IMF – unter Mithilfe der OECD – auf die Schuldenkrisen in Lateinamerika und Asien reagierten, Kreditvergaben an Entwicklungs- und Schwellenländer mit Reformbedingungen verknüpften, die entsprechenden sozioökonomischen Entwicklungsperspektiven verallgemeinerten und schließlich für die Ausrichtung der internationalen Wirtschafts- und Finanzpolitik sorgten. Die wesentlichen Programmpunkte wurden im so genannten Washington Consensus von 1989 resümiert und umfassten neben den Forderungen nach Haushaltsdisziplin, der Reduktion von Staatsausgaben, Steuerreformen und Privatisierung von Staatsunternehmen auch marktorientierte Zinssätze und Devisenkurse, Investorenschutz, die Deregulierung von Märkten, die Liberalisierung des Kapitalverkehrs samt Erleichterungen für ausländische Investitionen. Mit diesen Richtlinien einer finanzökonomischen *global governance* ging es den internationalen Finanzinstitutionen nicht nur um eine Veränderung staatlicher Strukturen und wirtschaftspolitischer Voraussetzungen, sondern um eine gezielte Unterstützung spezifischer Interessengruppen und Agenturen.[6] Auch wenn diese Politik immer wieder für gescheitert erklärt wurde[7], lässt sich in ihr die Blaupause für jene jüngeren Regierungsexperimente erkennen, mit denen man innerhalb der Eurozone das an Entwicklungs- und Schwellenländern erprobte Spektrum von Austeritätsprogrammen – Stabilitäts- und Fiskalpakt, Schuldenbremsen, Haushaltsdisziplin, Privatisierungen – noch einmal exekutierte.

Schließlich wurde eine solche Konditionierung politischer Entscheidungsprozesse auch durch eine Funktionsänderung von Zentralbanken im 20. Jahrhundert forciert. Während Nationalbanken aus der notorischen Verschuldung frühneuzeitlicher Territorialstaaten sowie deren Bewirtschaftung durch private Gläubiger hervorgingen und – wie die Bank von England 1694 – zum Zweck einer dauerhaften Staatsfinanzierung, zur Verwaltung von Staatsdefiziten gegründet wurden, wuchs diesen Instituten allmählich ein erweiterter Aufgabenbereich zu. Er ergab sich aus jeweils konkreten historischen Situationen und umfasste etwa das Monopol von Notenausgabe und Geldschöpfung, die Sicherung des Bankensystems, die Sorge um den Wert der Währung, die Regulierung der umlaufenden Geldmenge oder die Fragen von Preisstabilität, Zinspolitik und Inflationsbekämpfung. Dabei waren es vor allem die Einbrüche von Banken-, Finanz- und Währungskrisen seit Ende des 19. Jahrhunderts, die die Ausrichtung vorbildlicher Exemplare – vom Federal Reserve System in den USA (1913) über die Deutsche Bundesbank (1957) bis zur Europäischen Zentralbank (1992 bzw. 2007) – bestimmten und sich in drei wesentlichen Tendenzen niederschlugen. Sie wurden als Sicherungsanstalten für das Finanz- und Währungssystem konzipiert, die zugleich als *bankers' bank*, als Dienstleister für Banken und Finanzmärkte für die Bereitstellung von Kapitalreserven in Not- und Schieflagen zu sorgen hatten. Damit ist auch der besondere legale Status dieser Banken verbunden, der durch eine formale Abdichtung bzw. Immunisierung gegen andere Regierungsorgane gekennzeichnet ist. Ausgehend von der engen Kopplung zwischen Zentralbanken, Kreditinstituten und Finanzsystem hat sich im Laufe des 20. Jahrhunderts dann das Dogma der ‹Unabhängigkeit› von Zentralbanken durchgesetzt, spätestens seit den 1990er Jahren und am radikalsten vielleicht für die EZB: Nach Artikel 107 des Vertrags von Maastricht (1992) darf die EZB bei der Ausübung der ihr «übertragenen Befugnisse, Aufgaben und Pflichten» eben keine «Weisungen von Organen oder Einrichtungen der [europäischen] Gemeinschaft, Regierungen der Mitgliedstaaten oder anderer Stellen einholen oder entgegennehmen.»

Man hat es also mit der Bildung von Regierungsenklaven zu tun, die gegenüber allen anderen Regierungsorganen unabhängig sind und sich insbesondere jeder Kontrolle durch die legislative Gewalt entziehen. Das hatte weitreichende Konsequenzen und führte eine strikte und bisweilen verfassungsrechtlich verankerte Abtrennung souveräner Aufgaben wie Geld- und Währungspolitik von nationalstaatlicher Wirtschafts- und Fiskalpolitik herbei. Mit Berufung auf die liberale Doktrin des Monetarismus, die eine mehr oder weniger mechanische Verknüpfung zwischen Geldmenge und Wirtschaftsentwicklung unterstellt, wurde damit eine technokratische Abwicklung politischer Entscheidungen gebahnt und Geldpolitik dem Idol eines ‹regierungslosen Regierens› überstellt. Nicht zuletzt hat man damit eine radikale Einseitigkeit, eine einseitige Verantwortlichkeit der Zentralbanken programmiert. Zum einen wurde jede Rechenschaft gegenüber gewählten Regierungen, gegenüber einem demokratischen Stimmvolk annulliert. Es handelte sich darum, die finanzökonomische Marktordnung gegen «die Tyrannei der zufälligen Mehrheit von Volksvertretungen» (Knut Wicksell) zu schützen, und gerade mit Blick auf den Euro und die EZB machte man keinen Hehl daraus, dass es darum ging, die «lästigen Eingriffe demokratisch gewählter Akteure in das Wirtschaftssystem» zu verhindern.[8] Anderseits bezieht sich deren Rücksicht auf die Stimmungen des

Finanzpublikums, und zur Sicherung von Währung und Geldwert sind sie vor allem jenen Investoren und Akteuren verpflichtet, die die Dynamiken auf den Finanzmärkten diktieren. Als Regierungsinstitute bieten Zentralbanken also eine Art Minderheitenschutz für die Vertreter der Finanz gegenüber wechselhaften demokratischen Mehrheiten; über Zentralbanken sind Finanzmärkte und deren Agenturen zu einem integralen Bestandteil von Regierungspraxis geworden und manifestieren sich dort mit ihrer para-demokratischen Natur.

Erst mit der Vielfalt und mit dem Zusammenspiel solcher politischen, institutionellen und doktrinären Eingriffe wurden die Voraussetzungen zur Förderung des jüngeren Finanzmarktkapitalismus geschaffen und die Fundamente zu jenem globalen Massenexperiment gelegt, das seit vier Jahrzehnten auf eine ‹Finanzialisierung› von Volkswirtschaften, von ökonomischen und sozialen Infrastrukturen insgesamt setzt. Hervorgegangen aus den Anstrengungen, mit denen man sich insbesondere in den USA von den wirtschaftlichen und politischen Zwangslagen seit Ende der sechziger Jahre zu befreien versuchte, wurden dem Finanzsektor neue Aktionsradien in der Ausübung politischer Entscheidungsmacht eröffnet. Dies zeichnete sich zunächst in einer doppelten Expansion von Finanztransaktionen ab, die sowohl deren Wachstum wie deren Ausdehnung betraf. So ist das globale Volumen der Finanzbeziehungen zwischen 1980 und 2007 um mehr als das Siebzehnfache angestiegen. Das Handelsvolumen der New Yorker Börse hat sich von neunzehn Millionen Dollar täglich im Jahr 1975 auf 109 Millionen täglich im Jahr 1985 multipliziert, der Handel mit Derivaten und Verbriefungen hat sich von 1998 bis 2008 nahezu verzehnfacht, Finanzanlagen haben 2007 eine Größe von 355 % des Weltbruttoinlandsprodukts erreicht; und die Geschäfte in so genannten Schattenbanken – Geschäfte also, die abseits von Regelvorgaben wie Eigenkapitalrichtlinien und Mindestreserven stattfinden – haben 2008 einen Umfang von 140 %, 2015 von 150 % der weltweiten Wirtschaftsleistung angenommen. Dies wurde von einer Vervielfachung der Schulden in öffentlichen, vor allem aber in privaten Bereichen begleitet: Am Beispiel der USA stiegen sie von 155 % (1980) auf 353 % (2008) des Bruttoinlandsprodukts. Und wiederum in den USA ist der Anteil der Finanz-, Versicherungs- und Immobilienbranchen (FIRE: *finance, insurance, real estate*) am Inlandsprodukt im Verhältnis zur Güterproduktion von ca. 30 % Anfang der sechziger Jahre auf über 90 % um 2010 gewachsen.

Damit war ein Prozess verbunden, in dem sich der industrielle Gewinnanteil am Gesamtergebnis unternehmerischer Renditen kontinuierlich reduzierte. Er fiel in den USA der siebziger Jahre von vierundzwanzig Prozent auf vierzehn bis fünfzehn Prozent und wurde in den 1990er Jahren von der Profitquote der Finanz-, Versicherungs- und Immobiliengeschäfte überholt. Dies war auch einem Umbau von Unternehmensstrukturen geschuldet, der sich nicht bloß in Fusionen und Konzentrationen, in der Auslagerung von Arbeitskräften sowie in der Privilegierung von *shareholder*-Interessen, von kurzfristigen Ausschüttungen an Aktionäre gegenüber langfristigen Investitionen manifestierte, sondern auch in der Umlenkung von Profiten in Finanzmärkte und in der Verwandlung von Großunternehmen zu Finanzierungsgesellschaften: Der größte Gewinnanteil von Firmen wie General Electric oder Ford Motor Company stammt nicht aus dem Absatz von Industrieprodukten, sondern aus Finanzdienstleistungen; und wenn etwa Nike die Einnahmen zwischen 2002 und 2005 um 470 % steigern konnte, so lag das nicht am Verkauf von Turnschuhen und Trikots, sondern an den Erträgen aus Zinsen und Dividenden. In den USA flossen im Jahr 2000 die Hälfte aller Investitionen von Nichtfinanzfirmen in den Finanzsektor, und 2001 fielen dort mehr als 40 % aller Unternehmensgewinne in der Finanzindustrie an.[9]

Die Finanzialisierung ist also strukturell geworden. Versehen mit akademischem Segen, der – wie am Beispiel der *Efficient Market Hypothesis* – gerade den Finanzmärkten perfekten Wettbewerb, ideale Preisbildungsmechanismen, rationale Aktionsweisen und optimale Informationsverteilung attestierte, ist sie durch die wachsende Bedeutung von finanzökonomischen Motiven, Akteuren, Instrumenten und Institutionen für die Bedingungen materieller Produktionen sowie für die Dynamik von heimischen und internationalen Märkten charakterisiert. Sie prägt die Art und Weise, mit der die Akkumulation von Finanzkapital zu einer dominierenden Macht in der Strukturierung des sozialen und politischen Feldes geworden ist. Einerseits wurde mit der Stärkung von Pensionsfonds und finanzdefinierter Daseinsvorsorge, mit der Molekularisierung des Wettbewerbs und der Förderung prekärer Beschäftigung, mit der Erhöhung von Verschuldungsrisiken über Konsumkredite, Kreditkartensysteme, Ausbildungskosten oder Hypotheken eine zunehmende Inklusion von Bevölkerungen in den Wertschöpfungsprozess der Finanzmärkte garantiert; der Betrieb des Kapitalmarkts verlangt die stetige Erschließung neuer Ressourcen und erhebt einen Anspruch, den man bisweilen auch ausdrücklich formuliert: «Die Welt braucht unsere Führung» – so hat etwa Larry Fink[10], der Vorstandsvorsitzende des weltgrößten Vermögensverwalters BlackRock, die Zukunftsvision der Finanzindustrie zusammengefasst.

Andererseits hat sich die systematische Stärkung von Finanzmärkten und deren Institutionen als Umverteilungsprogramm für Einkommen und Vermögen bewährt, das inzwischen hinreichend dokumentiert worden ist. Die Zahlen und Dynamiken sind weitgehend bekannt und ähneln sich in den meisten gegenwärtigen Industriestaaten. So hat die Expansion von Kapitalmärkten zu einer Freisetzung von Divergenzkräften und dazu geführt, dass etwa in Europa seit der Jahrtausendwende das Volumen von Privatvermögen das Vier- bis Sechsfache des gesamten jährlichen Nationaleinkommens beträgt und dass die Kapitalrendite die langfristige Wachstumsrate der Wirtschaftsleistung deutlich übersteigt. Das schlug sich in der Spreizung von niederen und hohen Einkommen, von Lohneinkünften und Vermögensgewinnen nieder.[11] Zwischen 1988 und 2008 wurden 44 Prozent des Einkommenszuwachses von den reichsten fünf Prozent, fast zwanzig Prozent von nur einem Prozent der erwachsenen Weltbevölkerung erzielt. Von 1999 bis 2009 sind die Einkommen der untersten zehn Prozent der Haushalte in Deutschland um 9,6 Prozent geschrumpft, die der obersten zehn Prozent um 16,6 Prozent gewachsen; die Realeinkommen von Lohnabhängigen gingen zwischen 2005 und 2015 um ca. drei Prozent zurück. 2007 besaßen zehn Prozent der reichsten Haushalte zwei Drittel des gesamten privaten Nettovermögens, ein Prozent mehr als ein Drittel davon, und die Spitzengruppe von 0,1 Prozent hielt einen Anteil von 22,5 Prozent; die gesamte untere Hälfte 1,4 Prozent. Deutlicher noch in den USA: Dort konzentrierten sich 43 Prozent des gesamten Nettovermögens von Privathaushalten beim reichsten Prozent der Bevölkerung, 83 Prozent bei den reichsten zehn Prozent. Der Anteil der ärmsten 50 Prozent der Bevölkerung am Gesamteinkommen sank von 20 Prozent im Jahr 1980 auf 12 Prozent im Jahr 2018, begleitet von einer Absenkung der realen Mindestlöhne seit den achtziger Jahren. Zudem gehören die Länder mit besonders dominanter Finanzindustrie wie Großbritannien und die Vereinigten Staaten heute zu jenen westlichen Gesellschaften, die die geringste Aufwärtsmobilität aufweisen.[12]

Selbst nach der letzten Finanz- und Wirtschaftskrise setzte sich diese Tendenz fort. Laut einer Studie der Internationalen Arbeitsorganisation (ILO) verfügten 2019 zehn Prozent der höchsten Einkommen über 49 Prozent der globalen Lohnsumme, wobei die untere Hälfte nur mit 6,4 Prozent, das untere Fünftel mit weniger als einem Prozent daran partizipierte. Das betrifft auch die Stagnation oder den Rückgang geringer Einkommen in den Jahren nach 2008. Insbesondere in Deutschland haben von den anschwellenden Exportüberschüssen der letzten Jahre fast ausschließlich zehn Prozent der reichsten Haushalte profitiert, und das durch den Immobilienboom im selben Zeitraum um drei Billionen Euro erhöhte Privatvermögen kam ebenfalls mit mehr als der Hälfte dem reichsten Zehntel zugute, während fast vierzig Prozent der Bevölkerung kein Vermögen oder nur Schulden besitzen. Das Deutsche Institut für Wirtschaftsforschung (DIW) ermittelte im Jahr 2020, dass das reichste Prozent der Bevölkerung rund 35 Prozent des individuellen Nettovermögens, das reichste Zehntel über 67 Prozent, die untere Hälfte aber nur ein Prozent besitzt. Und die 45 reichsten Haushalte haben so viel Vermögen, wie die schwächeren fünfzig Prozent zusammen.[13] Abgesehen davon, dass Finanzkrisen stets von einer Umverteilung von unten nach oben begleitet werden, lässt sich allgemein und spätestens seit Anfang der Achtziger eine Entwicklung beobachten, in der sich das Wachstum des Bruttoinlandsprodukts – in westlichen Industriestaaten und insbesondere in den USA – vom Wachstum der Einkommen von neunzig Prozent der Bevölkerung abgekoppelt hat und schließlich Zweifel daran aufkommen ließ, ob die Berechnung von Bruttoinlandsprodukten ohne Berücksichtigung von konkreten Vermögens- und Einkommensverteilungen überhaupt noch sinnvolle Wirtschafts- und Wohlstandsindikatoren liefern könne.[14]

Solche Hyperkonzentration von Einkommen und Vermögen ist nicht nur ein Indikator für die ökonomischen Transformationen der letzten Jahrzehnte. Der Zusammenhang von Überakkumulation und Ungleichheit zeigt auch eine Subordination sozialer und ökonomischer Reproduktion unter die Reproduktionszyklen des Finanzkapitals an. Darin lässt sich ein allmählicher Wandel in der Organisation von Regierungstechniken erkennen, der zum Status Quo des

Finanzregimes geführt hat und wenigstens fünf grundlegende Merkmale aufweist. So kann erstens mit dem Terminus der ‹Finanzökonomie› heute weder ein rein ökonomischer Sachverhalt noch ein spezielles Marktsystem gemeint sein. Die langwierige Verfertigung des gegenwärtigen Finanzregimes ist mit der dogmatischen Gegenüberstellung von Staat und Markt, Politik und Wirtschaft nicht fassbar, und die so genannte Liberalisierung von Märkten und insbesondere von Finanzmärkten seit den 1970er Jahren lässt sich nicht einfach als Rückzug von regulativen Autoritäten begreifen. Vielmehr konnte man nachweisen, dass die Nachfrage nach Regulierungen, nach Regelungspraxis, nach Regulierungsinstrumenten und Regulierungsagenturen proportional zur Privatisierung von staatlichen Aufgaben und Unternehmen angestiegen ist.[15] Gerade die vehemente Durchsetzung, Stärkung, Sicherung und Legitimation von Marktmechanismen hat eine Fülle von öffentlichen, halb-öffentlichen und privaten Einrichtungen auf den Plan gerufen, die von einer Vervielfältigung und Verstreuung von Regierungsfunktionen zeugen und sich in internationalen Gremien, Assoziationen, Vertragswerken und Lobbygruppen verkörpern. Sie operieren gleichsam pluralistisch und auf verschiedenen Ebenen; und als Elemente und Gestalten einer finanzökonomischen *global governance* charakterisieren sie nicht nur ein Regime, das ausgehend von Nordamerika und Europa auf Initiative der führenden Wirtschaftsmächte realisiert werden konnte. Die wechselseitige Durchdringung von nationalstaatlichen Organen, internationalen Organisationen und Netzwerken, privaten Agenturen, Unternehmen und Marktprozessen hat vielmehr ein vielschichtiges Geflecht aus Regelordnungen unterschiedlicher Dichte und Reichweite ergeben. Marktkräfte werden durch eine Proliferation von Regulierungsinstanzen forciert, während umgekehrt die Dynamiken und Akteure des Markts an eine Verdichtung von Regelsystemen appellieren. Regierungsfunktionen und marktbasierte Aktionsweisen sind in ein bi-polares Binnenverhältnis zueinander getreten und definieren ein Wirtschafts- und Finanzsystem, das den Titel eines *regulativen Kapitalismus* verdient.[16] Die liberale Fiktion von ‹freien›, ‹effizienten› oder ‹unregulierten› Märkten, die sich glücklich und autonom abseits von Regierungsinterventionen entfalten sollen, verliert hier jeden analytischen Wert. Gerade die Liberalisierung von Märkten und Finanzmärkten hat ein globales Programm von Regelungen und Re-Regulierungen hervorgerufen. Als Machtform eigener Sorte hat das Finanzregime damit einen diagrammatischen Charakter angenommen: Es strukturiert einen Immanenzraum, in dem souveräne Befugnisse, Regierungsaktionen, Geschäfte und Marktoperationen ineinander verfließen. Die Statik politischer – etwa nationalstaatlicher – Architekturen wird von der dynamischen Axiomatik des Finanzkapitals durchzogen, das sich von territorialen Bindungen löst und sich mit der Generierung eigener Regeln und Abhängigkeiten als eine «*kosmopolitische*, allgemeine, jede Schranke, jedes Band umwerfende Energie»[17] manifestiert.

Mit den Prozessen der Finanzialisierung wurde also der Übergang von einer geopolitischen zu einer geoökonomischen Ordnung vollzogen. Darin hat sich das Finanzregime als eine inter- oder transgouvernementale Handlungsmacht installiert, die rechtlich und institutionell unklar verortet ist, die formale Autorität von Regierungen ergänzt bzw. ersetzt, die Distinktionen von öffentlich und privat unterläuft und unmittelbar in Volkswirtschaften, in die Regierungspolitik alter Nationalstaaten interveniert. Als spezielle Technologie in der Ausübung von Regierungsmacht kann das Finanzregime damit zweitens den Charakter einer *vierten Gewalt* beanspruchen, die sich mit besonderem Eskalationspotential und als *Monetative*[18] neben der Dreifaltigkeit von legislativen, exekutiven und juridischen Regierungsgewalten behauptet. Gerade das Krisenmanagement seit

2007 hat gezeigt, wie sich die Bildung transnationaler Souveränitätsreservate mit den Agenturen monetativer Gewalt kombinierte. So zeichnete sich insbesondere die Politik der Eurozone dadurch aus, dass sie unter Einklammerung rechtlicher Rücksichten und parlamentarischer Beteiligung sowie über die Aussetzung formaler Verfahrenswege und demokratischer Gepflogenheiten operierte. Unterschiedliche Gremien wie <Troika>, <Quadriga>, die <Institutionen> oder die <Eurogruppe> haben europäischen Schuldnerstaaten – denen eine gut aufgelegte Finanzwelt die anspielungsreichen Akronyme PIIGS oder GIPSI verpasste: Portugal, Italien, Irland, Griechenland, Spanien – nicht nur die üblichen Maßnahmenpakete wie Privatisierungen, Einsparungen, Personalabbau, Verschlankung des Gesundheitswesens, Arbeitsmarktreformen, Kürzung von Sozialleistungen, Löhnen und Renten oder die Einschränkung gewerkschaftlicher Rechte verordnet. Zur Befriedigung der Interessen von Anleihegläubigern wurden vielmehr mit direkten Eingriffen in nationale Budget-, Steuer- und Arbeitsgesetzgebungen souveräne Befugnisse ausgeübt, die durch die Rechtslage der Eurozone nicht unbedingt gedeckt waren. Dies erscheint umso bemerkenswerter, als manche dieser Gremien selbst allenfalls improvisierten und informellen Charakter besitzen und als unklar verortete Exekutivorgane legislative Prozesse initiierten. Die so genannte Eurogruppe etwa – bestehend aus den Finanzministern der Euro-Staaten, dem EZB-Präsidenten, dem für Wirtschaft und Finanzen zuständigen EU-Kommissar und einem Vertreter bzw. einer Vertreterin des IMF – kontrolliert zwar die Einhaltung von Stabilitätskriterien sowie Haushaltspolitik und öffentliche Finanzen der Euro-Länder, ist aber als eigener Posten nicht in der europäischen Gesetzgebung vorgesehen und zudem keiner regulären europäischen Institution samt Parlament rechenschaftspflichtig. Als einmal in den Verhandlungen über Liquiditätshilfen für Griechenland nach der Legitimität der

Entscheidungen der Eurogruppe und ihres Präsidenten gefragt wurde, kam unverzüglich folgende Auskunft zurück: «[R]echtlich existiert die Eurogruppe nicht, weil sie nicht Teil der EU-Verträge ist. Es ist eine informelle Gruppe der Finanzminister der Mitgliedstaaten der Eurozone. Es gibt keine schriftlichen Regeln, wie sie ihre Geschäfte führt, und deshalb ist der Präsident [der Eurogruppe] nicht an rechtliche Vorschriften gebunden.»[19]

Es verwundert also nicht, dass öffentliche wie private Vertreter des Finanzregimes zuweilen demokratische Übergriffe beklagten und etwa daran gemahnten, dass Wahlen nicht die «Wirtschaftspolitik beeinflussen» sollten oder demokratische Verfassungen ein «problematisches politisches Erbe» darstellten und mit den aktuellen finanzökonomischen Notwendigkeiten «unvereinbar» wären.[20] Auch in diesen Besorgnissen artikuliert sich die Spannung zwischen demokratischen Prozeduren und Finanzordnung, deren globale Machtökonomie sich in Europa reproduzierte. Vom Kampf gegen rechtliche und politische Schranken bei der Verabschiedung der ersten Rettungspakete bis hin zur besonderen Regierungsgewalt von verschiedenen EU-Organen haben sich über Staatsgrenzen hinweg Figuren exzeptioneller politischer Macht ausgeprägt. Als hätte man Milton Friedmans Ratschlag beherzigt, Wirtschaftskrisen als Chancen zur Realisierung des politisch Unbequemen zu ergreifen[21], wurde das Gelegenheitsfenster der letzten Krise dazu genutzt, neue Handlungsspielräume zu erschließen, politische Prioritäten zu setzen, die Interessen der Finanzindustrie zu sichern und über konstitutionelle Bedenken hinweg Entscheidungsmacht neu zu sortieren. Darüber hinaus wurden die damit verbundenen Ausnahmebefugnisse sogleich auf Dauer gestellt: sei es durch den Europäischen Stabilitätsmechanismus ESM, jene Zweckgesellschaft luxemburgischen Rechts, deren Organe bei der Entscheidung über Notkredite völlige Immunität genießen und mit ihren Direktiven außerhalb jeder parlamentarischen und judikativen Kontrolle stehen; sei es durch den europäischen Fiskalpakt und durch die Reform des Stabilitäts- und Wachstumspakts, welche die EU-Kommission und den Europäischen Rat in besonderen Situationen zum unmittelbaren Durchgriff auf die Haushaltspolitik von Einzelstaaten ermächtigen. Im Sinne einer «ungeschriebenen Notstandsverfassung» wurden dabei europarechtliche Gesetzgebungsverfahren umgangen. Innerhalb bestehender Rechtsordnungen ist eine *rechtlich nicht formalisierte Sekundärstruktur* geschaffen worden, die als außerordentliche Handlungsreserve für stationäre Krisensituationen fungiert.[22] Bis heute gehört es zur Ausrichtung europäischer Regierungskunst, dass die Verletzung ökonomischer Austeritätskriterien vehement sanktioniert, der Bruch mit rechtstaatlichen und demokratischen Normen eher dezent abgemahnt wird, und wahrscheinlich war diese Krisenpolitik wesentlich für die Freisetzung europäischer Zentrifugalkräfte verantwortlich.

Vor diesem Hintergrund wurde die Kluft zwischen den Euroländern nach 2008 vertieft, zwischen Italien und Deutschland etwa hat sich der Differenzbetrag im Bruttosozialprodukt seitdem um 8000 Euro pro Kopf und Jahr erhöht.[23] Solche Verwerfungen setzten sich mit veränderten Proportionen und Vorzeichen auch im Frühjahr 2020 fort. So wurden im Schatten des pandemischen Notstands und damit verbundener Ausnahmesituationen – und unter sorgenvoller Aufsicht der EU – nicht nur autoritäre Strukturen hier und dort, in Ungarn oder Polen, verfestigt; vielmehr hat man bestehende finanzökonomische Mandate und Regeln wiederum außer Kraft gesetzt. Mit den irregulären Interventionen und dem Ankauf von Staatsanleihen durch die EZB zur Stützung des Euro, mit diversen nationalen Nothilfen, mit den Projekten zur Verstaatlichung von Lohnzahlungen und Verlusten wurde zwar demonstriert, dass Schuldenbremsen, Stabilitätspakt, Maastricht-Kriterien oder ‹Schwarze

Null› keinesfalls technisch oder technokratisch gesetzte Rahmenbedingungen, sondern Aktionsprogramme zur Durchsetzung politischer Ziele verkörpern und bei veränderten Prioritäten schlicht ignoriert werden können. Aber abgesehen davon, dass sich die vergangenen Spardiktate in Ländern wie Griechenland, Spanien oder Italien als Krisen- bzw. Schockverstärker erwiesen, haben die Kreditvergaben durch die Europäische Investitionsbank (EIB) und den Europäischen Stabilitätsmechanismus sowie die notorischen Vetos gegen Eurobonds und konzertierte Anleihen unmittelbar an die alte Verschuldungspolitik seit 2008 angeknüpft. Sie haben die Position der so genannten Südländer gegenüber den Finanzmärkten geschwächt und die damit verbundenen Sollbruchstellen und Divergenzkräfte innerhalb der Eurozone noch einmal verschärft. Bereits im April 2020 sind die Risikoaufschläge für römische Staatsanleihen hochgeschnellt, und gerade am Scheitelpunkt der ersten Covid-19-Welle haben die Ratingagenturen mit der üblichen Androhung von Bonitätsverlust einen schnellen Abbau der Corona-Schulden angemahnt.[24]

Einerseits also haben die Finanzialisierungsprozesse der letzten vier Jahrzehnte zu einer finanzökonomischen *global governance* geführt, die mit der engen Verflechtung von Geschäftsroutinen und Regelsystemen, von öffentlichen und privaten Regulierungsinstanzen die wechselseitige Abhängigkeit zwischen politischen Institutionen und ökonomischen Dynamiken intensivierte und das Format einer separaten Regierungsfunktion erhielt. Andererseits haben sie die Kapazitäten verstärkt, mit denen die Themen der Finanzsphäre das soziale und politische Feld besetzen. Die Zyklen der internationalen Kapitalreproduktion bestimmen – drittens – die Art und Weise, wie Politik und Gesellschaft sich selbst und ihre Lage interpretieren. Sie diktieren die Agenda der ‹Wettbewerbsfähigkeit› von Institutionen und Staaten und erfüllen die liberale Hoffnung, Finanz-

und Devisenmärkte als «Richter über Regierungen»[25], d. h. als Urteilsinstanz über Haushalts- und Investitionsentscheidungen einzusetzen.

Was man dabei als «Erosion von Staatlichkeit» oder politische «Globosklerose» begreifen wollte[26], schlägt sich weniger in einer Schwächung regierungstechnischer Praktiken als in einem Umbau ihrer Ziele, Maximen und Verfahren nieder. In der Verflechtungsintensität des regulativen Kapitalismus verschiebt sich der Akzent der Regelungspraxis; direkte Interventionen und administrative Kommandostrukturen werden um ein indirektes Anreiz- und Induktionssystem erweitert. Bereits in den 1980er Jahren hatte der amerikanische Wirtschafts- und Politikwissenschaftler Charles Lindblom die gouvernementale Dimension von Märkten in der Einrichtung *disziplinierender Automatismen* erkannt, die mit den düsteren Szenarien von Kapitalflucht, Zinsnachteilen, Investitionsverzicht, ökonomischer Stagnation und steigender Arbeitslosigkeit politische und rechtliche Spielräume beschränken. Entscheidungsprofile werden an der Vorwegnahme von Marktpräferenzen ausgerichtet. Seitdem hat die Liberalisierung und Öffnung von Märkten – von der Finanzialisierung der Weltwirtschaft bis zur Strukturierung des Euroraums – ein neues Einschließungsmilieu erzeugt, in dem gerade der *Finanzmarkt als Gefängnis* für politische Systeme und Regierungsaktivitäten fungiert. Hier gilt, dass «keine Marktgesellschaft eine voll entwickelte Demokratie verwirklichen kann, weil das Marktsystem den politischen Entscheidungsprozess in Gefangenschaft nimmt».[27] Moderne Markt- und Wirtschaftsgesellschaften sind nicht irgendwann ‹postdemokratisch› geworden, ihr Grundriss und ihre Architektur waren seit jeher durch die Beschränkung volkssouveräner und demokratischer Spielräume definiert. Die Wirklichkeit ‹marktkonformer› oder ‹liberaler› Demokratien besteht in der marktförmigen Beschlagnahme oder Einbettung ihrer Einrichtungen und Subjekte. Als Märkte aller Märkte sind gerade Finanzmärkte Schauplätze eines Geschehens, in dem sich die flagrante Freisetzung finanzökonomischer Kräfte mit dem konsequenten Aufbau strikter Abhängigkeitsverhältnisse kombiniert. Die sogenannte Marktdisziplin ist zu einem grundlegenden Kriterium der Politik geworden und hat das Interventionsvermögen des Finanzregimes verschärft.

Aus dieser Perspektive erscheinen die Turbulenzen seit 2007 nicht als große und lärmende Zäsur, sondern als Fortsetzung und Restauration eines sich seit den siebziger Jahren formierenden Finanzsystems. Zur Rettung des jüngsten Finanzkapitalismus durfte man den Lauf der Ereignisse nicht allein den Finanzmärkten überlassen, und die Dramaturgie des ökonomischen Krisengeschehens hatte sich – viertens – als *konsequente Befestigung des Finanzregimes und seiner Strukturen* erwiesen. Was als Liquiditätsproblem auf Hypotheken- und Finanzmärkten 2007 begann und sich zur Staatsschuldenkrise transformierte, hatte zu einer Zwangslage geführt, in der Schulden verstaatlicht, Bankinstitute rekapitalisiert, Staatshaushalte aber nur unter Auflagen gestützt werden sollten. Das zeigte sich insbesondere im Euroraum. Denn so sehr für die meisten Euroländer die Liquiditätskrise eben nicht mit defizitären Staatshaushalten, sondern mit der Implosion von Finanzmärkten begann[28], so sehr wurde im darauf folgenden Eskalationsprozess vor allem das vitale Interesse von Gläubigern am profitablen Umlauf von Staatsschulden priorisiert. Die Ausfälle privater Banken wurden durch die Aufnahme von Krediten bei privaten Banken bezahlt und die Besitzer von Staatsanleihen beim Schuldendienst privilegiert; zudem gaben das Verbot direkter Staatsfinanzierung durch die Zentralbanken und die Versorgung von Privatinstituten mit billigem Geld durch die EZB hinreichend Anlass dazu, es mit Zinsaufschlag zur Finanzierung von Staatshaushalten weiterzureichen. Damit wurde ein Kapitalkreislauf ausgelöst, der mit der beherzten Verstaatlichung privater Verluste Investoren und

Anleger in die Position letztinstanzlicher Gläubiger zurückzufinanzieren vermochte. Der vorübergehende Hang des Finanzkapitals zu seiner Sozialisierung wurde unter großem Aufwand an öffentlichen Mitteln bekämpft. In dieser Hinsicht können auch Schuldenbremsen, Stabilitätsmechanismen, Fiskalpakte und Defizitverfahren den finanzpolitischen Vorzug beanspruchen, das Zutrauen wie die prominente Stellung privater Gläubigermacht zu sichern und zudem verlässliche öffentliche Schuldner zu erzeugen, die im Krisenfall und unter Einschränkung ihrer fiskalischen Hoheit den Portfolios und Forderungen ihrer Kreditoren Vorrang gewähren.

Der Transfer finanzökonomischer Risiken von Märkten auf Staaten, Sozialsysteme und Bevölkerungen ist also geglückt. Während insbesondere in Europa schrumpfende Volkswirtschaften, Haushaltskürzungen, steigende Arbeitslosigkeit, Abbau von Sozialleistungen, stagnierende oder sinkende Löhne nach 2008 die Rede von einer Binnenkolonisierung hiesiger Gesellschaften rechtfertigen mag, hat sich im selben Zug die Attraktivität der Finanzmärkte erhöht. Schon 2009 war eines der besten Jahre für die Wall Street überhaupt, das globale Anlagevermögen ist 2010 um neun Billionen gewachsen und hat einen Spitzenwert von 121,8 Billionen Dollar erreicht. Zugleich stand die ‹Bonussaison› günstiger denn je, warf 2008 117 Milliarden Dollar, 2009 bereits 145 Milliarden für die Manager der größten Investmentbanken, Vermögensverwalter und Hedgefonds ab. Allein Goldman Sachs konnte 2009 einen Aktiengewinn von 13,4 Milliarden Dollar verbuchen und seinem Personal 16,2 Milliarden an Boni und Vergütungen auszahlen. 2010 gab es weltweit mehr Millionäre und mehr Vermögen in ihren Händen als 2007, und während weitere sechzig Millionen Leute unter die absolute Armutsgrenze gefallen sind, war das Volumen des internationalen Derivathandels schon 2011 größer als 2007.[29]

Wirtschaftspolitik hat sich den Sorgen und Nöten privater Gläubiger und Finanzunternehmen verschrieben; und so war es nur konsequent, dass einstige Einfälle und Ideen zur Neuordnung der Finanzmärkte – wie Finanztransaktionssteuer, höhere Steuern auf Kapitalerträge, restriktive Eigenkapitalvorschriften, veränderte Anreize für Investitionen und Vergütungen, Verbot gewisser Finanzprodukte oder Wiedereinführung des Trennbankensystems – nicht, kaum oder allenfalls in unauffälligen Dosen umgesetzt wurden.[30] Dies geht mit der Beobachtung zusammen, dass sich auch die makroökonomische Dogmatik samt ihrer Vertreter sehr schnell von den intellektuellen Anfechtungen der Krisenjahre erholten. Während man noch 2008 das «ganze intellektuelle Gebäude» der Finanzwirtschaft samt seiner Modelle und Prognosen kollabieren sah[31], waren bereits kurze Zeit danach alle Zweifel beseitigt, wie der ehemalige US-Notenbankchef Ben Bernanke 2010 stellvertretend für einen Gutteil seiner Zunft bemerkte: «Ich denke nicht, dass die Krise uns in irgendeiner Weise dazu nötigt, die Wirtschafts- und Finanzwissenschaft von Grund auf zu überdenken.»[32] Theoretisch, politisch und praktisch wurde der Bewegungsraum der Finanzindustrie unter schwierigen Bedingungen gesichert, und man hat damit eine Situation ratifiziert, in der sich Staaten und Gesellschaften als verlässliche Widerlager für die Instabilitäten des Finanzsystems erwiesen. Die Krisenereignisse hat man mit der Pflege ihrer Ursachen beantwortet; und es wurde ein Bereicherungsautomatismus installiert, in dem untere Lohn- und Einkommensschichten als potentielle Nettozahler für die Eigner von Finanzkapital zu Verfügung stehen. Der Umverteilung von Zinszahlungen nach oben steht eine Umverteilung von Finanzrisiken von oben nach unten gegenüber. Ein Resultat konnte man im Abhang der Eurokrise bemerken: Die schwächsten Länder und Bevölkerungsgruppen hatten die Kosten der Krise getragen. Mit solcher sozioökonomischen Absicherung wurden Populationen selbst als Mindestreserven für die

Transaktionen der Finanzmärkte eingesetzt und deren strukturelle Instabilitäten mit stabilen Bereicherungsstrukturen versetzt: Was man ‹ursprüngliche Akkumulation› nennen kann, wurde auf Dauer gestellt und hat mit der Differenzierung von Ausbeutungszonen und Akkumulationszentren einen neuen Klassenkampf etabliert, in dem sich die Interessen mobiler Investorengruppen oder *supercitizens* gegen erdschwere Staats- oder Unterbürger wenden.

Allerdings hatten sich im Schattenwurf dieses Geschehens Dynamiken bemerkbar gemacht, die von signifikanten Verschiebungen im Status und Stellenwert monetativer Gewalt zeugen und Ökonomen intensiv zu beschäftigen beginnen. So haben schon die Prozesse der Finanzialisierung dafür gesorgt, dass die Achse und das bewährte Zusammenspiel zwischen Zentralbanken und Geschäftsbanken zwangsläufig an Bedeutung verlor. Bis in die zweite Hälfte des 20. Jahrhunderts standen Banken im Zentrum des Finanzsystems, sie garantierten Kreditvergabe, die Bereitstellung von Liquidität sowie das Management von Zahlungsströmen und wurden dabei wiederum von Zentralbanken und deren Reserven eskortiert. Die Bankenliquidität war an Regierungen bzw. Zentralbanken gebunden, die Wachstums- und Geldmengenziele festlegten. Demgegenüber hatten die Expansion der Finanzmärkte und die Vervielfältigung privater Kreditinstrumente die strategische Verknüpfung zwischen Zentralbanken und Kreditsystem insgesamt geschwächt.

Während etwa in den USA der 1950er Jahre mehr als drei Fünftel des Kreditbedarfs über Geschäftsbanken bereitgestellt wurde, ist dieses Volumen um das Jahr 2000 auf ein Fünftel geschrumpft. Gegen Ende der 1990er Jahre umfasste die Menge von Gläubigerpapieren aller Art 163,8 Prozent des amerikanischen Bruttoinlandsprodukts, während der Anteil von Bankreserven nur 0,5 Prozent davon ausmachte; in Deutschland betrug das entsprechende Größenverhältnis 85,4 zu 2,5 Prozent.[33] Wesentliche Momente von Geldschöpfung, Liquiditätsbeschaffung und Kreditverhalten haben sich zu Finanzmärkten hin verschoben und werden dort wiederum von einer eng vernetzten Finanzoligarchie bestehend aus zwanzig bis dreißig Großunternehmen dominiert. Es hat sich also – fünftens – ein Übergang von einem regierungsgesteuerten zu einem marktgesteuerten Finanzsystem vollzogen[34], der dazu führte, dass die «intermediären Zielgrößen» (*intermediate targets*) für die Steuerungsmission der Zentralbanken – nämlich Diskont- bzw. Zinssätze und Bankreserven – selbst ihre unmittelbare Wirksamkeit verloren. Zielvorgaben werden nun weniger direkt und über Banken als indirekt und über jene Finanzmärkte adressiert, die mit ihren Transaktionen und mit ihrem Volumen das Kreditgeschehen, die Verzinsung und den Geldpreis selbst wesentlich bestimmen. Man musste eine eskalierende Privatisierung der Geldschöpfung und eine mehrfache «Entkopplung»[35] zwischen den Instrumenten der Zentralbanken und den Marktbewegungen konstatieren: Die Kontrolle über systemische Risiken und zirkulierende Geldmengen, über langfristige Zinssätze sowie über Kreditvolumina wurde angegriffen oder schwand dahin.

Daraus hat sich schließlich ein finanz- bzw. geldpolitisches Dilemma ergeben. Während nach herrschender Dogmatik Wirtschaftswachstum durch niedrige Zinsen und billiges Geld generiert wird, hat gerade die Anwendung dieser Lehre in den Kriseninterventionen seit 2008 ein seltsames Marktverhalten provoziert. Denn einerseits konnten der Druck auf Diskont- und Zinssätze, quantitative Lockerung (*quantitative easing*) und die Stimulation des Geldmengenwachstums zusammen mit dem resoluten Ankauf von Schuldtiteln keine besondere Bewegung in Inflationsraten und Kreditverhalten bringen. Es mehrten sich die Anzeichen, dass die Entwicklung des Finanzsystems die Effektivität reiner Geldpolitik beeinträchtigt hat; im Sommer 2019 musste die EZB konzedieren, dass selbst die Senkung des Leitzinses auf Null und des Einlagezinses auf −0,4 Prozent weder zu erfreulichen Konjunkturaussichten noch zur angestrebten Teuerung im Euroraum geführt hat. Dies korrespondiert mit der allgemeinen Beobachtung, dass die Hyperfinanzialisierung des Wirtschaftsgeschehens überhaupt langfristige Wachstumschancen behindert oder minimiert.[36] Andererseits wurden mit Unmengen billigen Geldes Anreize dafür geschaffen, «fragile Aktivitäten» auszubauen, riskante Investitionen zu erhöhen und die Minimierung von Wachstumsrisiken mit der Erhöhung von spekulativen Risikopotentialen zu kompensieren. 2017 etwa wurde weniger als ein Drittel der Kredite europäischer Banken in Nichtfinanzfirmen investiert[37]; und die weltweit explodierenden Immobilienpreise dokumentieren, dass die Anstrengungen zur Finanzierung von Wachstum vor allem Finanz- und Immobilienmärkte befeuern und dort künftige Risikokaskaden aufbauen. Auch hier ist man mit der Zumutung verlorener Illusionen konfrontiert: etwa wenn die EZB mit ihrem Ausschuss für Systemrisiken im Juli 2019 leicht euphemistisch «Anzeichen einer Überbewertung» von Wohnimmobilien benannte[38] und damit indirekt vor den Folgen ihrer eigenen Geldpolitik warnte. Die Hypertrophie des Finanzkapitals hat nach 2008 einen Horizont eröffnet, in dem – an der Grenze geldpolitischer Möglichkeiten – die Erhöhung systemischer Risiken nicht mehr durch Wachstumsaussichten kompensiert werden kann. Vielleicht hat sich damit tatsächlich eine veränderte Lage in der Entwicklung des jüngsten Finanzmarktkapitalismus eingestellt: Entgegen mancher Hoffnungen[39] wird er aber wiederum nicht an seinen Widersprüchen zugrunde gehen, sondern sich auf profitable Auswege und neue Verfahren der Wertschöpfung verlegen.

2. Kapitel

Informationsstandard – zur Episteme der Finanzökonomie

Die Voraussetzung solcher Wertschöpfung sowie die Dominanz des modernen Finanzregimes lassen sich allerdings nicht ohne die Symbiosen und Konvergenzen zwischen Finanzkapital und Informationstechnologien erklären. Von spätmittelalterlichen Kaufmannsbriefen bis zur Entstehung von Nachrichtenagenturen hat man die enge Verflechtung von Handelsgeschäften und Zeitungswesen dokumentiert, und insbesondere die Dynamik des Banken- und Börsenverkehrs hat sich stets in Abhängigkeit von medialen Infrastrukturen definiert. Der finanzökonomische Einsatz von Postreitern oder Brieftauben, von optischen oder elektromagnetischen Telegrafen war der Suche nach marginalen Vorsprüngen an Marktinformationen geschuldet und hat sich in der Überlagerung von Finanz- und Pressemetropolen sowie in der Neigung zu technologisch getriebener Beschleunigung manifestiert. Es waren vor allem Bankiers, die seit der Mitte des 19. Jahrhunderts neue Telegrafenlinien zwischen Finanzzentren finanzierten, deren Hauptnutzer wurden, bisweilen gegen Staatsmonopole opponierten, den Handel mit Geschäftsnachrichten forcierten, die Kanäle mit Wirtschafts- und Börsendaten beschickten und damit zwischen vierzig und sechzig Prozent des gesamten Telegrafenbetriebs belegten. Bis hin zur Verlegung von submarinen transatlantischen Glasfaserkabeln um die Jahrtausendwende waren es finanzökonomische Beschleunigungsbedürfnisse wie der Hochfrequenzhandel, welche den Ausbau globaler Netzwerke vorangetrieben haben.[1]

Dabei sind es wiederum die 1970er Jahre gewesen, in denen die Finanzmärkte durch einen konjunkturellen Zusammenschluss von Wirtschaftsinformation und Informationsökonomie expandieren konnten und privilegierte Schauplätze mobilisierten. Die Gründung der elektronischen Börse Nasdaq in New York etwa – um eines der prominentesten Beispiele zu nennen – geht zunächst auf die zwanziger Jahre zurück, die nicht nur zur Großen Depression, sondern auch zu neuen und aussichtsreichen Interessenvereinigungen wie der von Wertpapierhändlern führten. Die US-amerikanische National Association of Securities Dealers (NASD) befasste sich schon seit den dreißiger Jahren insbesondere mit jenen Aktien- und Kapitalgeschäften, die abseits vom Börsenparkett in amorphen Netzwerken und *over-the-counter* zwischen individuellen Investoren und Maklern abgewickelt wurden. 1971 und im Umkreis vom Ende des Abkommens von Bretton Woods hat die NSAD dann die National Association of Securities Dealers Automated Quotations, also die NASDAQ, einen automatischen Informationsdienst über Kursnotierungen für Effektenhändler gegründet. Was als elektronisches Anzeigesystem, als eine in Echtzeit operierende Nachrichtenagentur für einige Tausend Clubmitglieder begann und den Ruf eines ersten Computernetzwerks – zunächst noch über Telefonleitungen verknüpft – erhielt, hat sich dann zu einer Plattform entwickelt, auf der Maklerunternehmen elektronische Handelssysteme betrieben, online-Investitionen, direkte An- und Verkäufe von Aktien sowie seit den achtziger Jahren die automatische Erledigung von Aufträgen ermöglichten. Ein Arrangement von Preisinformationen hat sich zu einem automatisierten Maklersystem transformiert; Marktinformationen wurden nicht mehr bloß übertragen, sondern sogleich durch Kaufentscheidungen bewertet und modifiziert. Abgesehen davon, dass diese Ersetzung des traditionellen Parketthandels durch Großrechner Käufer und Verkäufer ohne personelle Zwischeninstanzen verschaltete und Transaktionskosten minimierte, trugen eine Lockerung von Börsengesetzen, die Absenkung von Zugangsschwellen für Einzelinvestoren und *day traders*, die Wucherung von privaten elektronischen Kommunikationsnetzwerken mit ca. 300 000 Terminals dazu bei, dass die Nasdaq, herkommend aus außerbörslichen Geschäften, zur Szene eines ebenso volatilen wie schnell anwachsenden Aktienmarkts wurde. Am Ende des Jahrtausends hat dies die Vision einer inklusiven, «für jedermann, überall auf der Welt und 24 Stunden am Tag»[2] zugänglichen Finanzmaschine genährt.

Die finanzökonomische Adoption informationstechnischer Modernisierung wurde durch gezielte Investitionen der Finanzindustrie in die IT-Branche ergänzt, und für besonderen Schwung sorgten dabei jene Börsengänge, die seit den achtziger Jahren vor allem von Technologie-, Medien- und Software-Unternehmen sowie von Internet-Start-ups betrieben wurden. Dabei wurden ‹neue Märkte› nicht bloß durch expandierende Firmen wie Netscape, Microsoft, Cisco, Intel oder Oracle, sondern auch durch die Allianz von Nasdaq-Premieren und so genanntem *venture capital* animiert. Die gelockerten Auflagen für eine Börsennotierung erleichterten beschleunigte Börsenstarts, die oft von barocken Werbekampagnen begleitet wurden. Sie stießen selbst bei Unternehmen, die bislang keinen Profit oder nur Verluste eingebracht hatten, zuweilen Kurssprünge von mehreren hundert Prozent pro Jahr an und trugen dazu bei, dass der Nasdaq-Index allein in den späten neunziger Jahren um achtzig Prozent, die Marktkapitalisierung um mehr als 350 Prozent ansteigen konnten. Bereits 1994 übertraf das Handelsvolumen von Nasdaq das der alten New Yorker Börse; und die Fusion von Nasdaq mit der u. a. auf Finanzprodukte spezialisierten American Stock Exchange im Jahr 1998 schuf zudem einen Zugang zum Handel mit Finanzderivaten und börsennotierten Investmentfonds. Wenn man am Beispiel von Nasdaq die Verfertigung eines «Markts aller Märkte» und des größten globalen «Liquiditätspools» erkennen mochte[3], dessen systemische Bedeutung sich auch im Krach vom April 2000 – mit der Vernichtung von zwei Billionen Dollar an Aktienwerten innerhalb einer Woche – manifestierte, so war dies einer effektiven Zusammenfügung von Kommunikationstechnologie, Finanz- und Informationsökonomie geschuldet. Die Nasdaq konnte damit zum Synonym für die Konjunktur und den Absturz einer *New Economy* werden.

Exemplarisch und praktisch lassen sich solche Verkettungen von Information und Finanz auch im Kreislauf von Unternehmensbeteiligungen demonstrieren. So stand etwa die Nachrichtenagentur Reuters – die Mitte des 19. Jahrhunderts als Dienstleister für Finanzinformationen gegründet wurde, dann ihr Angebot auf journalistischen Nachrichtenbedarf überhaupt ausweitete und zu einer der größten Agenturen weltweit geworden war – in den sechziger Jahren kurz vor dem Bankrott. Als aber nach dem Ende des Abkommens von Bretton Woods fluktuierende Währungskurse und diverse Finanzinstrumente breitere Spielräume für spekulative Geschäfte eröffneten, hat sich Reuters seit Anfang der siebziger Jahre mit neuer Bildschirmtechnik (Videomaster) und dem elektronischen Kommunikationssystem Reuters Monitor Money Rates wiederum auf Finanznachrichten über Devisen-, Wertpapier- und Geldmärkte spezialisiert, und nach dem Zugewinn von Subskribenten und hohen Profitsteigerungen wurde das Unternehmen im Jahr 1984 sowohl an die Londoner Börse wie an die New Yorker Nasdaq gebracht. Parallel dazu hatte bereits 1969 das elektronische Handelssystem Institutional Network Corporation (Instinet) seinen Betrieb aufgenommen und noch vor dem Start von Nasdaq einen dezentralen Handel mit Wertpapieren zwischen Banken, Investmentfonds und Versicherungen begonnen, der sich als Konkurrenz zu den traditionellen Börsengeschäften an der New York Stock Exchange verstand. Als wohl ältestes unter den *electronic communications networks* war es am Aufbau von Nasdaq beteiligt, koordinierte als Maklerfirma die Angebote und Nachfragen von Wertpapieren, wurde schließlich 1987 von Reuters gekauft, um dann mit stetig wachsendem Marktanteil 15 bis 25 Prozent des Handelsvolumens von Nasdaq abzuwickeln. Wie in vielen anderen, ähnlichen oder verwandten Fällen – etwa in der Übernahme des Aktienindex Dow Jones Industrial Average durch Rupert Murdochs News Corporation 2007 – konnte man auch darin ein Beispiel dafür sehen, auf welche Weise sich die Befestigung des Finanzregimes seit den siebziger Jahren der Verschaltung von Informations- und Finanzmärkten, einer Verschränkung von Medien- und Finanzunternehmen verdankte.[4]

Solche Konsortien sowie die Funktionsweise der Nasdaq, die man als erstes weltweites Netz, als Vorläufer des Internet sowie als prototypisches Plattformunternehmen auszeichnen wollte[5], haben nicht nur als Antrieb der Finanzialisierung funktioniert und für die notorische Ausweitung, Vervielfältigung und Beschleunigung von Finanzgeschäften gesorgt. Sie zeigen auch eine technische, ökonomische und strategische Wahlverwandtschaft zwischen Kommunikationsmedien und Finanzmärkten an, die sich seit den strukturellen Veränderungen in den siebziger Jahren intensivierte und ihren privilegierten Schauplatz in elektronischen Handelssystemen fand. Dabei geht es nicht zuletzt um eine doppelte, sich selbst verstärkende Bewegung, die im Zentrum des jüngsten Finanzmarktkapitalismus steht und in der sich auf der Basis von Netztechnologien die Informatisierung der Finanzmärkte mit einer Finanzialisierung von Information kombiniert. Dies legt die Vermutung nahe, dass es neben kybernetischen und nachrichtentechnischen Wissenskonjunkturen vor allem finanzökonomische Auftragslagen waren, die zur theoretischen und systematischen Virulenz bzw. Verbreitung von modernen Informationsbegriffen beigetragen haben. Die Allianz von Medientechnik und Finanzwesen jedenfalls findet ihren kritischen Faktor oder Spieleinsatz im operativen Status von ‹Information›.

Dabei haben sich zunächst diverse technische und theoretische Konvergenzlinien ergeben. Abgesehen davon, dass etwa das Nasdaq-System von Unternehmen wie der Bunker Ramo Corporation, einem auf Militärelektronik spezialisierten Zulieferer des Pentagons, eingerichtet und mit neuesten UNIVAC-Großrechnern – bewährt in Leitsystemen für den Flugverkehr oder in der Personalverwaltung des US-Militärs – ausgestattet wurde, fiel diese Installation in eine Zeit, die sich durch eine weitläufige Verhandlung von Informationskonzepten auszeichnete. Einerseits wurde die heftige Förderung militärischer Informations- und Nachrichtentechnik im Zeichen des Kalten Kriegs spätestens seit den achtziger Jahren um eine US-Politik ergänzt, die unter Reagan auf eine konsequente Privatisierung von telekommunikativen Infrastrukturen, auf Mittelkürzung für öffentliche Netze und auf die Einschränkung von nicht-kommerziellen Nutzungen setzte. Andererseits haben expandierende Anwendungsbereiche eine theoretische Überholung von Informationskonzepten herausgefordert: sei es in der Kybernetik, wo Information seit den vierziger Jahren als Maß für Organisation und Ordnungsmuster in unterschiedlichen – technischen, physikalischen, biologischen, psychischen, sozialen – Systemen fungierte; sei es in mathematischen Kommunikationstheorien, die sich mit Blick auf die Einrichtung von Feuerleitsystemen oder elektronischen Netzwerken mit Fragen der Signalübertragung und Rauschunterdrückung beschäftigten. Vor diesem Hintergrund konnte man eine wissenschaftliche und kulturelle Dispersion des Informationsbegriffs sowie die Entstehung eines «Informationsdiskurses» verzeichnen, der von der Spieltheorie über physikalische und genetische Forschung bis hin zur Frage von Datenverarbeitung im ökonomischen und sozialen Verkehr so genannter ‹post-industrieller› Gesellschaften reichte. Während das Konzept der Information in der mathematischen Informationstheorie – von Claude Shannon und Warren Weaver bis Norbert Wiener – eine radikale Verengung erfuhr, von inhaltlichen und semantischen Dimensionen abgetrennt und auf die Stochastik von Zeichenkombinationen reduziert wurde, ist es parallel dazu als Metapher für gesteuerte Kommunikationsprozesse in alle möglichen Wissensgebiete diffundiert und dabei zu einem neuen, ebenso universalen wie unscharfen «Substanzbegriff»[6] avanciert.

Es verwundert also nicht, dass sich im Rahmen dieses Informationsdiskurses nicht nur eine effiziente Verschränkung von Informationstechnologie und Finanzmarkt eingestellt hat, sondern sich auch eine besondere Herausforderung für die informationelle Fassung von Finanzmarkttheorien ergab. Die Neuordnung der Kapitalmärkte seit den 1970er Jahren hat die Bedingungen für die schnelle Adoption jüngster Technologien geschaffen und eine wechselseitige Beeinflussung von Systemarchitekturen begründet. Die Finanzialisierung der Weltwirtschaft ist nicht von Prozessen der Informatisierung zu trennen, und die Konjunktur des Informationskonzepts hat wohl zu einer weitreichenden epistemischen und dogmatischen Verschiebung finanzökonomischen Wissens geführt. Die Rolle von Information muss im Innern finanzökonomischer Entwicklungen ausgemacht werden. Demnach sollten Finanztransaktionen als Informationsverarbeitung, Marktverhalten als kontrollierbares Rückkopplungsgeschehen und der Markt selbst als Computer, als rechnendes Steuerungssystem funktionieren – Informationsbegriffe bestimmen den epistemischen Zuschnitt finanzökonomischen Wissens. Die formale Annäherung der Ökonomik an Informationsbegriffe betraf dabei die Fragen nach dem Warencharakter von Information, nach einer stochastischen Modellierung von Welt, nach dem Markt als informationsverarbeitender Maschine, und ein erster und wesentlicher Schritt in Richtung dieser Fusion von neoklassischer Wirtschaftslehre, Kybernetik und Informationstheorie wurde bereits im Liberalismus der Nachkriegszeit und insbesondere von Friedrich Hayek geleistet. Die Fassung von Marktoperationen als «Mechanismus für die Kommunikation von Information»[7] war durch eine konsequente Ablösung von Ordnungskonzepten durch Systembegriffe, von Figuren des «Wissens» durch die Sache der «Information» geprägt, und der Markt selbst weist sich dabei nicht nur als Informationsprozessor aus, sondern auch als Schauplatz für die Koordination von Ereignissen, die sich aus einer Serie präkognitiver, also reflexhafter und vorbewusster Reaktionen auf Preissignale konstituieren. Preise enthalten die wichtigsten Informationen zur Selbstreproduktion des Wirtschaftssystems, und über Feedback und Ausgleichprozesse funktioniert der Markt schließlich als das «mechanischste oder exakteste aller von Menschen hervorgebrachten Signalsysteme».[8]

Konnte man in solchen Überlegungen einen Startschuss für die «Informationsökonomie»[9] verzeichnen, so wurde allerdings ein wesentliches theoretisches Verbindungsstück, das zwischen Finanzökonomie und Informationstechnologie vermitteln konnte und den Informationsbegriff in die Modellierung von Kapitalmärkten integrierte, von jenen prominenten Versuchen geliefert, die auf den Namen *Efficient Market Hypothesis* – Hypothese von der Effizienz der Märkte – getauft wurden. Seit den sechziger Jahren haben sie die neoklassischen Interpretationen von Marktmechanismen und Wettbewerb auf Finanzgeschäfte übertragen und gerade in ihnen Dynamiken reklamiert, die das Marktgeschehen schlechthin und in größter Reinheit vertreten. Nach diesen Überlegungen sind Finanzmärkte, unbelastet vom Transport und von den Beschwernissen der

Produktion, ideale Schauplätze für Preisbildungsmechanismen und perfekten Wettbewerb. Dabei wird ein langfristig ‹effizienter› Kapitalmarkt dadurch charakterisiert, dass unter günstigen Wettbewerbsbedingungen «alle erhältlichen Informationen für jedermann frei zugänglich sind, keine Transaktionskosten anfallen und alle Marktteilnehmer zugleich als Preisnehmer fungieren». Zudem wird die Wirksamkeit «homogener Erwartungen» vorausgesetzt, und das heißt: Alle Mitspieler sind sich einig über «die Implikationen verfügbarer Information», die die «aktuellen Preise» und die «wahrscheinliche Verteilung künftiger Preise von einzelnen Kapitalanlagen» gleichermaßen betreffen. Unternehmen treffen begründete Entscheidungen über Investitionen, und Verbraucher können zwischen den entsprechenden Wertpapieren bzw. Firmenbeteiligungen unter der Annahme wählen, «dass die Wertpapierpreise ‹vollständig› jede verfügbare Information» spiegeln. Preise verkörpern oder komprimieren Informationen über Information. In konkreten Fällen bedeutet das etwa, dass Aktienkurse oder der Preis von Wertpapieren aller Art der adäquate Ausdruck jener Mutmaßungen sind, die Analysten, Investoren oder das Management über künftige Renditen und Profitaussichten hegen. Nur ein Markt also, «in dem Preise vollständig die erhältlichen Informationen reflektieren», kann effizient genannt werden.[10] Der Wert der Dinge ist nichts anderes als ihr Preis, der sich als Information über aggregierte Wertschätzungen artikuliert.

Wird dabei der Finanzmarkt als friktionsloses und selbstbezügliches Universum vorgestellt, in dem sich Informationen in Preise und umgekehrt übersetzen, so ist mit diesem effizienten Prozess eine weitere Voraussetzung verbunden, die den Status von Informationsbegriffen in der modernen Finanzökonomie bestimmt. Die Hypothese der Effizienz impliziert nämlich, dass sich im Innern dieses Marktgeschehens eine gleichsam stochastische Zufallsbewegung installiert. So wurde etwa in den 1960er Jahren eine Dissertation aus dem Jahr 1900 wiederentdeckt, in der der Mathematiker Louis Bachelier unter der Betreuung von Henri Poincaré die Oszillation von börsennotierten Kursen nach dem Vorbild molekularen Gestöbers (wie der brownschen Bewegung) formalisierte. In seiner *Théorie de la Spéculation* sind aufeinander folgende Preisänderungen linear unabhängig und von identisch verteilten Zufallsvariablen bestimmt; und die Summe spekulativer Aktionen folgt einer Bewegung, die analog zur Verteilung bzw. Diffusion von Partikeln in gasförmigen Gemischen funktioniert.[11] Erst in der zweiten Hälfte des 20. Jahrhunderts erhielten solche Überlegungen einen plausiblen, d. h. resonanzverstärkenden Rahmen, sie konnten sowohl mit Überlegungen zum Verhältnis von Informationsgehalt und Rauschen bei der Nachrichtenübertragung[12] wie auch mit den Modellen durchgängig effizienter Finanzmärkte fusionieren. Wenn nämlich die Preise dieses Markts zu jedem Zeitpunkt alle relevanten Informationen enthalten, ist ihre Veränderung nur neuen, d. h. unabsehbaren Informationen geschuldet, die neue, d. h. unabsehbare Entscheidungen verlangen.

Der Weg, den die Preise zwischen verschiedenen Zeitpunkten einschlagen, fällt nun – wie die Frage der Datenübertragung überhaupt – ins Arbeitsgebiet von Wahrscheinlichkeitskalkül und Stochastik und gleicht einem *Random Walk*, einem nicht-linearen Zufallspfad. Zufallsbewegungen sind zum Merkmal effizienter Märkte geworden, die *Random Walk Theory* zu einem notwendigen Komplement der *Efficient Market Hypothesis*. Und das bedeutet: Wo alle Unternehmer gleichermaßen über alle zirkulierenden Informationen verfügen, wird jede punktuelle Gewinnchance sogleich – und von wem auch immer – genutzt, und sofern sich jede dieser Operationen sofort in den Marktpreisen niederschlägt, können Preisvariationen selbst nur unvorhersehbar, also aleatorisch erscheinen. Die

Marktvernunft bringt es mit sich, dass sich Informationen, d. h. die Ereignisse von Preisdifferenzen durch ihre Ausnutzung annullieren; und der Wettbewerb zwischen profitmaximierenden Interessenten soll bewirken, dass Spekulationen im Einzelnen den spekulativen Charakter des Ganzen durchkreuzen, dass Arbitrage die Effekte der Arbitrage abschafft und den Spielraum für Über- und Unterbewertungen vernichtet.[13] Einerseits also führt die Vernunft oder Effizienz der Finanzmärkte dazu, dass das Wetten auf künftige Kursverläufe wohl dem Spiel eines Schimpansen gleicht, der mit verbundenen Augen Dartpfeile auf den Börsenteil einer Zeitung wirft; je effizienter die Märkte, desto zufälliger die dort generierten Oszillationen. Andererseits stellt sich hier eine Art Gleichgewicht ein, in dem sich die zufälligen Schwankungen um einen Mittelwert herum anordnen und schließlich der Streuung einer Normalverteilung folgen.

Effiziente Märkte konnte man damit als privilegiertes Arbeitsgebiet der *Econophysics* und als Basis von modernen Finanzmarktbewertungsverfahren ausweisen. Vor diesem Hintergrund wurden Anfang der siebziger Jahre schließlich Modelle entwickelt, die sich insbesondere auf die Informationsökonomie im Handel mit Derivaten beziehen, also mit jenen Produkten, die im Zentrum jüngerer Finanzmärkte stehen und dazu dienen sollen, die Risiken spekulativer Geschäfte mit spekulativen Geschäften zu minimieren. Eines der prominentesten, das von den Mathematikern und Ökonomen Robert C. Merton, Fischer Black und Myron Scholes zwischen 1969 und 1973 erarbeitet und dann mit Nobelpreisen prämiert wurde, ist zu einem Standardprogramm finanzökonomischer Transaktionen geworden. Es verfolgt die Bewertung von Finanzoptionen unter Verwendung der geometrischen brownschen Bewegung und hat den Transfer zwischen Wirtschaftstheorie, Finanzmarkt und Informationstechnologie wesentlich strukturiert. Einerseits sollen dabei die genannten Ausgangsbedingungen gelten: gewinnorientierte Unternehmer, effiziente Märkte, gleichmäßig verteilte und allgemein verfügbare Informationen, friktionslose Transaktionen, schließlich kontinuierliche Preisvariationen, die dem Muster einer Normalverteilung entsprechen. Andererseits geht es darum, aus bestehenden Preisen, etwa für Aktien und Kredite, jenen Preishorizont zu errechnen, der von einer künftigen Gegenwart aus zum Motiv der Bewertung einer gegenwärtigen Zukunft werden kann. Der gegenwärtige Preis eines Derivats – genauer: einer Aktienoption auf den künftigen Kauf oder Verkauf eines Vermögenswerts – rechtfertigt sich dann, wenn in ihm eine mögliche Zukunft des zugrunde liegenden Werts wiederkehrt. Nur durch eine Inversion dieser Art werden ungewisse Aussichten in die Wahrscheinlichkeit künftiger Gegenwarten transformiert; und nur diese Replikation künftiger Verläufe kann die Erwartung begründen, dass sich die Risiken schwankender Kurse und Preise durch den Handel mit diesen Risiken werden hegen und ausbalancieren lassen. Darin liegt zugleich der Angelpunkt der von Black, Scholes und Merton vorgeschlagenen Lösung. Während etwa der aktuelle Kurs eines Papiers, sein Basis- oder Ausgabepreis, der Zinssatz und die Fälligkeit oder Laufzeit einer Option als mehr oder weniger bekannte Größen in das Berechnungsverfahren eingehen können, besteht die prekäre Unbekannte für die Berechnung des Optionspreises im Grad möglicher Abweichungen, also in der Volatilität der Basiswerte.

Wenn also im Zentrum der Operation eine berühmte Differentialgleichung steht, die stochastische Prozesse mit einer Funktion für logarithmische Normalverteilungen zu fassen versucht und sich wiederum als Version von Gleichungen für Wärmeleitung und Diffusion in der statistischen Mechanik ausweist[14], so wird darin – vereinfacht ausgedrückt – die unbekannte künftige Volatilität nach den Preisamplituden und Zufallsbewegungen zugrunde liegender Werte in vergleichbaren historischen Zeiträumen errechnet. Man muss nicht die Daten und Treffer möglicher Zukünfte erraten, sondern nur einen Schwingungsraum errechnen, innerhalb dessen sie – so oder so – stattfinden könnten. Damit ist in das Kalkül die Annahme eingebaut, dass sich das Unvorhersehbare der Zukunft nach der Streuung vergangener Unvorhersehbarkeiten verhalten wird: Man weiß nicht, was passieren wird, aber man nimmt an, dass sich im Unvorhergesehenen bzw. Unvorhersehbaren wenigstens bestehende Erwartbarkeiten reproduzieren.[15] Wie immer originell das von Black, Scholes und Merton erarbeitete Formelwesen gewesen sein mag, wie sehr es durch vereinzelte und vergessene Versuche aus der Zeit der Jahrhundertwende vorweggenommen wurde; und wie immer singulär es sich in einer Reihe zeitgenössischer Versuche behaupten kann[16] – der Erfolg dieses Berechnungsverfahrens wurde nicht zuletzt dadurch garantiert, dass es als wesentliches diskursives Element auf die finanzökonomische Problemlage der 1970er Jahre antwortete und die Brücke zur Informatisierung der Finanzmärkte schlagen konnte, eine Brücke, die liberale Markttheorie, mathematische Formalisierung und Informationstechnologie miteinander verknüpfte.

Allerdings hatten solche «superperfekten» Marktmodelle[17] zunächst keine Beschreibung realer Marktverhältnisse, sondern allenfalls Idealabstraktionen geliefert. So wenig etwa Theorien effizienter Märkte mit der Wirklichkeit imperfekter Marktsituationen korrespondieren, so sehr operieren sie mit einem Konzept von Information, das selbst wiederum von physischen Gegebenheiten – wie den Unbequemlichkeiten von Produktion, Verschleiß oder Transport – absieht und eher den Posten eines platonischen Eidos oder einer aristotelischen Form besetzt. Ähnlich wie für Norbert Wiener nach einer oft zitierten Bemerkung Information nichts als Information, also weder «Energie» noch «Materie» ist und sich materialistischen Zugriffen entzieht[18], hat man Wert darauf gelegt, dass liberale, sich selbst regulierende Preissysteme einen Idealtypus darstellen und sich in der schwerfälligen materiellen Welt nicht wirklich wiederfinden lassen.[19] Ganz im Sinne seiner Herkunft aus dem lateinischen *informare*, d.h. ‹bilden›, ‹Form› oder ‹Gestalt geben›, verweist der Begriff der Information hier, abgetrennt von seiner physikalischen Darstellung, auf ein eigengesetzliches, mit eigener innerer Logik ausgestattetes Gebilde. Einerseits muss man in der Informationsökonomie solcher Modelle – von der Hypothese effizienter Märkte bis zur Black-Scholes-Formel samt ihrer Varianten – darum rein theoretische Produkte erkennen; andererseits dokumentiert sich in ihnen zugleich die performative Qualität eines Kalküls. Denn mit ihm erzeugen Finanzprodukte nun die Bedingung ihrer Möglichkeit und appellieren an einen Markt, auf dem sich ihre eigene informationelle Rationalität einmal wird verwirklichen können. Man hat in dieser Hinsicht von einer Anpassung finanzökonomischer Wirklichkeit an Wirtschaftstheorie, etwa von der allmählichen Entstehung einer speziellen «Black-Scholes-Welt» gesprochen, die in den 1970er Jahren noch nicht existierte: mit der Einrichtung von Protokollen, nach denen dann die Märkte selbst operieren werden.[20] Als diskursives Produkt fungiert das Formelwesen als eine Art *enacted theory*, es bietet ein schlagendes Argument für den Handel mit Finanzprodukten und damit die Rechtfertigung seiner theoretischen Implikationen.

Damit verweist dieser zirkuläre Prozess auf eine praktische Komponente, die die Funktionsweise der Finanzökonomie seit den siebziger Jahren bestimmt. Denn mit den Modellen effizienter Märkte und ihren finanztechnischen Ablegern werden Finanzmärkte nicht nur zu Gegenständen mathematischer und informationstheoretischer Formalisierung, sondern zugleich zu spezifischen medientechnischen Formaten, deren Verbreitungsgeschichte dann mit den Stationen der Computergeschichte und der Entwicklung von Informationstechnologien koinzidiert. Dies reicht von den ersten Ideen zur Einrichtung elektronischer Marktkommunikation in den 1960er Jahren über die Eröffnung rechnergestützten Börsenhandels, die Bereitstellung elektronischer Handelssysteme und Börsenplattformen bis hin zu *Online Brokerage* und zur Freigabe des WorldWideWeb für Börsen- und Finanzgeschäfte im Jahr 1993 – seit den 1980er Jahren wurden mehr als achtzig Prozent aller IT-Produkte und -Dienstleistungen allein vom Finanzsektor erworben. Lässt sich darin die Entstehung einer Finanzmaschine erkennen, in der sich ein Großteil weltgesellschaftlicher Wohlfahrt entscheiden soll[21], so wird dieses Dispositiv für den Handel mit Kapitalwerten ebenso wesentlich wie effektiv. Eine Formalisierung wie das Black-Scholes-Modell appelliert gleichsam an informationstechnische Exekution. So hat man das *option prizing* zunächst auf stationären Rechnern kalkuliert und die entsprechenden Tabellen dann umständlich und in Papierform an interessierte Trader und Subskribenten vertrieben. Bereits 1974 wurde von Texas Instruments ein Taschenrechner geliefert, der auf die bündige Bewertungsformel programmiert war und die entsprechenden Resultate für das Day-Trading bot. Und spätestens seit der Entstehung automatisierter Options- und *future*-Börsen in den achtziger Jahren hat sich eine wirkungsvolle Fusion zwischen Finanztheorie, Informationstechnologie und Mathematik (etwa zu Wahrscheinlichkeitsverteilungen) eingestellt. Sofern die Idee effizienter Märkte eine Effizienz von Informationsverarbeitung verlangt, lässt sich hier tatsächlich eine Imitation von Theorie durch die ökonomische Wirklichkeit verzeichnen – oder wenigstens die Hoffnung darauf, dass die «Realität schließlich Theorie nachahmen wird».[22] Erst unter neuen technologischen Bedingungen vollzieht sich die Institution dieses Markts. Informationstechnologie ermöglichte, wie der ehemalige US-Notenbankchef Alan Greenspan einmal bemerkte, «die Schöpfung, die Bewertung und den Handel mit komplexen Finanzprodukten auf globaler Basis, die man sich bisher nur in Lehrbüchern vorstellen konnte»; und Derivate seien nun «die treffendsten Beispiele für eine Vielzahl von Produkten, die von Technologie inspiriert wurden».[23] Finanztheorie, Formalisierung und technische Implementierung gehen hier eine produktive Verbindung ein, in der sich die Erfindung neuer Finanzinstrumente und die Installation entsprechender Märkte wechselseitig in ihrer *raison d'être* beglaubigen. Finanzinnovationen werden in Informationssystemen reflektiert, die dann den Bedarf für technologische Plattformen schaffen. Und das heißt: Das Konsortium von Finanzökonomie, Informationstheorie und Technik stellt die Aussicht bereit, dass maximale Liquidität, optimierte Preisfindung und effizienter Datenverkehr in der Konsolidierung der Finanzmärkte zusammenfinden können. Über Information werden ökonomische Handlungsspielräume mit den operativen Möglichkeiten technischer Systeme verkoppelt, und insbesondere das Finanzwesen scheint von der Hoffnung beseelt, mit Informationstheorie soziale Prozesse programmierbar zu machen. Das «automatische Subjekt» des Kapitals (Marx)[24] hat sich den Wunsch nach seiner Automatisierung erfüllt.

Damit lässt sich im Zusammenspiel der genannten Komponenten – Finanzgeschäfte, neue Berechnungsverfahren und Informationstechnologien – auf den Finanzmärkten eine historische Transformation bemerken, die von Währungsstandards jeglicher Art zu einem *Informationsstandard* als Basis der Weltfinanz führt. Die Stabilisierung von Kreditökonomie und Währungssystemen wird nicht mehr durch eine Konvertierung in Gold oder Warengeld abhängig gemacht, sondern als fortlaufender Austausch zwischen Geld und Information gedacht und strukturiert. Sofern Preise auf den Finanzmärkten als Verdichtung verfügbarer Informationen über Vermögenswerte verstanden werden und zugleich Informationen über die Zukunft von Preisen kompilieren, sind im Zahlungsverkehr Informationen über Geld wichtiger als Geld selbst geworden. Der Markt installiert einen Informations-Automatismus und markiert Werteinheiten als Informationseinheiten; Information selbst ist zur Wertform geronnen. Effiziente Märkte sind Märkte der effizienten Verteilung von Information; Wettbewerb erscheint als Aufruf zur informationellen Kompetition. Wenn sich internationale Finanzökonomie als technisch implementierte Finanztheorie begreifen lässt, so übernehmen Zahlungen und Kapitalverkehr darin die Funktion eines Information produzierenden Apparats.

Vor dem Hintergrund institutioneller und struktureller Veränderungen seit den 1970er Jahren werden jüngere Finanztheorien also informationsökonomisch grundiert, und sofern sich hier eine wechselseitige Verstärkung von technischen und ökonomischen Prozessformen verzeichnen lässt, wird noch einmal die Frage nach der Qualität, nach der Logik und nach der Funktion des darin implizierten Informationsbegriffs nahegelegt. Dabei erscheint es bemerkenswert, dass schon seit den frühesten Überlegungen zu Finanz- und Börsengeschäften die Frage nach der Konsistenz von ‹Information› – im weitesten Sinn – in den Mittelpunkt gerückt ist und dabei eine gewisse Perplexität darüber ausgelöst hat, wie sich deren Kenntnisgehalt, deren epistemologischer Status überhaupt erfassen ließe. So wurde in Joseph de la Vegas Dialogserie *Die Verwirrung der Verwirrungen* (*Confusión de confusiones*) von 1688 am Beispiel der Amsterdamer Börse und deren «rätselhaften Geschäfts» über die Bedeutung von «Informationen» (*información*) aus diversen Weltgegenden nachgedacht, die in Gestalt von «unerwarteten Nachrichten» (*noticias*) und «wichtigen Neuigkeiten» (*novedades*), als «Meldungen», «Korrespondenzen», «Berichte», «Briefe», «Privatbriefe» oder bloße «Gerüchte» unmittelbar auf das Steigen oder Fallen von Aktienkursen einwirken. Gerade weil es stets unklar bleibt, welche genauen Effekte günstige oder ungünstige Botschaften jeweils auslösen und ob und wie überhaupt bestimmte Ursachen diese oder jene Folgen im Börsengeschehen nach sich ziehen[25], hat sich darin eine finanzökonomisch inspirierte Theorie der Information ausgebildet. So sehr nämlich laut Joseph de la Vega Börsengeschäfte «Zeitgeschäfte» darstellen, in denen Aussichten auf künftige Profite oder Risiken gehandelt werden, so sehr muss dabei «die Erwartung einer Tatsache» größeren Eindruck als «die Tatsache selbst» machen und der Unterschied zwischen vollendeten und bloß möglichen Tatsachen schwinden. Relevante Börseninformationen sind stets auf ungewisse Zukünfte bezogen, sie stellen sich demnach als ununterscheidbares Konglomerat aus veritablen Nachrichten, Vermutungen, Mutmaßungen, Gerüchten, Meinungen und Meinungen über Meinungen heraus und provozieren Urteile nicht nur darüber, wie Nachrichten zu bewerten seien, sondern auch darüber, wie andere Nachrichten bewerten, wie sich also «ein sicheres Urteil über die herrschende Strömung» von Meinungen bilden lässt. Einerseits ist dem Börsengeschäft darum keine «Wissenschaft» fremd, «um bei wichtigen Nachrichten zu einer richtigen Entscheidung zu gelangen»; es schließt den Rückgriff auf das gesammelte Wissen aus Politik, Geographie, Nautik, Arithmetik, Rhetorik oder Jurisprudenz gleichermaßen ein. Andererseits werden solche Kenntnisse von Widrigkeiten heimgesucht, die den Unterschied zwischen Gewusstem und Gemeintem löschen sowie den logischen Prinzipien von zureichenden Gründen und sich ausschließenden Gegensätzen zuwiderlaufen: In Umkehrung des scholastischen *cessante causa cessat effectus* verschwindet an der Börse mit dem «Aufhören des Grundes» nicht unbedingt die «Wirkung», und «[w]ährend die Philosophie lehrt, dass verschiedenartige Wirkungen auch aus verschiedenartigen Ursachen hervorgehen, verkaufen an der Börse auf dieselbe Nachricht hin die einen und kaufen die anderen, sodass hier eine Ursache verschiedene Wirkungen hat.»[26] Die Substanz von Börseninformationen konstituiert sich also in der

Gestalt einer «Börsenmeinung» oder «Börsenstimmung», die im Vollzug des spekulativen Geschäfts, in den «Wellenschäume[n] der Spekulation» den Sachgehalt von Nachrichten nicht vom Ereignis der Benachrichtigung, dieses nicht von seiner Bewertung und der Bewertung von Bewertungen unterscheiden kann und ihre «Wahrheit» eben darin erfährt, dass sich – abseits von zureichenden Gründen – die Differenz zwischen dem «Reellste[n]» und dem «Falscheste[n]»[27] nicht wirklich aufrecht erhalten lässt. Das Ereignis der Information liegt weniger in diesem oder jenem Sachverhalt, sondern in jener Spannung, die sich zwischen bestehenden Erwartungen und den Überraschungseffekten von Nachrichten manifestiert. Auf gegenwärtige Verhältnisse übertragen bedeutet dies etwa, dass ungewöhnliche, aber gefälschte Meldungen grundsätzlich heftigere Reaktionen bei Investoren auslösen, als dies die üblichen Börsennachrichten tun.[28]

Die Genese eines effektiven finanzökonomischen Informationsbegriffs scheint also nicht von jener ‹Verwirrung der Verwirrungen› zu trennen zu sein, mit der Nachrichtensysteme als Meinungsgeneratoren funktionieren und eben dadurch mit der Rationalität von Börsen- und Finanzgeschäften fusionieren. Das kann als Grundlage einer entsprechenden Informationstheorie gelten und verlangt die Hinnahme des Sachverhalts, dass der Finanzmarkt zur Beschaffung von Liquidität dient, diese nur über Spekulation funktioniert und diese wiederum spekulär verfährt. Wenn im Finanzgeschäft – wie bereits bei Joseph de la Vega ausgeführt – die eigentlichen Tatsachen die Erwartungen von Tatsachen sind und Nachrichten mit Meinungen kontaminieren, so gilt für den darin wirksamen Informationsbegriff, dass er sich nur in Abhängigkeit von einem Reflexiv-Werden der Verknüpfungen im Finanzgeschehen fassen lässt. Sofern sich nämlich der Kauf von Kapitalwerten als Kauf voraussichtlicher Erträge vollzieht, bilden sich zahlbare Preise im Vorgriff auf erwartbare

Preise. Nicht was war oder ist, sondern was vielleicht, möglicherweise oder wahrscheinlich eintreten wird, bestimmt den Gang der Ereignisse. Der Finanzmarkt funktioniert als ein System von Antizipationen, die das ökonomische Verhalten auf das Erraten dessen verpflichten, was der Markt selbst von der Zukunft denken mag. Damit nehmen gegenwärtige Erwartungen nicht einfach das künftige Geschehen vorweg, vielmehr wird das künftige Geschehen von den Erwartungen an das künftige Geschehen mitgeformt und gewinnt als solches aktuelle Virulenz. Gegenwärtige Ereignisse werden durch ‹Vorträglichkeits›-Effekte, als *proteron hysteron* ihrer Zukunft realisiert. Man ist damit in ein Spiel potenzierter Erwartenserwartungen eingetreten, in dem es um die Beobachtung von Beobachtungen und die Vorwegnahme möglicher Vorwegnahmen geht.

Diese spekuläre oder reflexive Struktur bedeutet also, dass die auf dem Markt zirkulierenden Informationen eben nicht epistemologisch, sondern allein ‹doxologisch› begründbar sind. Es geht nicht um die Feststellung oder Begründung eines gerechtfertigten Wissens vom ‹realen›, ‹wahren› oder ‹fundamentalen› Wert der Dinge, sondern darum, wie sich Wertschätzungen aus Meinungen formieren, die die Meinung über Meinungen spiegeln. Finanzmärkte operieren als fortlaufender Abstimmungsprozess, in ihnen herrscht der Druck von Konformität. In den Preisen kursieren die zur Norm geronnenen Resonanzen kollektiver Ansichten, und sofern sich mit jeder Zahlung eine Meinung darüber artikuliert, was nach allgemeiner Erwartung allgemein erwartet werden könnte, vollzieht sich eine Konventionalisierung von Entscheidungs- und Urteilsprofilen. Das schließt Spekulationen gegen den Markt und die vereinzelten Aktionen von Skeptikern oder ‹Kontrariern› nicht aus. Man kann darin allenfalls eine Nähe zum Verhältnis von Meinung und Mode erkennen, sofern die Durchsetzung modischer Trends ebenfalls die leicht paradoxe Attitüde verlangt, sich konstant nach dem Veränderlichen zu richten und sich konformistisch ans Extravagante zu halten.

Die Form dieses finanzökonomischen Urteilens hat darum, kantisch gesprochen, wenig mit Erkenntnisurteilen zu tun. Sie besitzt eher ästhetischen Charakter, wenn das Geschmacksurteil nach Kant den Vorgriff auf eine «Gemeingültigkeit» vollzieht und mit ihr eine «unbestimmte Norm» aufruft, die – begrifflos – jedermanns Zustimmung erheischen könnte.[29] Hier lässt sich wohl eine Linie von den Einsichten früher Börsentraktate zu jenem Keynesianismus ziehen, dessen Interessen sich vor allem auf die Finanzierungsstrukturen von Finanzmärkten konzentrieren. So wollte John Maynard Keynes wohl nicht von ungefähr deren Choreographie mit dem notorischen Bild von Schönheitswettbewerben illustrieren. Demnach werden die fälligen Preise wie die «hübschesten Gesichter» danach ausgewählt, wie man «am nächsten mit der durchschnittlichen Vorliebe aller Teilnehmer übereinstimmt, so dass jeder Teilnehmer nicht diejenigen Gesichter auszuwählen hat, die er selbst am hübschesten findet, sondern jene, von denen er denkt, dass sie am ehesten die Vorliebe der anderen Teilnehmer gewinnen werden, welche alle das Problem vom gleichen Gesichtspunkt aus betrachten.»[30] Die marktgängige Meinung bildet sich danach, was nach durchschnittlicher Meinung die Durchschnittsmeinung sein könnte, und der Grund von Urteilen liegt in der Annahme, dass in ihnen eine Mehrheit von Urteilsakten koinzidiert. Oder anders gesagt: Hier herrscht ein unendliches Spiegelspiel ohne festen Angelpunkt, «in dem das Geschick [oder Glück oder Vermögen: frz. *fortune*] von jedermann nur von der Interpretation dessen abhängt, was die anderen denken, davon, was andere über sein Verhalten denken, davon, was andere über die Reaktion denken werden, mit der man auf das antworten wird, was andere über das Verhalten denken, das man zum Ausdruck bringen könnte usw.»[31] Sofern Finanzmärkte als Systeme zur Produktion von Finanzierungspreisen operieren, lassen sie sich als Mechanismen zur autopoietischen Herstellung von Doxa begreifen, in denen Erwartungen und Präferenzen nur dann wirklich vernünftig sind, wenn sie direkt mit konventionellen koinzidieren und Übereinstimmung in Normalideen finden. Finanzökonomische Urteile sind auf Konventionen gegründet, Konventionalismus prägt die Episteme des Markts, und jede theoretische Begründung ratifiziert nur dieses doxologische[32] Substrat.

Darum lädt der finanzökonomische Begriff der Information selbst zu einer signifikanten (Ent-)Differenzierung von Differenzen ein. So reduziert der Markt als Subjekt verfügbarer und zirkulierender Informationen die ältere – platonische oder aristotelische – Unterscheidung von Wissen, Glauben und Meinen und erweist sich als Maschine zur Erzeugung normalisierender Trends. Darin liegt auch der Grund für die Quantifizierbarkeit ökonomischer Prozesse; mit ihr werden, wie schon Gabriel Tarde einmal bemerkte, die «Übereinstimmung kollektiver Urteile», die Mechanismen der großen Zahl und ihr konformistisches Meinen und Glauben erfasst.[33] Dies hat eine besondere Zuspitzung in der Frage nach dem Verhältnis von Preisbildung und Information in den jüngeren Finanztheorien erfahren. Sofern Preise nämlich – nach geläufiger Doktrin der *Efficient Market Hypothesis* – «die Informationen und Meinungen aller Marktteilnehmer versammeln» und damit wiederum «die beste Abschätzung der entsprechenden Werte bieten»[34], fungieren sie als Informationen über Informationen und können alle möglichen Informationen auf die Form der Information selbst, nämlich auf Preisdifferenzen reduzieren. Sie repräsentieren den Wechsel von Annahmen, Bewertungen, Meinungen oder Expertisen über kursierende Finanzprodukte, lösen damit Kaufhandlungen aus, die in ihrer Verknüpfung wiederum für die adaptiven Ordnungsfiguren effizienter Märkte sorgen sollen. Börsen- und Finanzmärkte müssen also nicht nur als erste, exemplarische und kohärent organisierte Meinungsmärkte angesehen werden, vielmehr ist in ihnen das Substrat des Meinungshaften selbst zu einem zentralen Funktionselement geworden und hat schließlich jene Überlegungen angeregt, die die Zirkulation von Meinungen und eine «Ökonomie freier Rede» mit den Spielräumen von Geldmärkten gleichsetzen[35] (vgl. S. 119–121).

Demnach ließe sich Information hier allgemein als ein Ereignis definieren, das bestimmte Zustände eines Systems auswählt, somit selektiven Einfluss auf das Systemverhalten exerziert und Änderungen bewirkt. Als Indikator von Veränderung und «Differenz, die eine Differenz macht» (Gregory Bateson), manifestiert sie sich in jenen Irritationen, die den Charakter des Unerwarteten, der Neuheit, der Überraschung oder schlicht der statistischen Seltenheit aufweisen und damit Anpassungsreaktionen auslösen – wie etwa die Fluktuation von Wertpapierpreisen oder Währungskursen bestimmte Marktreaktionen provozieren. Das Maß der Information wird dabei weniger von semantischen Inhalten, als von der Differenz zu jeweils bestehenden Erwartungsstrukturen bestimmt und lässt sich somit als eine Unterscheidungsgröße begreifen, die gegenüber anderen Unterscheidungen – wie zwischen Gegebenem und Nicht-Gegebenem, Vorhandenem und Nicht-Vorhandenem, Behauptetem und Bewiesenem etc. – unempfindlich bleibt. Information manifestiert sich als modifizierte bzw. neue Repräsentation dessen, was der Fall ist oder geglaubt oder behauptet wird.[36] Sofern Preise dabei als Informationen für und über ökonomische Kommunikationsprozesse und damit als wirtschaftliche Realien überhaupt funktionieren, werden umständliche Verfahren zu ihrer Rechtfertigung oder Begründung zwangsläufig subtrahiert und lassen eine «weitere Herkunftsforschung» weder notwendig noch sinnvoll erscheinen. Solche Recherchen oder Gedächtnisübungen werden allenfalls durch eine Aggregation von Daten ins statistische Rechnungswesen ausgelagert; ein preisorientiertes Marktsystem selbst kann dann – de jure – ohne historischen Ballast operieren und seine Entscheidungen somit an Algorithmen delegieren.[37] Die <Wahrheit> von Information wird von spezifischen Inhalten nur insofern repräsentiert, als sich in ihnen eine Erwartungs- oder Anzeigedifferenz manifestiert. Unter diesen Bedingungen können Kapitalmärkte tatsächlich als signalverarbeitende Systeme begriffen werden. Sie reduzieren Wissen auf Information, Information auf Preisdifferenzen, die zur Ausnutzung von Informationen und Preisdifferenzen aufrufen. Mit ihren Gewinnerwartungen installieren sie einen Finanzautomaten, in dem Informationen Preise, Preise Kaufentscheidungen und diese wiederum Informationen, Preise und Entscheidungen generieren.

Unter informationstechnischen Bedingungen haben sich Finanzmärkte als Meinungsmärkte installiert, deren internationale Wirksamkeit auch dadurch ratifiziert wurde, dass etwa das effektvolle Ranking von Finanzprodukten aller Art, von Anleihen oder Kreditwürdigkeit durch private Ratingagenturen – die seit 2008 zudem das Geschick von Volkswirtschaften diktiert haben – in rechtlicher Hinsicht mit journalistischen Meinungsbeiträgen gleichgesetzt wurde und für Fehlbewertungen nicht zur Verantwortung gezogen werden kann.[38] Während allerdings das finanzökonomische Konzept der Information die Differenz des Wissens in den Prozessen der Preisbildung unkenntlich macht, hat selbst eine wirtschaftswissenschaftliche Orthodoxie einiges Misstrauen aufgeboten und demgegenüber einen erweiterten Wissensbegriff reklamiert. Die Ermittlung von Finanzwerten wird in der so genannten Fundamentalanalyse nicht einfach der Bepreisung durch Marktdynamiken überlassen, sondern von der extensiven Diskussion vielfältiger, heterogener, quantitativer und qualitativer, mikro- und makroökonomischer Faktoren abhängig gemacht, zu denen etwa Produktivität, Ertragslagen, Kostenstrukturen, erwartbare Dividenden, Leistungsbilanzen, Eigenkapitalquoten, Managementqualität, Konjunkturentwicklungen oder Kaufkraft gehören. Im Spektrum finanzökonomischer Lehrmeinungen ist also selbst ein paradigmatischer Konflikt zwischen doxologischen und epistemologischen Annäherungen herangewachsen. Während man etwa bei der Analyse von Produktionskapital den Widerständen eines Wissens über konkrete Produktionsverhältnisse samt lokalen oder regionalen Umständen begegnet, werden solche Faktoren in den Abstimmungs- und Bewertungsverfahren der Finanzmärkte obsolet. Hier zeichnet sich eine systematische Konfrontation ab, in der Marktbewertungen und Buchwerte von Unternehmen zunehmend divergieren und eine referentielle Verwirrung über tatsächliche Wertverhältnisse stiften.[39] Die Selbstbewertung des Finanzsystems ist nicht von der systematischen Produktion von Wertgespenstern und Referenzillusionen zu trennen, und die zunehmende Abkopplung von Finanznotierungen und wirtschaftlichem Gesamtgeschehen haben ihren jüngsten Niederschlag etwa in jenen euphorischen Preissprüngen und Kursgewinnen gefunden, mit denen die Börsen seit dem Frühjahr 2020 auf Pandemie, steigende Arbeitslosigkeit und Depressionsaussichten reagierten.[40]

Vor diesem Hintergrund unterscheiden sich marktgängige Meinungen bzw. (Preis-)Informationen zwar nicht vom Wissen, Wissen aber von Information, und auch wenn die umständliche Erhebung von Fundamentaldaten sich als konservative und routinierte Methode zur Einschätzung und Rechtfertigung von Aktienpreisen kapitalistischer Unternehmen behauptet, eröffnet sie dennoch einen Horizont, der eine theoretische Zuspitzung ermöglicht. Demnach wäre Wissen – im Gegensatz zur Information – mit Operationen verknüpft, die den automatisierbaren Reaktionszyklus von Informationen und Preisen unterbrechen, anders als informatische Modelle nicht skalierbar sind, sich einem offenen Rechercheprozess verschreiben und damit nicht zuletzt ins Feld einer unübersichtlichen

Geschichte führen. Die Prozessierung von Information realisiert schnelle und flagrante Lösungen, die darum auch von Algorithmen abgearbeitet werden können – wenn Algorithmen programmierte Anweisungen für abschließbare, wohldefinierte und determinierte Schritte zur Lösung von Problemen bieten. Der Zusammenhang von Finanzmarkt und Informationstechnologie (inzwischen werden mehr als 70 Prozent aller Finanztransaktionen von Algorithmen gesteuert) kann damit als Puls einer ‹solutionistischen› Dynamik begriffen werden, für die sich alle möglichen Sachlagen in berechenbare Lösungsprozesse transformieren lassen. Die Frage des Wissens dagegen wendet scheinbare Lösungen zu Ungewissheiten und ungeklärten Problemlagen um und folgt einem anti-algorithmischen Pfad. Im Unterschied zur Information ließe sich Wissen darum weniger über die Kürze oder die Gegebenheit von Resultaten, Daten, Effekten oder Fakten, denn über jene langwierigen Verfahren und Wegstrecken definieren, die am Leitfaden von Begründungsfragen eine Arbeit der Erkundung, die Spur einer «Irreduktion» und fortlaufende Problematisierungsweisen verfolgen. Information ist Wissen minus Nachweis und Rechtfertigung, Wissen selbst aber dem ungewissen Ausgang von Prüfungsverfahren verpflichtet. Das Ende von Begründungen kann nur im Verzicht auf weitere Begründungen liegen. Fachleute, so hieß es einmal bei Robert Musil[41], «werden niemals fertig».

3. Kapitel

Plattformen

Der Stand des gegenwärtigen Finanzregimes zeichnet sich also durch die Konvergenz zweier Entwicklungslinien aus. Auf der einen Seite hatten die Neuordnung der Finanzmärkte seit den siebziger Jahren und die Finanzialisierung der Weltwirtschaft zu einer Dominanz finanzökonomischer Reproduktionszyklen geführt, deren Wirkungen und Konsequenzen in rein ökonomischen Begriffen nicht fassbar sind. Im Geflecht aus politischen Institutionen, internationalen Organisationen, global operierenden Konzernen und Marktprozessen hatte sich eine transgouvernementale Handlungsmacht formiert, die über nationalstaatliche Grenzen hinweg unmittelbar in die Entscheidungsprozesse von Regierungen, Gesellschaften und Volkswirtschaften interveniert. Dabei hatte sich gerade die Krisenpolitik der Jahre nach 2007 nicht als Unterbrechung, sondern als Verschärfung eines langfristigen Trends und als Befestigung eines Finanzsystems erwiesen, dessen inhärente Instabilität durch eine Umverteilung der Lasten, durch die robuste Erschließung und Nutzung sozioökonomischer Ressourcen kompensiert werden konnte. Andererseits wäre dieser Übergang von einem regierungsgestützten zu einem marktgestützten Finanzwesen ohne eine Informatisierung der Kapitalmärkte nicht möglich gewesen. Unter der Bedingung elektronischer und digitaler Medien hat sich eine Fusion von Finanztransaktionen, Börsenhandel, Informationstheorie und Kommunikationstechnologien eingestellt. Was man bis heute etwas ratlos

Digitalisierung nennt, ist nicht einfach durch die Umwandlung analoger Werte in digitale Formate und die Diffusion solcher Technologien in alle möglichen sozialen, politischen und ökonomischen Bereiche charakterisiert. Abgesehen davon, dass damit notorische Veränderungen in Produktions- und Kommunikationsweisen, in Unternehmensstrukturen und Management, in Eigentums- und Arbeitsverhältnissen adressiert werden müssen, sind globale Digitalisierungseffekte nicht zuletzt einer wechselseitigen Verschränkung bzw. Verstärkung von Finanz- und Informationsökonomie geschuldet, die seit den achtziger Jahren zur Expansion des Finanzsektors und zur Hegemonie des Finanzmarktkapitalismus führte. Zudem hatte eine Politik niedriger Leitzinsen und billigen Geldes in den letzten Jahrzehnten günstige Gelegenheiten der Wertextraktion geschaffen, die zum konjunkturellen Schwung auf Finanz-, Immobilien- und Technologiemärkten beitrug. Gerade eine Situation, in der das Volumen der zirkulierenden Geldmengen und die Expansion von Kapitalmärkten sich von den Investitionen in den industriellen Sektor sowie von der Dynamik des Wirtschaftswachstums abgekoppelt haben und steigende Profitraten sinkenden Investitionsquoten überhaupt gegenüberstehen[1], musste die Frage nach noch unerschlossenen Quellen der Wertschöpfung bzw. der Produktion von Mehrwert, mithin nach der Überwindung von Grenzen kapitalistischer Expansion aufwerfen. Vor diesem Hintergrund haben die Informatisierung der Finanzbranche und die Finanzialisierung der Informationsökonomie schließlich die Voraussetzung für die Einrichtung und Durchsetzung von Geschäftsmodellen geschaffen, für die seit geraumer Zeit der Titel einer ‹Internet-› oder ‹Plattformökonomie› kursiert. –

Bereits der Name des Unternehmens hatte emblematischen Charakter. Denn ‹Priceline› war Ende der neunziger Jahre nicht bloß zu einem Synonym für ‹Nenn deinen eigenen Preis› und somit für ein patentiertes Auktionsmodell geworden, mit dem mögliche Käufer von Flugreisen ihre Preisvorstellungen für Tickets über eine Internetplattform soufflieren konnten, um dann passende Angebote von Fluggesellschaften für bislang ungenutzte Sitzplätze auf den gewünschten Verkehrsstrecken zu erhalten. Vielmehr hatte man es am Beispiel der 1997 gegründeten Internetfirma Priceline.com mit der intrikaten Frage zu tun, wie genau sich diese Preisfindung als Geschäft zur Bepreisung des Geschäftsmodells selbst verhalten mag. Ausgestattet mit fachlichen Expertisen, die aus den unterschiedlichsten Branchen von der Werbeindustrie über Medien-, Finanz- und Technologieunternehmen bis hin zu Hollywood stammten, stellte man sich diese Frage auf besonders dringliche Weise im März 1999, als das Unternehmen nach dem Vorbild einer Reihe von überaus glücklichen Börsengängen – etwa von American Online, Yahoo! oder eBay – einen eigenen Börsenstart auf Nasdaq vorbereitete. Einerseits wurde interessierten Investoren auf der Eröffnungsparty, die man mit dem Charme eines glamourösen Highschool-Balls in Manhattan veranstaltete, ein revolutionäres Unternehmensprogramm in Aussicht gestellt, das, finanziert von der Investmentbank Morgan Stanley und mit einer Belegschaft von weniger als zweihundert Leuten betrieben, nicht nur das Geschäft mit Flugtickets, sondern womöglich auch den Handel mit Automobilen, Hypotheken, Versicherungen, Finanzdienstleistungen, Immobilien, Hotelzimmern oder gar dem Rest der Warenwelt umstürzen sollte – eine Huldigung an das neue Idol der ‹Disruption›. Andererseits musste Priceline die besagten Tickets bislang unter dem Einstandspreis verkaufen, und zusammen mit Entwicklungs- und Werbekosten sowie mit der Ausgabe von Aktienoptionen an Fluggesellschaften hatte die Firma allein im Jahr 1998 einen Verlust von 114 Millionen Dollar gemacht. Und mehr noch: im Börsenprospekt, in jenem Dokument, das Kapitalgesellschaften zwecks Börsengang bei der amerikanischen Börsenaufsichtsbehörde SEC (Securities and Exchange Commission) vorzulegen haben, wurden folgende Warnhinweise fettgedruckt ausformuliert: «Wir sind nicht rentabel und erwarten weiterhin, Verluste zu machen»; «[u]nser Geschäftsmodell ist völlig neuartig und noch unerprobt»; «[u]nsere Marke könnte die breite Anerkennung verfehlen, die für einen Erfolg nötig ist»; oder: «Es ist durchaus möglich, dass wir unseren künftigen Kapitalbedarf nicht werden decken können».[2] Es blieb also die schwierige Frage bestehen, auf welche Weise man mit angekündigtem Ruin, mit flagranten wie erwartbaren Verlusten tatsächlich Börsengewinne zu erzielen vermag.

Am Morgen des 30. März 1999 wurde zum Handelsbeginn von Nasdaq jedenfalls ein Geschehen angestoßen, dessen Dynamik die Serie älterer Fälle schlicht überholte. Zehn Millionen Aktien von Priceline.com sollten zunächst für jeweils sieben bis neun Dollar angeboten werden, kamen dann mit einem Wert von je sechzehn Dollar auf den Markt, der schnell auf einen Preis von 85 Dollar anstieg und am Börsenschluss des selben Tages bei 68 Dollar, also mit einem Plus von 425 Prozent notierte. Dem Unternehmen wurde damit eine Kapitalisierung von fast zehn Milliarden Dollar beschert, die den Aktienwert von United, Continental und Northwestern Airlines zusammen übertraf. Und nur ein paar Wochen später landeten die Priceline-Aktien dann bei einer Notierung von 150 Dollar pro Stück und verschafften dem Unternehmen eine Bewertung, die höher als die der gesamten kommerziellen Luftfahrtgesellschaften in den USA lag.

Dabei lässt sich dieser erhabene Preissprung nicht nur als Resultat einer euphorischen Börsenkonjunktur samt ‹Herdentrieb› gegen Ende der neunziger Jahre begreifen, die ratlose Kommentatoren über die «Lächerlichkeit» der Informations- und Preisbildungsmechanismen an den Technologiebörsen nachdenken ließ und als so genannte Dotcom-Blase mit dem Einbruch von 2000 an ein vorläufiges, aber jähes Ende geriet – der Kurs von Priceline war dann selbst um 97 Prozent auf einen Preis von weniger als zwei Dollar pro Aktie abgestürzt.[3] Vielmehr müssen Priceline.com und verwandte Firmen, deren Börsengang und deren Geschäftsideen als herausragende Beispiele dafür gelten, warum spätestens seit den 1990er Jahren Finanzexperten, Investmentbanker, Wagniskapitalisten und finanzökomische Visionäre mit Blick auf neue Internet- und Plattformunternehmen «so begeistert über die Möglichkeiten von Internet-Investitionen sowie die Wertentwicklung des Aktienmarktes» und gleichzeitig etwas «nervös angesichts der entsprechenden Bewertungsniveaus» reagierten. Man mochte darin gar eine «grundlegende Veränderung im amerikanischen Kapitalismus» erkennen, jedenfalls eine Zeit, in der es sich lohnte, «radikal rücksichtslos» zu agieren und wieder einmal unverhohlen «Landnahme» zu betreiben – *a landgrab time*.[4]

Auch wenn man konzedieren musste, dass dieser neue Markt und sein Potential schwierig einzuschätzen und zu definieren wären, schien sich hier eine überaus effiziente Fusion zwischen Finanzkapital und neuen Unternehmensformaten anzubahnen, erfreuliche Aussichten jedenfalls für Investmentgesellschaften und *venture capital*, mit denen die Formierung des Internet ins Zentrum finanzkapitalistischer Interessen rückte und bislang unbekannte Wertschöpfungsmöglichkeiten erahnen ließ. Das in IT-, Technologie- und Internetfirmen investierte Wagniskapital vervierfachte sich zwischen 1996 und 2000; mehr als 50 000 neu gegründete Firmen wurden mit mehr als 256 Milliarden Dollar mit dem Auftrag zur Kommerzialisierung des Internet finanziert, in den Jahren 1999 und 2000 wurden achtzig Prozent des *venture capital* für solche Projekte aufgewendet, zwischen 1997 und 2000 lag der Kursgewinn von Technologieaktien im Durchschnitt bei dreihundert Prozent und führte eine Marktkapitalisierung von fünf Billionen Dollar herbei. Selbst der spätere Aufstieg chinesischer Plattformen wie Alibaba und Tencent ist den Investitionen ausländischen – u. a. amerikanischen und japanischen – Risikokapitals geschuldet und hat zu Börsennotierungen dieser Firmen auf Nasdaq geführt.[5] Die Allianz von Internet und Finanz hat die Vision einer neuen globalen Gründerzeit aufgerufen und sich offenbar als ebenso profitabel wie unverbrüchlich erwiesen.

Dies verwundert allerdings umso mehr, als es jahrzehntelang nahezu unmöglich gewesen war, Profitinteressen auf die entstehenden Netzwerktechnologien zu lenken. Während Börsengeschäfte bereits seit den siebziger Jahren auf den Ausbau elektronischer Plattformen drängten (vgl. S. 35–37), haben die aus der militärischen Forschung hervorgegangenen Computernetze für paketvermittelte Datenübertragung zunächst keinerlei investierende Neugierde geweckt. Ende der sechziger Jahre lehnte IBM ein Angebot zur computertechnischen Ausrüstung des ARPANET ab, wenig später sah der Telekom-Monopolist AT&T eine Beteiligung am Netz als wenig profitabel an, wie sich überhaupt bis über die siebziger Jahre hinaus kein Privatunternehmen zu kommerziellen Nutzungsideen der zwischen militärischen und akademischen Institutionen entwickelten Netzwerke verleiten ließ. Erst nachdem das alte ARPANET abgeschaltet war, nachdem Softwarelösungen für die Integration, Standardisierung und Homogenisierung unterschiedlicher Netzformen in einem Supernetz (etwa durch die Datenformate und Protokolle HTML, HTTP, HTTPS und URL) realisiert wurden, nachdem man mehrere hundert Milliarden Dollar an öffentlichen Mitteln in Netztechnik investiert und mit dem National Science Foundation Network (NSFNET) die Grundlage einer allseits zugänglichen und schnell wachsenden Netzstruktur geliefert hatte, wurde die private Bewirtschaftung dieser öffentlichen Ressourcen allmählich attraktiv.

Anfang der neunziger Jahre entstanden die ersten, kaum beachteten Vorschläge und Arbeitspapiere zur Privatisierung des Internet, die Restriktion des auf ‹Forschung und Lehre› spezialisierten NSFNET wurden gelockert und dessen Datenleitungen für private Internetdienstleister freigegeben. Nach geheimen Verhandlungen zwischen Regierung und Privatunternehmen wurde in den USA schließlich der *Telecommunications Act* von 1996 verabschiedet, der eine Deregulierung des amerikanischen Telekommunikationsmarktes verfolgte und den Gnadenstoß gegen die öffentliche Domäne der Netzkommunikation vollführte. Die Privatisierung hat zur Konzentration von Marktmacht und zur Re-Regulierung zugunsten der Interessen von Großunternehmen geführt, das gegenwärtige Internet wurde nicht mit der Entwicklung von Netztechnologien, sondern mit der Transformation öffentlicher Dienste in kapitalistische Unternehmensstrukturen geboren (vgl. S. 121–130). Diese Wendung hat auch das Genre von Grab- und Trauerreden begründet, mit denen ältere Netzaktivisten bis heute den Verlust der einstmals gehegten Demokratiehoffnungen in den Netzwerkgesellschaften beklagen.[6]

Die Genealogie des Internet geht also nicht geradewegs auf eine militärisch-industrielle Einrichtung im Zeichen des Kalten Krieges zurück, sie zeichnet vielmehr eine Linie, die von Finanzmärkten und Börsengeschäften über *shadow banking* und *over-the-counter*-Handel, über elektronische und computergestützte Handelssysteme bis zur Privatisierung informationstechnischer Infrastrukturen reicht. Einerseits konnte man nachweisen, dass die wesentlichen Bausteine der Hard- und Software im Bereich der Informations- bzw. Internettechnologie – von ersten Netzprojekten bis zum Touchscreen, von Internetprotokollen bis zu Mikroprozessoren, von Betriebssystemen bis zu Email-Programmen – aus Militärausgaben und staatlichen Subventionen für akademische und semiprivate Forschungen hervorgegangen sind; und gerade der Geschäftserfolg von so genannten

Risikokapitalisten aus dem Silicon Valley rührte nicht zuletzt daher, dass diese aus sicherem Abstand und oft erst Dekaden später in die nun marktgerecht präparierten Technologien investierten. Solche Entwicklungen haben die notorischen Legenden durchkreuzt, mit denen ein heroisch gestimmter kapitalistischer Geist sich selbst und andere immer wieder vom abenteuerlichen Schwung seiner Investitionen, von der kühnen Förderung technologischer Neuheiten, vom finanzökonomischen Feinsinn für den unglaublichen Erfindergeist der Garagen-Startups überzeugen wollte. Wie schon andere Marktschauplätze in der Geschichte des Kapitalismus wurde auch der Digital- und Internetmarkt mit großen politischen Energien vorbereitet, geformt und durchgesetzt, und die Geschichte der Entstehung digitaler Netzwerke muss darum leicht korrigiert und als eine Variation auf jenen Plot erzählt werden, der von sozialisierten Investitionsrisiken zu privatisierten Renditen hinüberführt.[7]

Andererseits hat erst die Besetzung der bereits vorhandenen digitalen Netzwerke durch das Finanzkapital die Entstehung und Expansion des gegenwärtigen Internet ermöglicht. Die robuste Privatisierung von Netzarchitekturen hat die Voraussetzung dafür geschaffen, dass sich die Interessen von Finanz- und Börsenmärkten unmittelbar in den Formaten von Technologie- und Internetfirmen wiederfinden ließen, und wahrscheinlich hat gerade diese Allianz von Finanzkapital und Information in den so genannten Plattformindustrien wesentlich zur jüngsten Mutation des Finanzmarktkapitalismus seit den neunziger Jahren beigetragen. Dabei geht es in dieser wechselseitigen Zuneigung einerseits um eine gemeinsame Vorliebe für *brokerage* und Maklerwesen, mit dem – auf Finanzmärkten wie auf digitalen Plattformen – Techniken, Verfahren und intermediäre Infrastrukturen für eine wertschöpfende Vermittlung zwischen Angeboten und Nachfragen aller Art organisiert werden. Denn abgesehen davon, dass Finanzprodukte mit anderen digitalen Gütern die Materialität von Software-betriebenen Datenobjekten teilen und hier wie dort Datenbroker agieren, setzen Finanz- wie Internetindustrie gleichermaßen auf algorithmische Marktoperationen. So konnte man zeigen, dass beide Märkte durch Produkte strukturiert werden, die sich durch endlose Skalierbarkeit, einfache Distribution und Nicht-Rivalität (also Unknappheit) auszeichnen. Die Auktionsverfahren, mit denen etwa bei Google Werbeplätze, Suchbegriffe und linguistisches Material überhaupt versteigert und bepreist werden, gleichen jenen Operationen, welche die Preisfindung und den Vertrieb von Finanzderivaten bestimmen; ähnliches gilt für die Algorithmen, welche die Vorhersage von Nachfrageentwicklungen bei Amazon oder die Verhaltensprognostik auf Facebook automatisieren, und die ‹virale› Verbreitung von Inhalten folgt den Operationen des Hochfrequenzhandels.[8] Andererseits sind Finanz- und Plattformunternehmen durch historische Filiationsbeziehungen und gemeinsame Wachstumsdynamiken verknüpft. Wenn tatsächlich die Herkunft von Plattformgeschäften auf die Logik des Finanz- und Börsenhandels zurückgeführt werden kann[9], so liegt das nicht zuletzt an Geschäftsmodellen, mit denen die digitale Ökonomie dem Finanzkapital selbst neue Ressourcen und Expansionsmöglichkeiten, vor allem aber die Sicherung und Stabilisierung hegemonialer Strukturen verschaffte.

Nimmt man den vorübergehenden Erfolg von Priceline.com als Beispiel oder Emblem dafür, was später – und über alle Unterschiede hinweg – auch einen gemeinsamen Nenner von Unternehmen wie Google, Amazon, Facebook, Apple, Uber, Airbnb, TaskRabbit, Foodora etc. ausmachen wird, so liegt eine erste finanzökonomische Attraktion der Plattform- und Internetfirmen in der Auslagerung von Kosten, die mit der Pflege und mit dem sorgenvollen Aufwand für alle Varianten von Fixkapital verbunden sind. Das betrifft die materiellen Widerstände jener konstanten Kapitalsorten, die sich durch Abnutzung, Verschleiß und durch endliche Lebensperioden überhaupt auszeichnen. Es ist das Ei des Columbus von Plattformgeschäften, dass man dort Autofahrten ohne den Besitz von Fahrzeugen, Unterkünfte ohne Immobilienbesitz, Raumpflege ohne Putzeimer, Mahlzeiten ohne Küchenmobiliar oder Flugreisen ohne Wartung und Betrieb von Flugapparaten anbieten kann. Allenfalls ist eine Kontrolle darüber nötig, wie so genannte ‹unabhängige Kontraktoren› ihr eigenes, meist überschaubares Fixkapital selbst erhalten und kontrollieren, und gerade die Verabschiedung von den darin verkörperten Produktionsmitteln hat zu jenen wundersamen Größenverhältnissen beigetragen, in denen der Markt- oder Börsenwert von Priceline, Uber oder Airbnb den von traditionellen Gewerben wie Fluggesellschaften, BMW AG oder Hilton Worldwide um Längen geschlagen hat.[10]

Abgesehen davon, dass man Plattformgeschäften wie Finanzmärkten gleichermaßen geringe Friktionen und hohe Informationseffizienz sowie eine signifikante Reduzierung von Transaktions- und Opportunitätskosten nachsagen konnte[11], liegt eine weitere Anziehungskraft für Investoren aus der Finanzbranche in der Produktion von notorischen Netzwerkeffekten. Diese bestehen darin, dass Nutzer – direkt oder indirekt – Nutzer generieren, dass auf Plattformen eine steigende Anzahl von Nutzern steigende Nutzerzahlen hervorrufen, sich also gleichsam verzinsen und über positive Rückkopplungseffekte dem Potenzgesetz folgen und Exponentialkurven – das Lieblingsdiagramm solcher Firmen – fabrizieren. Zudem werden in Netzwerken mit einem linearen Wachstum von Knoten nicht-lineare oder konvexe Wachstumskurven von Verknüpfungen ausgewiesen. Dadurch werden in Idealfällen Wachstumsgrenzen perforiert oder beseitigt, Marginal- bzw. Grenzkosten minimiert: Für das Management zusätzlicher Taxifahrten oder Unterkünfte muss man dann eben nicht mehr die Fahrzeugflotte oder den Immobilienbestand, sondern nur die Rechnerkapazitäten erweitern (wobei es die Belebung des Geschäfts zuweilen sinnvoll erscheinen lässt, Wachstum selbst zu simulieren und – wie bei Uber – Phantomtaxis herumkutschieren zu lassen).[12] Die Marginalkosten tendieren gegen Null. Schließlich hat man es dabei mit Wirkungen zu tun, die von Ökonomen als Spezialität von Plattformgeschäften und als besondere Version von ‹Skaleneffekten› ausgemacht wurden. Während sich solche Effekte in der industriellen Massenproduktion auf der Angebotsseite einstellen und etwa zu sinkenden Kosten bei steigenden Produktionszahlen und somit zu Wettbewerbsvorteilen führen, zeichnen sich die Plattformökonomien in Informationsnetzwerken durch ‹nachfrageorientierte Skaleneffekte›[13] aus, durch Effekte also, mit denen insbesondere die Aktivitäten von Nutzern den Nutzen von Nutzeraktivitäten innerhalb der Plattformen steigern und die Wirksamkeit von *pull*-Faktoren und Inklusionskräften verstärken.

Auf der einen Seite werden dadurch Dynamiken favorisiert, in denen Netzwerkeffekte hoch konzentrierte Marktstrukturen und diese wiederum eine Erhöhung von Netzwerkeffekten hervorbringen, und den Plattform- und Internetfirmen hatte man darum eine immanente, gleichsam naturwüchsige Tendenz zur Mono- bzw. Oligopolbildung attestiert. Das zeigte sich insbesondere nach den Einbrüchen von 2000 und 2008, die neben Marktbereinigungen auch eine Woge von Fusionen und Firmenübernahmen ausgelöst haben. Im Zeichen billigen Geldes und niedriger Zinsen ergänzten sie die Finanz- und Immobilienkonjunkturen um einen Technologieboom und führten überdies zu den markbeherrschenden Positionen von Konzernen wie Apple, Alphabet, Facebook oder Amazon (seit 2012 hat etwa Google bzw. Alphabet Inc. im Schnitt ein Unternehmen pro Woche akquiriert).[14] Wahrscheinlich ist damit auch ein Resonanzraum geschaffen worden, in dem sich gerade in den USA ein kapitalistischer Mentalitätswandel andeutet, und zwar mit überraschenden Verlautbarungen, die gegen den alten liberalen Fetisch des Wettbewerbs die neue libertäre Segnung des Monopolisten halten: *Start small and monopolize* (Peter Thiel). Demnach komme die Verabschiedung vom «deliranten Chaos der Kompetition» – wie bei Google – der «Sorge» um Arbeitskräfte, Produkte und die «Welt» insgesamt zu Gute, und gerade weil die eigene Firmenexistenz nicht mehr durch unbequeme Konkurrenten gefährdet sei, könne man sich einem «moralischen» Aufschwung verpflichten, in dem der «Monopolprofit» vom «Überlebenskampf» und bloßer «Geldmacherei» erlöse. Mit einer «Handvoll Monopolisten» werden die Zerstörungen des Kapitalismus nun wirklich «schöpferisch», um sich schließlich zu einer progressiven sozialen Kraft ausbilden zu können.[15] Wie für gute Kapitalisten der Wettbewerb immer schon eine ebenso beschwerliche wie lästige Angelegenheit war, die man besser andren – kleineren Gewerben oder Lohnabhängigen – überlässt, so spricht auch aus den Herzen oder Charaktermasken dieser neuen Industrien unverblümt der Hang zur Herrschaft eines neuen Monopolkapitals, das eben mit den jüngsten ‹schöpferischen Zerstörungen› nicht ein Absterben des Kapitalismus, sondern dessen Bestandssicherung meint. Oder anders und direkt gesagt: «Eigentlich sind Kapitalismus und Wettbewerb Gegensätze. Kapitalismus basiert auf der Akkumulation von Kapital, aber in einem perfekten Wettbewerb werden alle Gewinne durch den Konkurrenzkampf vernichtet.»[16]

Auf der anderen Seite sind es gerade diese Versprechen von Wachstum und Marktbeherrschung, die das investierende Finanzkapital herbeigelockt und zu jenen Allianzen verführt haben, in denen Börsengänge nicht zur Finanzierung von profitablen Unternehmen, sondern umgekehrt Unternehmen zur Finanzierung von profitablen Börsengängen genutzt werden. Wie es bereits während der Dotcom-Konjunktur eingeübt wurde, geht es dabei zunächst um kurzfristige Investitionen von Risikokapital und Private Equity sowie um die Schaffung von Portfoliogesellschaften, über die in beschleunigten Börsengängen – insbesondere auf Nasdaq – schnelle Gewinnauszahlungen bzw. Exitgewinne realisiert werden können. Das Interesse am Vertrieb von Dienstleistungen oder Produkten tritt gegenüber der Neigung zur Befeuerung von Kurssteigerungen zurück (und hat unternehmerische Fata Morganas wie die Wirecard AG erst ermöglicht). Dies folgt dem Leitsatz ‹Wachstum vor Profit› (*get big fast*); und so wenig dabei fragwürdige oder fehlende Rentabilitäten eine entscheidende Rolle spielen (Ubers Taxifahrten waren bislang ebenso defizitär wie die Lieferdienste von Amazon Prime, nicht zuletzt wegen hoher Werbungskosten), so sehr wird der Marktwert der Unternehmen von der Hoffnung auf so genannte Disruptionen und «Monstermärkte» getrieben, also von den Aussichten, mit lärmenden und destruktiven Marktauftritten expandierende Märkte mono- bzw. oligopolistisch zu zersetzen. Nicht von ungefähr wurden etwa im vierten Quartal des Jahres 1999 bei typischen Dotcom-Unternehmen 97 Prozent der Einnahmen für Vertrieb und Marketing aufgewendet; die Investitionen in Werbung und Markenpolitik sollen mit der Maximierung von *branding* und *mind share*, also mit der Erzeugung von Aufmerksamkeit und Popularität, maximierte Marktanteile versprechen, um mit diesen Versprechungen wiederum Marktbewertungen zu befeuern. Auch hier folgt man der Neigung, die Bewertung von Unternehmen allein den Meinungsmärkten, *brand awareness* und *marketing-based asset valuation models* zu überlassen.[17] Lassen sich darin jüngste Beispielfälle für das kapitalistische ‹Gesetz von der wachsenden Unternehmensgröße› erkennen[18], so werden Dynamiken der Marktkapitalisierung und der Wertextraktion zudem durch Praktiken forciert, die sich seit den achtziger Jahren generell, später insbesondere auch bei Technologie- und Internetfirmen nachweisen lassen. Es handelt sich darum, mit groß angelegten Aktienrückkäufen solche Kurssteigerungen zu provozieren, denen Ökonomen den Titel einer konsequenten Preismanipulation nicht verwehren konnten.[19] Unternehmen wie Microsoft, Intel und Cisco etwa gaben zwischen 2000 und 2007 ca. 112 Milliarden Dollar für so genannte Entwicklung und Forschung aus, 167 Milliarden aber für den Wiederkauf eigener Aktien – ein attraktives Schauspiel für die Goldaugen der *shareholder* und Investoren und ein Hinweis darauf, mit welch unwiderstehlicher Neigung auf diesen Märkten Finanzkapital von der Vermehrung von Finanzkapital angezogen wird.

Besondere finanzökonomische Aufmerksamkeit rufen allerdings weitere Strategien und Mittel zur Externalisierung vermeidbarer Kosten hervor. Das betrifft zunächst die notorischen Prozeduren der Steuervermeidung. Anders als bei produzierenden Industrien müssen Technologie- und Internetfirmen – ähnlich wie Finanzinstitute – keine schwerfällige Hardware wie Fabrikanlagen, sondern meist nur leicht bewegliches intellektuelles Eigentum oder immaterielle Posten über die Grenzen hinweg transferieren, um sich in Zonen mit günstiger Steuergesetzgebung niederzulassen. So haben nach der Aktenlage der amerikanischen Securities and Exchange Commission (SEC) von März 2016 etwa Apple 92,8 Prozent (oder 200,1 Milliarden Dollar), Google 58,7 Prozent (d. h. 42,9 Milliarden), Amazon immerhin noch 36,9 Prozent (18,3 Milliarden) ihrer Kapitalreserven *offshore* und bei ausländischen Tochterunternehmen geparkt. Schon in den Jahren zwischen 2008 und 2014 ist das Volumen der Auslandsvermögen von Firmen in den USA um 25 Prozent auf eine Summe von ungefähr 7,6 Billionen Dollar gestiegen. Überdies ist es in Zeiten billigen Geldes profitabler, Investitionen eher mit Schulden als mit der Rückführung von Auslandskapital samt fälliger Unternehmens- bzw. Körperschaftssteuern zu finanzieren.[20]

Gerade bei Plattformunternehmen erweisen sich darum einfache Transaktionen als komplexe, aber effiziente Veranstaltungen, die eine grenzüberschreitende Verschiebung von Gewinnen (im OECD-Jargon: *base erosion or profit shifting*) verfolgen und meist einem überholten Stand von Steuergesetzgebungen für international operierende Konzerne geschuldet sind. So hat eine penible und exemplarische Untersuchung der Geschäfte von Uber in Belgien etwa die folgenden, typologisch einschlägigen Zahlungsbewegungen ergeben. Wenn man dort, etwas verkürzt dargestellt, eine Uber App für eine Fahrt benutzt, tritt man mit keinem Angestellten oder Vertreter des Unternehmens in Kontakt, vielmehr wird die Zahlung automatisch über eine niederländische Tochtergesellschaft (Uber B. V. in Amsterdam) abgewickelt, die über eine weitere niederländische Schwestergesellschaft (Rasier Operations B. V., die zugleich Vertragspartner der Chauffeure ist) achtzig Prozent des fälligen Rechnungsbetrags an den Uber-Fahrer weiterreicht. Von den verbleibenden zwanzig Prozent führt Uber B. V. 99 Prozent als Lizenzgebühr an Uber International C. V. ab, wiederum ein Tochterunternehmen von Uber, das mit Hauptsitz auf den Bermudas weder in den USA noch in den Niederlanden steuerpflichtig ist (und auf der Inselgruppe im Atlantik ebenso keiner Besteuerung unterliegt). Das heißt: Betragen die Fahrtkosten in Belgien etwa fünfzig Euro, gehen vierzig an den Fahrer, zehn an die niederländische Tochter, die 9,90 Euro an Uber International (Bermudas) überweist. Somit bleiben ein Prozent der Einnahmen oder 0,10 Euro, die dann in den Niederlanden mit 25 Prozent versteuert werden. Während also der Uber-Chauffeur, dem niedrigsten Einkommenssteuersatz in Belgien folgend, wenigstens 25 Prozent von vierzig Euro (also zehn Euro) an Steuern bezahlen dürfte, werden von den Uber-Einnahmen – also von zehn Euro – 0,025 Prozent (oder 2,5 Cent) an Steuern in den Niederlanden abgeführt; keine Steuern aber in Belgien, weil dort die bloße Dienstleistung nicht als permanente Niederlassung des Unternehmens zählt und also nicht steuerpflichtig ist. Zudem wurden Uber International (Bermudas) in einem Vertrag mit Uber Technologies (San Francisco, USA) die Rechte zur Benutzung des intellektuellen Eigentums, also der Apps, erteilt, für die wiederum Lizenzgebühren von 1,45 Prozent pro Transaktion an den amerikanischen Mutterkonzern fällig werden und erst dann der Besteuerung in den USA unterliegen.[21] Der Rest, also 98,55 Prozent von 9,90 Euro und somit ein Betrag im Wert von ca. 9,76 Euro, verbleibt unversteuert im britischen Überseegebiet. Oder noch einmal anders gesagt: von Ubers gesamten Einnahmen werden nur 2,4 Prozent überhaupt als steuerpflichtig deklariert – eine steuerpolitische Gnade, die man nur unter der Bedingung lizensierbarer Datenprodukte erfährt.

Allgemein lassen sich mit solcher Akkumulation von *offshore*-Kapital, der Uber immerhin eine Erwähnung in den *Paradise Papers* von 2017 verdankt, zwei finanzökonomische Konsequenzen verknüpfen. Wie Nick Srnicek in seiner Studie über die Ökonomie des «Plattformkapitalismus» bemerkt, haben auf der einen Seite vor allem amerikanische Technologieunternehmen durch Strategien der Steuervermeidung riesige Summen an Investitionsmitteln angehäuft, die in Kombination mit niedrigen Zinsen und einer lockeren Geldpolitik sowie mit Blick auf ordentliche Erträge zu riskanten Finanzinvestitionen und somit zur Erhöhung von Systemrisiken führen müssen. Andererseits verschärfen die damit verbundenen Steuerausfälle die Lage öffentlicher Haushalte und bringen eine Einschränkung fiskalischer Spielräume sowie einen Zwang zu einer unorthodoxen Geldpolitik mit sich; Plattformunternehmen scheinen somit ein wesentliches Element in der Architektur des gegenwärtigen Finanzregimes darzustellen: «Steuervermeidung, Austerität und außerordentliche geldpolitische Maßnahmen verstärken sich wechselseitig.»[22] Die Struktur von Plattform- und Internetunternehmen vereinfacht die unbehelligte Abschöpfung von Profit und blockiert einen steuerpolitischen Eingriff in die Prozesse der Akkumulation – ein geschäftliches Privileg, das solche Firmen gerade angesichts der Finanzierung jüngster pandemischer Notlagen als doppelte Krisengewinner entlässt.

Ergänzt werden solche finanzökonomischen Vorzüge durch strukturelle Voraussetzungen und Operationen, die in den Plattformunternehmen – den frohen Botschaften aus Kalifornien zum Trotz – eine Hyperexternalisierung von Arbeitskräften sowie eine systematische Extraktion von Mehrarbeit garantieren. So lässt sich zunächst bemerken, dass Lohnabhängige grundsätzlich nicht von den Konjunkturen der *smart economy* und ihrer Firmen profitieren. Deren Beschäftigungszahlen konnten im Vergleich mit anderen Industrien und im Verhältnis zu Umsätzen und Marktwert stark minimiert werden. Während etwa die drei größten Autobauer aus Detroit in den späten neunziger Jahren mit Erlösen von 250 Milliarden Dollar 1,2 Millionen Beschäftigte und eine Marktkapitalisierung von 36 Milliarden Dollar aufwiesen, haben die drei größten Unternehmen aus dem Silicon Valley im Jahr 2014 mit 137 000 Beschäftigten Erträge von 247 Milliarden – bei einer Marktkapitalisierung von 1,9 Billionen Dollar – erwirtschaftet. Entsprechend dieser Proportionen wurden WhatsApp mit 55 Beschäftigten für 19 Milliarden Dollar und Instagram mit 13 Beschäftigten für eine Milliarde an Facebook verkauft; und Amazon hat im April 2020 mit gut 800 000 Mitarbeitern einen Marktwert von 1,2 Billionen Dollar – ein Drittel des deutschen Inlandprodukts – erreicht.[23] Solche Zahlenverhältnisse sind – in Vollendung eines seit den 1970er Jahren sich beschleunigenden Trends – einem konsequenten *outsourcing* von Arbeitskräften geschuldet. Damit ist nicht nur die Auslagerung von Produktionsstätten wie die berüchtigte Foxconn-Fabrik mit Billiglöhnen in Shenzhen / China gemeint, in welcher der Apple-Konzern unter frühkapitalistischen Arbeitsbedingungen seine Gadgets zusammenmontieren lässt. Die Schrumpfung regulärer Beschäftigungsverhältnisse – nur zehn Prozent der für Apple Arbeitenden sind fest angestellt – beruht vielmehr auf der Architektur solcher Wirtschaftsformen, die mit Freelancern, ‹Kontraktoren› oder Auftragsnehmern informelle, ‹atypische› oder prekäre Arbeitsmärkte geschaffen und Diskussionen darüber ausgelöst haben, ob das Personal dieser *gig economy* aus Unternehmern, Subunternehmern, Scheinselbständigen, Akkord- bzw. Teilzeitarbeitern oder schlicht aus Tagelöhnern und ‹Wegwerfarbeitern› besteht.[24] In jedem Fall geht die ansehnliche Reduktion der Arbeitskosten um ca. dreißig Prozent auf jene Rechnungen zurück, in denen bei Plattformunternehmen die Posten für Sozialversicherungen, Überstunden, Krankschreibungen, Fortbildung, Arbeitsunfälle etc. subtrahiert werden konnten. Die arbeitspolitische Charta dieser Unternehmen hat sich als Unabhängigkeitserklärung gegenüber den von ihnen Abhängigen, gegenüber Gesellschaften und Bevölkerungen erwiesen.

Es kann hier also keineswegs von einem – oft angekündigten – ‹Ende der Arbeit› die Rede sein. Vielmehr wird die Freisetzung von einstmals festen zugunsten von instabilen Arbeitsverhältnissen um eine Erweiterung von Extraktionsmöglichkeiten ergänzt, die insbesondere bei Online-Kommunikationen im Web 2.0, von Suchmaschinen und sozialen Medien im Internet genutzt werden können. Auch wenn es umstritten ist, ob die beliebigen Aktivitäten von beliebigen Nutzern im Netz, auf Websites oder Plattformen, in Chatrooms oder beim Mikroblogging einem ökonomisch konzisen Arbeitsbegriff entsprechen können, werden damit doch – mehr oder weniger unbemerkt – wertschöpfende Tätigkeiten verrichtet, deren Effekte unter informationstechnischen Bedingungen mit dem Prozess eines durch ‹Mehrarbeit› erzeugten ‹Mehrwerts› konvergieren. So sehr sich nämlich der Nutzen für die Benutzer durch wiederholte Benutzungen erhöht und sich etwa als irgendwie verwertbarer ‹sozialer› Vorteil erfahrbar machen mag, so sehr werden dadurch die Operationsweisen entsprechender Plattformanbieter (wie Algorithmen, Entscheidungsmodelle, Applikationen) optimiert. In profitablen Plattformunternehmen sind die Kosten für die kostenlosen Dienstleistungen zwangsläufig geringer als die Wertschöpfung, die durch den Input an Informationen von Nutzern betrieben wird.[25] Das Surplus für die Nutzer wird natürlich vom Surplus der Nutzungseffekte übertroffen.

Dass es sich dabei um eine technisch komplizierte, betriebswirtschaftlich aber ebenso schlichte wie schlagende Einrichtung von Produktionsprozessen handelt, haben die Erfolge von Konzernen wie Google, Facebook und anderen dokumentiert, die etwa neunzig und mehr Prozent ihrer Erträge aus Werbeeinnahmen beziehen.[26] Dabei geht es zunächst darum, die durch das Online-Verhalten hinterlassenen Informationsspuren so zu quantifizieren, zu aggregieren, zu filtern, zu analysieren und zu transformieren, dass aus Vorlieben, Suchanfragen, Lüsten, Selbstdarstellungen, Querelen, Intimitäten oder Sozialkontakten überhaupt Muster und aus diesen Mustern Produkte oder Waren zum Verkauf an Kunden aus der Werbebranche gewonnen werden, die sich insbesondere für individuell und mikrologisch adressierbare Kampagnen interessieren. In Anlehnung an den älteren Begriff des *Prosumers* – bezogen auf die Mehrarbeit, die man etwa beim Zusammenbasteln von Regalteilen für Möbelkonzerne leistet – hat man hierfür und für verwandte Aktivitäten den triftigen Neologismus des *Produsers* eingeführt, der sich eben auf die unmerklich oder nebenbei verrichtete Produktionstätigkeit im Netzgebaren von Nutzern oder *Usern* bezieht.

Anders als bei industrieller Produktion zeichnet sich das, was man mit unterschiedlichen Wendungen ‹immaterielle›, ‹freie› oder ‹informationelle› Tätigkeiten zur Herstellung digitaler Inhalte genannt hat, dadurch aus, dass solche Aktivitäten mit ubiquitären

Zugängen und niedrigen Zugangsschwellen, informell, okkasionell, ohne zeitliche und räumliche Beschränkung funktionieren und sich auf alles beziehen, was online verrichtet werden kann. Wenn sich Beschäftigungen dieser Art und somit *produsage* als «kollaborative und kontinuierliche Erstellung und Ausweitung von Inhalten zum Zweck weiterer Verbesserung» definieren lassen[27], so ist der Übergang von bestimmten Produzenten zu beliebigen Nutzern unscharf und fließend geworden und verweist auf eine Wertschöpfungskette, an deren Anfang und Ende optimierbarer Content oder informationelle Artefakte stehen. Dass es sich dabei allerdings nicht einfach um ein Dahinschwinden ‹entfremdeter› Arbeit handelt, wodurch das Netz zum Gehege jener Freiheit geworden wäre, «heute dies, morgen jenes zu tun» und dort nach Belieben zu «jagen», zu «fischen» oder zu «kritisieren»[28], wird durch Barrieren oder Bahnungen garantiert, in denen sich ältere Trennungen der Produktionsmittel von den Produzenten wiederholen und – wann man so will – unkenntlich machen und sublimieren. Denn abgesehen davon, dass es zu den *pull*-Faktoren von Plattformen und sozialen Medien im Internet gehört, Sorgen vor dem Verlust von sozialen, ökonomischen oder professionellen Vorteilen, von allen möglichen Opportunitäten überhaupt zu nähren, werden «Extraktionsarchitekturen» installiert, die mit dem *tracking* von Minimalregungen – wie etwa im Klick- oder *browsing*-Verhalten, bei der Erstellung von *tags* oder *links* – eine Deckung von Kontrolle und Profitmöglichkeiten bewerkstelligen sollen. Erst 2010 hatte man, um ein flagrantes Beispiel zu nennen, die Entdeckung gemacht, dass bei der Benutzung von Googles Toolbar für den direkten Zugang vom Browser zur Suchmaschine alle URL-Daten samt Suchpfaden, aufgerufenen Websites und Suchprozessen auf konkurrierenden Maschinen an den Konzern übermittelt wurden – eine *tracking*-Funktion, die sich überdies auch durch Ausschalten nicht mehr abschalten ließ.[29]

Nimmt man dies exemplarisch und als Mikromodell für die Verfahrensweisen von *produsage* allgemein, so gibt es einerseits Auskunft über die Art der damit verbundenen Produktionsprozesse und Produkte. Wenn nämlich die Aktivitäten von Nutzern aller Art verfolgt und in Daten verwandelt werden, so handelt es sich bei diesen Effekten – und gegen den Wortlaut von *datum* – nicht einfach um ‹Gegebenes›. Unter den technischen Bedingungen des Web 2.0 und der Plattformkommunikationen sollten vielmehr alle Daten, die durch die verfolgbaren Online-Tätigkeiten der gesamten Netzpopulation hervorgebracht werden, als immer schon extrahierte Daten, als Metadaten und somit relationale Objekte begriffen werden, in denen Daten bereits mit Daten korreliert und kollationiert sind und sich zur weiteren Verarbeitung anbieten.[30] Nutzer, *produser* und *produsage* produzieren Daten-Extraktion, und wenn man angesichts solcher Produkte immer wieder von Rohstoffen oder Rohmaterial gesprochen hat, so muss dies wohl in einem strengen, d. h. ökonomischen Sinn verstanden werden: als «Arbeitsgegenstand», der «eine durch Arbeit vermittelte Veränderung erfahren hat», als ein durch «Arbeit filtrierter Arbeitsgegenstand»[31], mithin als Produktionsmittel, das selbst (durch Nutzer-Aktivitäten) produziert worden ist. Nutzer erzeugen, was Konzerne verkaufen.

Auf der anderen Seite verdankt sich die mit diesen Operationen verknüpfte Wertschöpfung dem Aufbau einer strikten Informationsasymmetrie, in welcher die Vervielfachung niedrigschwelliger Informationsangebote an die Nutzer – Landkarten, Straßenansichten, Navigationshilfen, Datenbanken, Bibliotheken, Kommunikationsdienste etc. – mit einer strikten Zugangsschranke für die von den Nutzern fabrizierten Informationsgüter kombiniert wird. Da Informationen nicht-rivalisierende Güter darstellen und anders als andere Waren durch Konsum oder Gebrauch nicht verbraucht oder verknappt werden, muss ihre Warenform durch die gezielte Produktion von Knappheit und eben dadurch garantiert werden, dass gesammelte Informationen bzw. Daten vor den Datenquellen selbst geschützt werden. Im juristischem Kampf mit einer Vielzahl von Klagen und mit hohem advokatorischem Grimm konnten sich Datenraffinerien wie Google bisher gegen ein Durchlöchern dieses Schutzwalls und somit gegen die Gefährdung des eigenen Betriebsmodells wehren. Hinter einem Schirm scheinbar offener und heterarchischer Beziehungen wird das Netz durch die Geschäfte von Plattform- und Internetfirmen ‹arborisiert› bzw. hierarchisiert, also in streng und hierarchisch geordnete Baumstrukturen verwandelt. Wer etwa im Internet herumsurft und sich dabei womöglich – wie vom ehemaligen Google-Chef Eric Schmidt souffliert – in «Kundenzufriedenheit» übt, ist somit nicht nur von den Produktionsmitteln (der Hard- und Software der Unternehmen) und den produzierten Produktionsmitteln (den von seinen Aktivitäten hervorgebrachten Rohstoffen, d. h. Daten bzw. Metadaten) abgetrennt. Vielmehr bleibt ihm oder ihr der damit verbundene Produktionsprozess selbst konsequent entzogen, verborgen, unzugänglich und intransparent. Er oder sie befinden sich in der ökonomisch interessanten Lage, dass sie womöglich gar keine Arbeit, aber dennoch unmerklich oder unbewusst ‹Mehrarbeit› geleistet haben. Damit vollzieht sich eine Beschlagnahme von zeitlichen Ressourcen, die in abzählbaren Quantitäten von Mehrarbeit nicht messbar und im strengen Sinn maß-los geworden ist. Man könnte hier von der Abschöpfung eines Verhaltensmehrwerts, eines Vitalquantums oder von der Wirksamkeit eines ‹laborierenden Unbewussten› unter Netzwerkbedingungen sprechen. Und es verwundert darum nicht, dass gerade die investierende Finanzindustrie Druck auf Plattformenunternehmen wie Google ausübt, die «Effektivität» der installierten Kontroll-, Verfolgungs- oder *tracking*-Verfahren zu erhöhen.[32] Dabei haben sich ältere und hellsichtige Forderungen eines «ökonomischen Imperialismus» zur Bewirtschaftung bzw. Kapitalisierung von Lebenszeit auf überraschende Weise realisiert. Bereits in den 1960er Jahren hatte Gary Becker vor dem Hintergrund langfristig steigender Arbeitsproduktivität und schrumpfender Arbeitswochen darauf verwiesen, dass mit der Inklusion von Humankapital die «Allokation und Effizienz von Nicht-Arbeitszeit nun relevanter für den ökonomischen Wohlstand als die der Arbeitszeit» selbst werden könnte; es gehe also darum, solche Anreize zu setzen, dass die Differenz «freier» oder «müßiger» Zeiten eben keinen ökonomischen oder geschäftlichen Unterschied mehr machen kann.[33] Die Dienstzeit nimmt kein Ende.

Mit der Informatisierung der Finanzwirtschaft, aber auch mit der Besetzung der Informationsökonomie durch die Finanzbranche ist der gegenwärtige ‹digitale› oder ‹Informationskapitalismus›[34] wohl zur jüngsten Version des Finanzmarktkapitalismus geworden. Während die Veränderung der Finanzmärkte seit den siebziger Jahren die ökonomische Bedingung für die Entwicklung von Internetfirmen geschaffen hat, wurden durch die Einrichtung und Privatisierung des Internets neue Opportunitäten für das Finanzkapital eröffnet, welche die fruchtbaren strukturellen Allianzen von Finanz- und Plattformökonomie inspirierten. Dies hat mehrere Konsequenzen. Die Auslagerung des Aufwands für den Unterhalt von Fixkapital und Arbeitskraft, die Minimierung von Transaktions-, Opportunitäts- und Marginalkosten, sich selbst verstärkende Netzwerkeffekte, eine Tendenz zur Monopolbildung sowie eine verschärfte Wertextraktion haben es zunächst nahegelegt, mit dem Auftritt der Plattformökonomie nicht nur eine offensichtliche Kommerzialisierung von einstmals öffentlichen Domänen und Gütern, sondern einen jüngsten Schub ‹ursprünglicher Akkumulation› zu verzeichnen. Dabei wäre daran zu erinnern, dass bereits Hannah Arendt in Anlehnung an Rosa Luxemburg den von Marx geprägten Begriff aus seiner historischen und systematischen Lokalisierung – als einmaligen Raubzug und «Sündenfall» im Übergang zur kapitalistischen Wirtschaftsweise – herausgelöst und auf die aggressiven Lösungsformeln für wiederkehrende Akkumulationskrisen angewendet hatte. Wie es auch in anderen historischen Fällen darum ging, dem «ständige[n] Wachsen überflüssigen Kapitals» neue Verwertungschancen zu schaffen (wie sie dann etwa im Imperialismus des 19. Jahrhundert geboten wurden)[35], so war auch im Zeichen der wiederholten oder stationären Finanzkrisen der letzten Jahrzehnte das Problem aufgetaucht, auf welche Weise sich die immanenten Grenzen der Kapitalakkumulation überwinden und die Realisierung des Mehrwerts samt der Dynamik des Systems durch eine Expansion auf noch unerschlossene Territorien oder Reservate garantieren ließen.

Vor diesem Hintergrund hat insbesondere die technologische und finanzökonomische Architektur von Plattformunternehmen eine Produktion von Mehrwert ermöglicht, die äußere und innere ‹Landnahmen›, d. h. äußere und innere Zugriffe auf noch nicht kommodifizierte Entitäten kombiniert.[36] Einerseits zeichnet sich die gegenwärtige geoökonomische Ordnung durch ein Nebeneinander unterschiedlicher Produktionsweisen aus, in dem sich jüngste Verfahren der Kapitalakkumulation mit archaischen Ausbeutungsprozeduren verknüpfen. Bevor man etwa ein Smartphone mit dem neuesten Betriebssystem eines Quasi-Monopolisten aus Kalifornien in den Händen halten kann (das später als elektronischer Schrott nach Afrika, in Ghana oder Nigeria entsorgt werden wird), müssen ein Dutzend verschiedene Mineralien aus diversen Kontinenten beschafft und verarbeitet werden, etwa Kobalt aus der demokratischen Republik Kongo, das teils mit Kinderarbeit, teils unter dem Zwang von Milizen oder kriminellen Banden abgebaut und über Hüttenindustrien in Indien, Malaysia oder Thailand dann an Fertigungsbetriebe zum Zusammenbau der Geräte unter rabiaten Arbeitsbedingungen – z. B. in China – verschickt wird.[37] Es kennzeichnet den aktuellen Stand kapitalistischer Produktion, dass sie eine Gleichzeitigkeit des Ungleichzeitigen zu organisieren vermag und wie in einem Schaubild unterschiedliche historische Stadien der Wertextraktion koordiniert. Andererseits ist die finanzkapitalistische Expansion mit der Plattformökonomie und der Herstellung von Informationsgütern zu einer inneren Landnahme, zur Bewirtschaftung neuer sozialer Ressourcen fortgeschritten. Was man in diesem Zusammenhang – und in Anlehnung an David Harvey – «Akkumulation durch Enteignung» oder «digitale Enteignung» genannt hat, betrifft nicht nur die Trennung der Produzenten bzw. Nutzer von Produktionsmitteln der Internet- und Plattformunternehmen. Mit den Formen der *produsage* wurden vielmehr bisher unbesetzte und noch nicht marktförmige Regionen beschlagnahmt und in den Kapitalisierungsprozess einbezogen. Wie schon im Zeichen der Finanzialisierung neue Zonen von Human- und Sozialkapital – etwa durch die Privatisierung von öffentlichen Infrastrukturen, Sozialsystemen oder Vorsorgeleistungen aller Art – erschlossen wurden, ist es nun die Herstellung von Daten-Rohmaterial, die alltägliches Online-Verhalten und Kommunikationsweisen, aber auch andere Reste an wirtschaftlichen Brachen wie Straßenverläufe, Hausansichten oder Bewegungsmuster zur Quelle einer dauerhaften Extraktion von Mehrwert transformierte.[38]

Lassen sich die Geschäftsmodelle der Informations- und Plattformindustrie also nur unter der Bedingung des Finanzmarktkapitalismus begreifen, so muss man dennoch konzedieren, dass der Technologiesektor (von der Computerproduktion über Telekommunikation bis zu Informationsdienstleistungen) zwar hohe Wachstumsraten sowie eine schnell ansteigende Marktkapitalisierung ausweisen kann und sich dem Marktumfang des Finanz- und Versicherungssektors angenähert hat. Er selbst macht allerdings nur einen überschaubaren Teil des gesamten Wirtschaftsgeschehens aus und repräsentiert etwa in den USA knapp sieben Prozent der privaten Wertschöpfung und 2,5 Prozent der Arbeitskraft.[39] Seine Bedeutung kann darum nicht durch eine sektorale Analyse allein bemessen werden. Sie liegt vielmehr darin, dass seine Produkte und Effekte alle ökonomischen und sozialen, öffentlichen und privaten Bereiche durchqueren und damit eine gouvernementale Wirksamkeit des Informations- bzw. Finanzkapitalismus sichern. Geht es dabei um die Frage, «bis wohin sich die politische und soziale Informationsgewalt der Marktwirtschaft»[40] im Zeichen des Finanzregimes erstrecken kann, so dürfte der damit verbundene Hegemonieanspruch als Realisierung eines einstmals angekündigten Programms neuer «Kontrollgesellschaften» (Gilles Deleuze) begriffen werden. Was man Ende der achtziger Jahre allenfalls in Konturen erkennen konnte, nämlich Mutationen, in denen sich Prozesse der Finanzialisierung und Informatisierung mit einer Krise von Einschließungsmilieus, mit einer Erosion institutioneller Gebilde, mit einer Herrschaft des Kurzfristigen und vielfältigem Reformeifer, mit einer Logik der Modulation und der Ersetzung von Grenzen durch Passwörter, mit atmenden Fabriken, seelenvollen Unternehmen und einer verfeinerten Kontrolle offener Räume verknüpfen[41], hat sich in den Operationen der Plattformindustrie konkretisiert. Mit der Kapitalisierung von Kontrolle stehen die regierungstechnischen Konsequenzen veränderter Unternehmensstrukturen und Geschäftsmodelle auf dem Spiel.

4. Kapitel

Kontrollmacht

Die Festigung des Finanzregimes durch die Plattformindustrie ist also nicht allein als ökonomisches Geschehen fassbar. Vielmehr verdankt sich die Bewirtschaftung von Information dem Vermögen, auf der Basis digitaler Technologien eine wechselseitige Konvertierung von Macht und Kapital zu garantieren und mit der Expansion von Geschäftsbereichen die Produktivkräfte neuer Regierungstechnologien zu erschließen. In seiner Studie zur Kritik des digitalen Kapitalismus hat Philipp Staab einen wichtigen Hinweis auf diese Verknüpfungen gegeben und einen wesentlichen Angelpunkt für die Ausweitung informationsökonomischer Machtformen in der Entstehung «proprietärer Märkte» ausgemacht. Wie die Finanzialisierung der Weltwirtschaft auf Wachstumsschwächen und Akkumulationskrisen seit den siebziger Jahren reagierte, ist das aktuelle Format von Leitunternehmen im digitalen Kapitalismus – etwa von Google, Apple, Facebook oder Amazon – aus zunehmender Marktsaturierung, aus den Erschütterungen von 2000 und 2007 bzw. 2008 sowie aus einer Symbiose mit der Finanzindustrie hervorgegangen und antwortet zudem auf das Problem einer Kapitalisierung nicht-rivalisierender, unknapper Güter, also auf die Frage, wie sich die allgemeine Verfügbarkeit der mit minimalen Grenzkosten hergestellten Informationsprodukte profitabel verknappen lässt. Anders als die Monopolfirmen des Industriekapitalismus operieren die neuen Digitalmonopolisten nicht auf Märkten, sie verflechten sich mit der gegenwärtigen Wirtschafts- und Finanzordnung vielmehr dadurch, dass sie sich selbst als Märkte implementieren – ähnlich wie das Maklerwesen privater elektronischer Börsen- und Handelsplattformen einmal spezifische Finanzmärkte hervorgebracht und installiert hat.

Dabei haben sich unterschiedliche Geschäftspraktiken durch Vervielfältigung mehr und mehr angeglichen mit der Tendenz, datengenerierende Applikationen zu vermehren und den gesamten Einsatzbereich von der Software über Hardware bis hin zur Belieferung der analogen Welt zu durchdringen. Suchmaschinen expandieren in die Hardware-Herstellung, in den E-Commerce und in Finanzmärkte, Versandhändler betreiben Suchmaschinen, Clouds und Bankgeschäfte, Smartphone-Hersteller treten in den Markt mit Streaming- oder Finanzdienstleistungen ein, während soziale Medien wiederum Daten-, Informations- und Finanzprodukte anbieten und sich in Bezahlsystemen versuchen. Allerdings werden mit solchen Erzeugnissen und Diensten insbesondere Infrastrukturen und damit Abhängigkeiten vertrieben, und die so entstehenden «soziotechnischen Ökosysteme» oder «Metaplattformen» zeichnen sich dadurch aus, dass sie das kommerzielle Internet als ein System hierarchisierter Märkte strukturieren. Diese Unternehmen haben rabiate Expansionsstrategien verfolgt, durch Investitionen und Akquisitionen das Spektrum ihrer Angebote kontinuierlich erweitert und über Netzwerkeffekte eine breite Inklusion von Nutzern und Konsumenten erzielt. Sie vermitteln zwischen Produzenten und Konsumenten, sie erzeugen und verwalten Konkurrenz, sie generieren Erträge aus Provisionen, aus der Erteilung und Kontrolle von Marktzugang, sie operieren darum nicht wertschöpfend, sondern wertextrahierend, erwirtschaften wie Finanzmärkte Profite als Renten und können über die Kombination von «proprietärer Infrastruktur» und skalierbaren digitalen Gütern einen progressiven «Ausbau der Marktfunktion» mit unerheblichen Marginalkosten bewerkstelligen. Kurz: «Die Leitunternehmen des kommerziellen Internet sind weniger Produzenten, die auf Märkten agieren, als Märkte, auf denen Produzenten agieren. Daraus speist sich zu großen Teilen ihre Macht. Als Marktbesitzer wachen sie in wachsenden Bereichen der Ökonomie darüber, wer Zugang zum Markt erhält und unter welchen Bedingungen dies geschieht [...].»[1]

Dabei wird die «Vermachtung» des kommerziellen Internet insbesondere durch eine Ausweitung, Differenzierung und Intensivierung von diversen Informationskontrollen garantiert. Sie erzeugen jene Asymmetrien, welche für die Verknappung unknapper Informationsgüter sorgen. Dazu gehören etwa Datenkontrollen, d. h. die Extraktion und Aneignung von Nutzer-, Verkäufer- und Marktdaten; Zugangskontrollen für Marktbeteiligung, die sich auf den Ausschluss von Konkurrenz und auf die Variation von Schleusen und Schwellen für Produzenten und Konsumenten, Anbieter und Nutzer beziehen; damit verbunden Preiskontrollen, von der Priorisierung eigener Angebote über Produktkopien bis hin zur Personalisierung von Kaufpreisen; schließlich Leistungskontrollen, die kontinuierliche Evaluations- und Bewertungsverfahren über Produkte, Dienstleistungen oder Arbeitsprozesse installieren. Plattformunternehmen erweisen sich demnach als standardisierte technisch-ökonomische Systeme, welche die dezentrale Koordination von netzartig verteilten Schnittstellen zentral kontrollieren. Die damit verknüpften maschinellen Operationen wie Tracking, Tracing, Targeting, Ranking, Scoring, Mapping, Profiling etc. lassen sich als Elemente eines algorithmischen Managements begreifen, das die Menge von Kommunikationsereignissen auf den Plattformen in Muster verwandelt und etwa nach signifikanten Häufigkeiten, Beziehungsdichten, Trends oder erwartbaren Verlaufsformen sortiert.[2]

Während sich liberale Markttheorien seit den siebziger Jahren mit der Lösung und Behebung von Problemen asymmetrischer Informationsverteilung auf den Märkten herumschlugen, geht es hier umgekehrt um die systematische Produktion informationeller Asymmetrien. Mit den Geschäftsstrategien der Plattformunternehmen ist die Kontrolle über Informationen und Märkte zu einer bestimmenden Produktivkraft geworden und verstärkt jene geoökonomische Ordnung, die weniger durch konkurrierende Konzerne als durch «gebündelte Strategien» solventer Finanzinvestoren[3] gekennzeichnet ist.

Die proprietären Märkte der Plattformindustrie haben somit nichts mit dem liberalen Leitbild vermeintlich neutraler Märkte zu tun, die man als Subjekte überlegenen Wissens verstehen mochte und mit den Demutsgesten von Marktteilnehmern verband. Neben durchaus dramatischen ökonomischen und politischen Eingriffen – wie die private Aneignung von Leitungsnetzen oder die Abschaffung der Netzneutralität in den USA Ende 2017 – haben einige systemische, technologische und strukturelle Momente die spezifischen Kontrollverfahren der Plattformunternehmen ermöglicht und dirigiert. Wie bereits für Norbert Wiener Kommunikation und Kontrolle auf technologischer Ebene zwei Seiten derselben Medaille waren, so lässt sich ein zwangsläufiger, nicht-arbiträrer Zusammenhang zwischen dezentralen digitalen Netzwerken und Kontrolle zunächst auf der mikrotechnischen Ebene maschineller Operationen verzeichnen. Das betrifft etwa die Funktionsweise von digitalen Internetprotokollen, d. h. jener Ensembles von Regeln und Vorschriften, welche die Beziehungen und die Informationsflüsse zwischen einzelnen, menschlichen und nicht-menschlichen Agenten innerhalb von Netzwerken steuern und dort einen reibungslosen Datenverkehr, die Codierung und Dekodierung von Informationspaketen sowie einen universellen und einheitlichen Netzstandard garantieren. Protokolle agieren auf der Ebene des Codes, sie gewährleisten die Übersetzung immaterieller numerischer Information in die Materialität von Signalen, mit Protokollen wird das Netz zu einer informationsverarbeitenden Maschine und Information selbst zum Agens, zum Vollzugsorgan und zur Substanz der Netzkommunikation.

In einem distribuierten Netzwerk, in dem es weder Zentren noch Satelliten gibt und alle Knoten mit allen Knoten kommunizieren sollen, werden – nach Alexander Galloway – in technologischer Hinsicht zwei gegensätzliche ‹protokoll-logische› Operationen kombiniert. Während auf der Ebene der Transmissions- und Internetprotokolle (Transmission Control Protocol, TCP, und IP) die Kontrollleistung an autonome lokale Schauplätze verteilt und somit eine ‹rhizomatische›, nicht-hierarchische Netzkommunikation – von Endpunkt zu Endpunkt, von Rechner zu Rechner – ermöglicht wird, werden auf der Ebene der Adressverwaltung, also bei der Zuordnung von Netzadressen und Netzwerknamen im so genannten Domain Name System (DNS), streng definierte und baumartige Hierarchien eingeführt, deren Datenbanken auf wenigen, meist privaten und zunächst vorwiegend in den USA angesiedelten Root-Namensservern gespeichert sind. Bei der Abarbeitung der unterschiedlichen und ineinander verschachtelten Protokollschichten – in protokollarischen Schritten: von der Dimension der Anwendung über die Ebenen des Transports und der Adressierung im Internet bis hin zur Übertragung in physischen Medien – werden Transmissionsprozesse also unmittelbar mit verschiedenen, flachen und hierarchischen, horizontalen und vertikalen Kontrolloperationen verknüpft und legen die folgenden Thesen nahe: dass die Kontroll- und Kommandoinstanzen der Netzwerkkommunikation nicht äußerlich, sondern immanent, endogen und also mit-wirkend sind; dass sich mit steigender Dezentralisierung von Netzwerken auch jene Kontrollverfahren verdichten, welche die Funktion des Netzwerks als Netz garantieren; dass sich in der Logik und im Aufbau von

Protokollen die Wirksamkeit dezentrierter Kontrolle manifestiert; und dass schließlich erhöhter Datenverkehr auch Kontrollprozesse akkumuliert.[4] Mit der Funktionsweise von digitalen Protokollen geht es also nicht bloß um eine arbiträre und externe Steuerung distributiver Netzwerke. Protokolle lassen sich vielmehr – in der Terminologie Bruno Latours – als «Inskriptionen» begreifen, mit denen Informationen als *immutable mobiles* transportabel, stabil und kombinierbar gemacht werden[5]; die Kräfte der Dezentralisierung, der Öffnung, der Vernetzung und der Selbstorganisation werden selbst zu einem kontrollierenden Programm.

Wenn ‹Kontrolle› – herkommend aus dem französischen *contre-rôle*, einer ‹Gegenrolle› oder einem ‹Gegenregister› zur Nachprüfung in einem Originalregister bzw. zum administrativen Abgleich mit bestehenden Posten – zunächst nichts weiter als die fortlaufende Überprüfung und Sicherung einzelner Arbeitsschritte meint, lässt sich bereits mit der genannten technologischen Anordnung der Kern einer besonderen und neuen Spielart in der Mikrophysik von Macht verzeichnen. Demnach wäre Kontrollmacht nicht einfach durch Über- und Unterordnung, weder durch Zentralisierung noch durch panoptische Architekturen charakterisiert. Sie darf auf dieser technischen Ebene nicht mit schlichter Überwachung verwechselt werden. Herkommend aus kybernetischen Steuerungsprogrammen bemisst sie sich vielmehr am Erfolg von Übertragungsprozessen, an der logistischen Lösung von Transmissionsaufgaben überhaupt und artikuliert sich in einem kommunikativen Imperativ: Mit digitalen Protokollen werden unwahrscheinliche Kommunikationen nicht nur möglich und wahrscheinlich gemacht, sondern unmittelbar determiniert; und mit dem Diktat, nicht nicht zu kommunizieren, mit der Freisetzung und Erhöhung von Netzwerkaktivitäten werden Fähigkeiten zur flexiblen Adaption an offene Milieus, an Kontingenz- und Mobilitätsspielräume produziert, zugleich aber auch jene

Kontrollüberschüsse hergestellt, die eine Verwaltung von Adressen, die Organisation von Vielheiten, eine Koordination des Heterogenen und eine Normierung durch Verfahren ermöglichen. Im Begriff der Kontrolle ist die Erweiterung kommunikativer Freiräume durch Vernetzung impliziert, er definiert sich als rechenbares Misstrauen in den Erfolg von Netzwerkoperationen; und die technische Einrichtung des Internet installiert Kommunikation, Konnektivität, Kompatibilität und Interaktivität *als* Kontrolle.

Dass es sich dabei um politische Technologien im engen Wortsinn handelt, die einen Angelpunkt für asymmetrische Machtverteilungen bieten, legen schon jene episodischen und exemplarischen Auseinandersetzungen nahe, die sich etwa bei der Vergabe von IP-Adressen im Domain Name System ergaben. So war die Politik der Internet Corporation for Assigned Names and Numbers (ICANN) mit Sitz in Kalifornien, die als Non-Profit-Organisation neben anderen Gremien Web-Standards entwickelt und die Zuteilung von IP-Adressen koordiniert, seit ihrer Gründung Ende der neunziger Jahre und nach der Privatisierung des Internet von einer Reihe kritischer Fragen umstellt. Sie betrafen unklare Beziehungen zu US-Regierungsautoritäten, die Abwägung zwischen geschäftlichen Aufträgen und gesellschaftlichen Anliegen oder das unterschiedliche Verhältnis zu öffentlichen und privaten, gesponserten und nicht-gesponserten Top-Level-Domains (TLPs, d. h. der höchsten Ebene des Adressnamens wie .com oder .de); sie betrafen zudem den geographischen Standort von Root-Servern, Finanzierungsfragen oder die internationale Zusammensetzung des Direktoriums samt mehr oder weniger demokratischer Wahlverfahren. Dabei haben sich IT-Adressen als knappe oder umstrittene Güter, die Vergabe von länderspezifischen Codes als eminent politische Entscheidungen erwiesen. Als etwa 2002 ein Mitglied des Direktoriums die Herausgabe von Geschäftsberichten gerichtlich erzwang, hat man die gewählten Direktoren schlicht abgesetzt und den Eindruck hinterlassen, dass man über das Konklave zur Papstwahl in Rom besser Bescheid wissen kann als über die internen Beschlüsse des ICANN.[6]

Manifestiert sich allein in solchen Streitfragen die politische und polemogene Dimension von Netzarchitekturen, so kann man die protokoll-logische Anordnung des Internet selbst als eine ‹abstrakte Maschine› zur Verfertigung von Kontrollcodes begreifen, die sich in den unterschiedlichen ökonomischen, politischen und sozialen Gefügen der Kontrollgesellschaft konkretisieren. Diese abstrakte Maschine verknüpft Codierungsprozesse mit Materieströmen und richtet positive Rückkopplungen zwischen extensiver Nutzung bzw. Kommunikation und Kontrolle ein; sie operiert unterhalb sichtbarer Anwendungsebenen und macht sich – gleichsam als maschinelles Unbewusstes – nicht als Einschränkung kommunikativer Spielräume bemerkbar. Dabei ist das, was Gilles Deleuze und Félix Guattari einmal abstrakte Maschinen nannten, weder als transzendente Idee noch als Basis oder ideologischer Überbau von Gesellschaftsformen zu verstehen. Sie lassen sich eher als Potenziale oder Vermögen fassen, die sich unter bestimmten Bedingungen – und niemals vollständig – aktualisieren und damit soziale Mannigfaltigkeiten ausrichten und strukturieren. Sie verfahren mit selektiven und kombinatorischen Prozeduren, sie wählen und bahnen die Wege zum Zusammenbau konkreter Maschinen, sie stellen zugleich funktionale Verkettungen zwischen disparaten Techniken und Einrichtungen her und durchqueren somit das Gesellschaftsfeld insgesamt. So konnte etwa der Panoptismus als abstrakte Maschine älterer Disziplinargesellschaften begriffen werden, die Individuen und Massen koordiniert und über institutionelle Formate eine «rasterförmige Erfassung des gesamten Feldes bewirkt».[7] Abstrakte Maschinen installieren sich als ein Programm zur Sammlung, Formierung und Aktualisierung von heterogenen sozialen Kräften.

So wenig darum die Logik der abstrakten Maschine von Kontrollgesellschaften mit konkreten, raum-zeitlichen Machtausübungen – etwa der Beobachtung, Fahndung oder Überwachung – verwechselt werden darf, so wenig ist sie selbst machtneutral und hat als politische Maschine spezifische Affinitäten und Allianzen sortiert: Sie funktioniert als ein «verteiltes Managementsystem, das die Kontrolle in ein heterogenes materielles Milieu» inseriert. Bereits einer der Gründer der Netz- und Protokolltechnologie, Tim Berners-Lee, hat eine Analogie zwischen Netzwerk und Marktwirtschaft festgestellt, «in der jeder mit jedem Geschäfte machen kann»[8]; und gerade die besonderen Leistungen, mit denen digitale Protokolle die Expansion von globalen Netzwerken durch die Universalität, durch die Homogenisierung, Normierung und Standardisierung von Codes sowie durch eine Nivellierung von Inhalten angetrieben haben, lassen perfekte Voraussetzungen für Marktstrukturen im Zeichen von Informationsstandards erkennen. Dies legt die Vermutung nahe, dass es die technologische Infrastruktur des Internet war, die neue ökonomische Dynamiken zu privilegieren vermochte, wie dies am Knotenpunkt von Webtechnologie und Finanzmärkten oder an der Kreuzung von digitalen Netzwerken und Plattformökonomie geschah. Die Kommerzialisierung des Internet seit den neunziger Jahren hat damit nicht nur zu einer wechselseitigen Verstärkung von Kommunikationsprozessen und marktwirtschaftlichen Kräften geführt, sondern vor allem die Anpassung der Netzarchitektur an die Kontrollstrukturen der jüngsten Kapitalformen forciert.

Erst im soziökonomischen Milieu der proprietären Märkte und Geschäftsmodelle von Plattformunternehmen wurde durch die Gleichsinnigkeit von Kommunikation und Kontrolle also die Gestalt konkreter Maschinen hervorgebracht, in denen dann informationelle Güter zugleich als effiziente Überwachungsprodukte hergestellt werden. Das gilt für die Werbegeschäfte von Suchmaschinen und sozialen Netzwerken ebenso wie für die Zentralisierung von Datenextraktion in Cloud-Plattformen oder für die Aufzeichnung von Zahlungsflüssen durch Bezahlsysteme, wobei solche Überwachungsgüter nicht über Zwangsmaßnahmen, sondern durch ‹Kontrollverträge›, im Tausch gegen Vorteile, Gratifikationen und Belohnungen, mit kostenlosen Dienstleistungen und Applikationen aller Art – von Navigationshilfen bis zu Infektionswarnungen – vertrieben werden. Freiwilligkeit ist die Parole der Kontrolle. Was man aber in diesem Zusammenhang etwas zugespitzt ‹Überwachungskapitalismus› nennen wollte und was sich durch gouvernementale Effizienz bis hin zu Verfahren der Verhaltensprogrammierung auszeichnet, hat nicht zuletzt jene privat-öffentlichen Interdependenzen hervorgebracht, die sich etwa in den bruchlosen Übergängen zwischen technischen, geschäftlichen und behördlichen Strategien der Kontrolle verkörpern. Die Verflechtungen von Geheimdiensten, Ministerien, Militär oder Gesundheitsbehörden mit Plattformunternehmen – wie Suchmaschinen, sozialen Medien, Versandhändlern – reichen von der Gründung gemeinsamer Startups über bezahlte Suchaufträge, direktes Sponsoring, Datenanalyse und Datenaustausch bis hin zu Verträgen über die Nutzung privater Cloud-Dienste und werden durch informelle Absprachen und Arrangements ergänzt. Diese Kooperationen und Allianzen sind gut dokumentiert[9], und neben Google, Amazon Web Services, Apple oder Facebook ist ein besonders signifikantes Beispiel vielleicht das Softwareunternehmen Palantir Technologies, das 2003 gegründet wurde, seinen Namen – inspiriert von Fantasy – nach den «sehenden Steinen» aus Tolkiens *Der Herr der Ringe* verpasst bekam und wie kein anderes die modularen Übergänge zwischen Finanz- bzw. Informationsindustrie, Sicherheitsdiensten und staatlichen Autoritäten repräsentiert. Finanziert von Privatinvestoren, *venture capital* und CIA arbeitet es mit der Finanzbranche und mit Medienunternehmen (wie Thomson Reuters), mit US-Geheimdiensten und Einwanderungsbehörden, mit Gesundheitsämtern in den USA wie in Großbritannien, mit Polizeiapparaten von den Vereinigten Staaten bis Hessen oder Nordrhein-Westfalen zusammen und liefert Datenanalysen, die sich u. a. auf Mustererkennung und Softwarepannen, auf die Vorhersage von Börsentrends, Kaufverhalten, Epidemien, Terroraktionen oder Straftaten überhaupt beziehen.[10] So wenig solche Auftragslagen, Geschäfte und Verknüpfungen einem bestimmten – öffentlichen oder privaten – Sektor zuzuordnen sind, so sehr dokumentieren sie beispielhaft die Art und Weise, mit der die regierungstechnischen Kontrollfunktionen der Informations- und Finanzindustrie das soziale Feld durchziehen. Anders als die älteren ‹panoptischen› Disziplinen, die sich auf die Gussformen und Grenzen von kompakten Institutionen wie Fabriken, Schulen, Anstalten, Krankenhäusern oder Gefängnissen bezogen, sind die jüngsten Kontrollprozesse nur über eine funktionale Entdifferenzierung erfassbar; sie organisieren die Konnexionen bzw. Kopplungen über die verschiedenen Einrichtungen, Teilsysteme oder Sektoren hinweg und prägen somit Geschäftsbereiche, die von Sicherheitsdiensten zur Gesundheitspolitik, von Finanzprodukten zum Bildungswesen, von der Wissenschaft zur militärischen Aufklärung, von der Polizeiarbeit bis zum Marketing reichen.

War die jüngste kapitalistische Landnahme durch Plattformunternehmen vom Aufbau neuer gouvernementaler Strukturen und von einer Intensivierung von Kontrollpraktiken begleitet, so wurden die Konvergenz und der Erfolg dieser Prozesse allerdings erst durch die Erschließung und Besetzung von rechtlich kaum oder nicht regulierten Bezirken garantiert. Man mochte feststellen, dass bestehende Gesetzgebungen – vom Steuer- und Arbeitsrecht bis zum Copyright und Medienrecht – allenfalls den Standards des älteren Industriekapitalismus entsprachen und die aktuellen Relationen zwischen Internettechnologie, Informationsgütern, Providern und Usern verfehlen. Die schnelle Entwicklung und Expansion der Informationsindustrie ist – nach geläufiger Einschätzung – den langwierigen rechtstaatlichen und demokratischen Anpassungsversuchen schlicht enteilt, und die neuen Unternehmensstrategien haben selbst auf die Erosion und Ausdünnung rechtlicher Regulierungen gesetzt. Gerade in den Vereinigten Staaten waren die unermüdlichen liberalistischen Angriffe auf die ‹autoritären›, ‹tyrannischen› oder ‹diktatorischen› staatlichen Beschränkungen des kapitalistischen Geschäftsverkehrs der Nachkriegszeit eine Voraussetzung für die jüngste Transformation von Unternehmensstrukturen, und sie wurden in den neunziger Jahren um einige Initiativen und um das wohl «wichtigste Gesetz» zur Stärkung der entstehenden Technologiefirmen ergänzt.[11] Damit ist nicht nur der Verkauf des öffentlichen Basisnetzwerks an ein Konsortium großer IT-Unternehmen im Jahr 1995 oder die Aufhebung von Marktbarrieren sowie die konsequente Privatisierung des Internet durch den Telecommunications Act of 1996 gemeint, der den früheren Communications Act von 1934 revidierte. Es geht vielmehr um den Paragraphen 230 (Section 230) des darin enthaltenen Communications Decency Act, der in Reaktion auf kontroverse Rechtsfälle eine radikale Zäsur vollzog und als Beispiel dafür gelten mag, dass legislative Prozesse nicht nur absolut zeitgemäß sein können, sondern selbst die Epoche der Technologie zu bestimmen vermögen. Demnach sind Internetanbieter bzw. *provider* von nun an nicht mehr als *publisher*, sondern als bloße *intermediaries*, d. h. als neutrale Vermittler, Zwischenhändler oder Makler definiert und von jeder Verantwortung für eingestellte, angebotene, veröffentlichte und zirkulierende Web-Inhalte befreit (vgl. S. 121–123). Was zunächst als gesetzliche Maßnahme zur Förderung von Internettechnologien konzipiert war, wurde zur Bedingung des Aufstiegs von Firmen wie Google oder Facebook und hat sich mit der

Einräumung von Haftungsprivilegien schließlich zum Schutzwall monopolistischer Interessen transformiert.

Zusammen mit dem Vorstoß in juristisch undefiniertes Gelände wurden Plattformunternehmen also per Gesetz gegen gesetzliche Eingriffe in ihr Geschäftsmodell protegiert, und diese rechtliche Ausnahme bzw. Immunisierung wurde bis heute um jenen konstanten politischen Druck ergänzt, mit dem Firmen wie Facebook, Google u. a. gegen mögliche gesetzliche Beschränkungen für das Sammeln und Extrahieren von Daten opponieren. So sollte etwa, wie Mark Zuckerberg einmal bemerkte, Privatsphäre nicht länger als besondere «soziale Norm» beansprucht werden[12]; und aus dieser Perspektive muss das konservative Beharren auf diesem oder jenem verfassungsmäßig garantierten Recht als ein anachronistisches Ansinnen erscheinen, vergleichbar allenfalls mit der ökonomisch tollkühnen Forderung, Henry Fords Model T hätte einst «in Handarbeit» fabriziert werden sollen.[13] Rechtsfeindlichkeit wird zum Modernisierungsprogramm. Die Absenkung von rechtlichen Schranken hat den Kreislauf zwischen Informationsgewinn und Kapitalertrag stimuliert, und es verwundert darum nicht, dass gerade Geheimdienste ein brennendes Verlangen nach den rechtsfreien Räumen der Plattformindustrie entwickelten und von solchen privaten Datenschätzen angezogen werden, deren Bergung – anders als im Fall von Regierungsinstitutionen – nicht durch besondere konstitutionelle, rechtliche und demokratische Vorbehalte behindert ist. So ist es etwa im Gefolge von 9/11 zur «beispiellosen» Zusammenarbeit von NSA und Google gekommen, und programmatische Überlegungen haben daran keinen Zweifel gelassen: «Es muss», so bemerkte der ehemalige NSA-Direktor Mike McDonnell 2010, «eine effektive Partnerschaft mit dem Privatsektor hergestellt werden, damit die Information schnell hin und her, von öffentlichen zu privaten und von klassifizierten zu nicht-klassifizierten Bereichen zirkulieren kann. […] Jüngste Berichte über eine mögliche Partnerschaft zwischen Google und dem Staat verweisen auf diese Art vereinter Anstrengungen und gemeinsamer Herausforderungen […]. Solche Arrangements werden die Grenzen zwischen den traditionellen Rollen von Regierung und Privatsektor verwischen. […] Der Cyberspace kennt keine Grenzen, und unsere Verteidigungskräfte müssen entsprechend nahtlos funktionieren.»[14] Durch die Schwächung rechtlicher Regulierung wurden insbesondere Plattformunternehmen für Regierungsinstitutionen attraktiv; das Arkanum der Information wird in privat-staatlichen Grauzonen verwaltet.

Nicht von ungefähr wird darum die soziale Dynamik technologischer Entwicklungen gegen die alte bzw. veraltete Institution des Rechts gehalten, und man folgt damit dem libertären Traum, abseits rechtsstaatlicher Ordnungen idyllische – oder kalifornische – Enklaven zu schaffen, in denen man unbehelligt von historischem Regelballast und in einem befreiten unternehmerischen Milieu Experimente zur Erprobung einer nächsten Gesellschaft durchzuführen vermag. Gerade eine lange Geschichte der rechtlichen Privilegierung von Kapital hat Rechtsaversionen motiviert und den Anspruch auf Sonderreservate genährt.[15] Das bedeutet, dass man mit dem Zurückdrängen von staatlichen Rechtsregeln eine Freisetzung und Verselbständigung von privaten Kontrollprozeduren erhofft, die einer speziellen Rechtfertigungslogik folgen.

Dabei mag man sich zunächst daran erinnern, dass man auf den Finanzmärkten seit längerer Zeit schon darum bemüht war, die Möglichkeiten und Formen einer privaten Rechtschöpfung auszuweiten. So wurde im Liberalismus des 20. Jahrhunderts extensiv über die Entwicklung eines von der nationalen Gerichtsbarkeit unabhängigen Privatrechts diskutiert, mit dem der Weltmarkt vor Regierungsinterventionen geschützt werden sollte und die besonderen «Rechte des Kapitals» sich in nationalen Rechtssystemen verankern ließen. Ging es dabei insgesamt um die Art und Weise, wie Individuen und Institutionen, öffentliche und private Akteure ihre Geschäfte – im Sinne einer *lex mercatoria* – betreiben und regeln, so wurde im Namen einer liberalen Rechtstradition geltend gemacht, dass gerade ökonomische Verhältnisse, Operationen und Kontrakte ein ergiebiges Modell für die spontane und unabhängige Entwicklung rechtsähnlicher Ordnungen darstellen.[16] Angesichts der Proliferation internationaler Abkommen und Transaktionen in der Finanzökonomie stehen nicht zuletzt der Status eines Privatrechts «jenseits des Staates», sein Verhältnis zu nationalen Gesetzgebungen und zum öffentlichem Recht, seine Legitimität, Geltung, Verfahrensweise und Autonomie, mithin sein Rechtscharakter überhaupt auf dem Spiel. Abgesehen von den allgemeinen Fragen danach, inwieweit das Privatrecht die Grenzen staatlicher Zuständigkeit transzendiert oder eine erfreuliche Anschmiegsamkeit an die Gegebenheiten globalisierter Märkte bietet, hat man mit der Berufung auf privatrechtliche Regelungen eine eigene normative Rationalität und spezifische Wertesysteme reklamiert, die ihre Attraktivität eben dort entfalten, wo die Verlässlichkeit und Durchsetzungskraft politischer Strukturen fehlen.[17]

Schließlich konnte man in diesem Zusammenhang aber auch einen Wandel von normativen Ordnungen insgesamt und eine Verschiebung in der Behandlung von sozialen und ökonomischen Entscheidungsfragen beobachten, Veränderungen, die sich nicht nur in einer Privatisierung von Rechtsregeln auf Druck einer internationalen Finanzindustrie, sondern auch in einem Übergang von rechtlichen Koordinaten zur Ordnungsfunktion von para-legalen Codes manifestieren.[18] Darin zeichnet sich eine Konfrontation ab, die den Reproduktionsmodus von Systemen und Organisationen betrifft. Während etwa eine rechtliche Klärung sozialer Konfliktlagen nicht unmittelbar aus ihren Prämissen ableitbar ist, während sie weder durch strikte Deduktionslogiken noch durch Subsumtionsautomaten gefasst werden kann und stets in einem offenen Feld des Unentschiedenen operiert, muss man den Code allgemein als ein Skript begreifen, das eindeutige Ausführungsbestimmungen für die Abarbeitung determinierter Schritte zur Lösung von Problemen – welcher Art auch immer – formuliert. Anders als natürliche Sprachen ist die Ordnung des Codes durch ein semiotisches Wertgesetz geprägt, das Zeichenmaterien dem Format der Information unterwirft und Aussagen – also beliebige Symbolreihen – unmittelbar in Aktionen überführt. Der Code kann Maschinensprache werden, weil er tut, was er sagt. Die Herrschaft des Codes zeichnet sich gegenüber anderen symbolischen Ordnungen durch einen Vollstreckungsvorsprung aus, und gerade in den Standards der Netzkommunikation verfügt der Code über Gesetzeskraft.

Damit stehen einander ganz grundsätzlich ‹problematisierende› und ‹solutionistische› Verfahren gegenüber (die auch in den Rechtswissenschaften etwa mit der Frage nach dem Status von Entscheidungsrobotern diskutiert wurden[19]), und vor diesem Hintergrund hat sich das Gebilde einer neuen «Polis der Solution» formiert, d. h. ein Regime und ein Soziotop, in dem der Kontrollcode zum Modell für die Lösung sozialer Entscheidungsfragen geworden ist. Diese regierungstechnische Dimension ist von der Annahme geprägt, dass alle komplexen Gesellschaftslagen entweder in klar definierte Probleme übersetzt werden können, die dann bestimmbare und berechenbare Lösungen erhalten werden; oder dass sie als mehr oder weniger transparente, selbst-evidente Prozesse verstanden werden sollten, die sich mit dem Einsatz der richtigen Algorithmen optimieren lassen.[20] Solche Überlegungen sind weder utopisch noch dystopisch, sie setzen vielmehr die unternehmerische Realität von Internet, digitaler Welt und Plattformökonomie als das Reale des Sozialen schlechthin. Auf der Basis der Kontroll-Logik von Codes hat man einen neuen, digitalkapitalistischen Geist ausgemacht, für den einerseits maschineller Mehrwert bzw. Mehrwert an Code aus der Kontrolle von Information erwächst (und menschliche Arbeitskraft allenfalls als Supplement in diesem Prozess toleriert). Andererseits reklamiert der Verbund aus Unternehmertum und Technologie das Privileg, endlich jene Probleme zu lösen, «die die Menschheit seit Jahrhunderten heimgesucht haben», und «alte Institutionen und Regeln» durch *computation* bzw. Rechnerprogramme zu ersetzen.[21] Die Kapitalisierung von Information realisiert sich in gouvernementaler Form.

Auch wenn die Polis der Solution und ihr Soziotop noch embryonalen Charakter besitzen und in verschiedenen Weltgegenden wohl mit unterschiedlichen Geschwindigkeiten, Varianten, Gewaltsamkeiten und Bündnissen einer künftigen Verwirklichung entgegengehen, lässt sich dabei eine Tendenz erkennen, in der sich die historisch variablen – kritischen oder konfliktuellen – Verhältnisse zwischen Kapitalismus und rechtsstaatlicher Demokratie in einen schroffen Gegensatz zu verwandeln drohen. Dies zeichnet sich nicht nur in jüngeren Formen der *governance*, in der Ausbreitung von Kontrollpraktiken, in den vielfältigen und informellen Fusionen zwischen öffentlichen und privaten Mächten im Zeichen des Finanz- und Informationsregimes ab, sondern auch in einer Dynamik, mit der sich im Bereich plattformkapitalistischer Unternehmen selbst pseudo- oder parastaatliche Strukturen etablieren. So haben bereits proprietäre Märkte und Infrastrukturen eine Entwicklung verstärkt, mit der die mehr oder weniger scharfen Grenzen zwischen politischer bzw. staatlicher Supervision und Marktprozessen ins Innere des Marktgeschehens selbst einwandern und eine Unternehmensform prägen, die als Wiederkehr frühkapitalistischer, merkantilistischer Konsortien unter aktuellen Bedingungen adressiert werden kann. Wie die großen Handelskompanien des 17. Jahrhunderts –

etwa die holländische Veernigde Oostindische Compagnie oder die britische East India Company – auf die Ausschaltung von Konkurrenz und eine Monopolisierung des Fernhandels ausgerichtet waren und dabei private Geschäftstätigkeit mit hoheitlichen Kompetenzen, Kapitalinteressen mit der Ausübung von Souveränitätsrechten verknüpften, so ist auch der «privatisierte Merkantilismus» der Plattformindustrie davon geprägt, Investitionen auf Monopolbildung, auf die Beschränkung von Wettbewerb und auf die Beherrschung sozialer Infrastrukturen zu richten.[22] Damit werden Felder besetzt, die als Souveränitätsreserven, als politische Kernfunktionen oder wohlfahrtsstaatliche Aufgaben zu den Domänen moderner Staatsformen gehörten und von der Pflege öffentlicher Güter über die Befriedigung von Schutz- und Sicherheitsbedürfnissen bis hin zu Finanzierung von Bildungssystemen oder sozialer Vorsorge reichen. So lässt sich vielleicht von Plattform-Souveränitäten und einer Staatswerdung von Informationsmaschinen sprechen; und nicht zuletzt hat der pandemische Notstand seit dem Frühjahr 2020 sichtbar gemacht, wie sehr sich die Expansion von Plattformunternehmen (als wesentliche Seuchengewinner) und der damit verbundene Machttransfer seit geraumer Zeit schon auf öffentliche Dienstleistungen, auf eine Verflechtung mit hoheitlichen und administrativen Aufgaben, aber auch auf die Geschäfte mit *healthcare,* medizinischer Pflege und mit einem allgemeinen Präventionsbedarf erstreckte. Amazon und Apple betreiben Kliniken, Amazon bietet zudem eine Krankenversicherung sowie medizinische Dauerüberwachung an, Google und Apple kooperieren bei der Entwicklung von Seuchen-Apps, Facebook liefert *disease prevention maps,* ergänzt die gesundheitspolitische Überwachung um einen Covid-19-Alarm; und Googles Project Baseline, eine umfangreiche Datensammlung über Schlafrhythmen, Ausscheidungen, Blutdruck, Pulsschlag und Tränenflüssigkeit von klinischen und ambulanten Patienten, verbindet den Einstieg in den Gesundheitsmarkt mit dem Angebot einer universellen medizinischen Vorsorgeleistung.[23] Die liberale Phobie gegen den vorsorgenden Staat hat sich in die libertäre Feier des fürsorglichen Unternehmens verwandelt.

Mit Blick auf den Ausbau solcher parastaatlicher Unternehmensstrukturen erscheint es nur konsequent, dass man den Zirkel von Finanzialisierung, Informatisierung und Kontrollmacht zu schließen versucht, die private Besetzung souveräner Befugnisse auf die Wirtschaftsordnung insgesamt bezieht und den Übergang von einem regierungsgesteuerten zu einem marktgesteuerten Finanzsystem perfektioniert. Wie die Finanzindustrie von den Möglichkeiten der Informationsökonomie angezogen wurde, drängen Plattformunternehmen nun ins Finanzgeschäft, und dabei übernehmen insbesondere die überaus profitablen Projekte zur Schaffung privater Zahlungs- und Geldsysteme eine leitende Funktion, sofern sie auf eine Denationalisierung von Währungen ausgerichtet sind. So gehören etwa die Angebote von Bezahldiensten neben Investmentfonds und Finanzierungsinstrumenten schon seit längerem zu den wesentlichen Treibsätzen und Komponenten von – amerikanischen und chinesischen – Plattformunternehmen. Sie bieten den Vorzug, dass sie die verlässlichsten Daten zur gezielten Platzierung von Produkten und Werbung liefern und dass sich mit ihnen überdies der dezentrale internationale Zahlungsverkehr zentral überwachen lässt – am Beispiel von Alibabas Alipay oder Tencents Wechat Pay etwa in China, am Beispiel von Visa, Mastercard, PayPal, Apple Pay oder Amazon Pay ausschließlich in den USA.[24] Bereits PayPal war mit dem Anspruch angetreten, eine Art «Internet-Währung» zu schaffen, um den US-Dollar im internationalen Zahlungsverkehr zu ersetzen und staatliche Währungsmonopole zu unterlaufen[25]; und in Fortsetzung und Verschärfung solcher Projekte hat die Überlagerung von privatwirtschaftlichen und gouvernementalen Praktiken in der Plattformökonomie schließlich neue finanzökonomische Initiativen hervorgebracht, von denen man sich weitere ertragreiche Inklusionsschübe verspricht. Eines dieser Vorhaben etwa, das zunächst als provokanter Geschäftseinfall oder «genialer Marketingtrick» auffällig wurde, hat nun einen ersten Schritt zur Realisierung unternommen: Am 16. Mai 2020 hat die in Genf ansässige Libra Association formell den Antrag auf eine Lizenz für ein Zahlungssystem bei der Schweizer Finanzaufsicht FINMA gestellt und damit eine wichtige Hürde zur Einrichtung einer globalen Kryptowährung durch den Facebook-Konzern genommen.[26] Wie immer dieses seit 2019 geplante Libra-Projekt, das im Dezember 2020 in Diem umbenannt wurde, in die Dynamik des gegenwärtigen Finanzsystems eingreifen wird, ob es sich als Verwandter des Bitcoin-Systems, kostengünstiger Bezahldienst, Pseudo-Bank oder Anschlag auf Staatswährungen herausgestellt haben wird – mit seiner Ausrichtung und seiner Organisationsform ist es bereits jetzt als eine Veranstaltung bemerkbar, die die Festigung eines marktbasierten Finanzsystems mit neuen privaten Kontrollweisen versehen soll, eine Konzeption, in der sich konkrete Ideen über die pseudo- bzw. parastaatliche Expansion von Facebook Inc. manifestieren. Was in den verschiedenen Arbeitspapieren, Entwürfen, Skizzen und Exposés der Libra Association seit Sommer 2019 niedergeschrieben wurde, lässt jedenfalls eine große finanzökonomische Verheißung erahnen und lädt zur provisorischen Besichtigung einer möglichen oder wahrscheinlichen Zukunft von Kontrollgesellschaften ein.

Dabei kann man eine Voraussetzung solcher Projekte – wie der mehr als 2000 Kryptowährungen überhaupt – zunächst in der Vergangenheit und in einer Tradition liberaler Geldtheorien vermuten, die sich seit den 1930er in eine Aversion gegenüber nationaler Währungspolitik eingeübt haben. Die Vorschläge etwa, die der Chicagoer Ökonom Henry S. Simons 1936 in einem bis heute prominenten Beitrag zur Aufrichtung einer «neuen Geldreligion» unterbreitete, sahen vor, das Notenmonopol von Zentralbanken an das Finanzministerium zurück zu delegieren, monetäre Eingriffe zu reduzieren, die Geldmenge langfristig zu fixieren, Bankeinlagen mit hundertprozentiger Deckung zu sichern, kurzfristige Geldkontrakte und die damit verbundenen Geldsurrogate zu minimieren und die Geldpolitik insgesamt auf die Kontrolle des Preisniveaus zu beschränken.[27] Ging es hier also darum, gegen momentane geldpolitische Interventionen und Ermessensentscheidungen (*discretion*) feste Spielregeln (*rules*) zu setzen, unter deren Herrschaft sich freies Unternehmertum auf freien Märkten mit erwartbaren Marktmechanismen bewegen kann, so wurde dabei nicht weniger als eine Einhegung oder Eliminierung jener «Autoritäten» in Aussicht gestellt, die sich in National- und Notenbanken verkörperten. Am Horizont dieser Überlegungen stand die radikale Forderung Friedrich Hayeks, auf Zentralbanken wie Staatsmonopole gleichermaßen zu verzichten, die Schöpfung «ehrlichen Gelds» (*honest money*) ganz den Märkten und die Stabilisierung des Preisniveaus einem privaten *free banking* sowie den Kräften des Wettbewerbs zu überlassen. Wenn Geld nichts als eine unschuldige Ware neben anderen Waren ist, können alte nationale Währungsmonopole getrost entstaatlicht bzw. entpolitisiert und die privatisierten Währungen der «Wertkontrolle durch Kompetition»[28] überantwortet werden. Die Erbschaft dieses monetären Liberalismus wird schließlich wohl auch von jenen Unabhängigkeitserklärungen reklamiert, mit denen sich Staatsphobie in den hohen Ton von Freiheitsversprechen durch die Blockchain-Technologie übersetzt: «Die Zeit ist gekommen, das Staatsmonopol der Herstellung von Devisen und der Kontrolle ihrer Flüsse infrage zu stellen. Die Zeit ist gekommen, das Band zwischen Geographie und Währung (d. h. nationale und internationale Zuschreibungen wie im Falle des Euro) aufzulösen. Das Privileg von Zentralbanken und aller Organisationen, die von ihnen abhängen.»[29]

Auf der einen Seite knüpft ein Projekt wie die geplante Libra- bzw. Diem-Währung an den neoliberalen Aufruf zur Privatisierung von Währungen an und verfolgt mit dem Leitbild eines «Internet des Geldes» den Aufbau eines «finanziellen Ökosystems», das die Finanzachse zwischen Zentral- und Geschäftsbanken umgehen oder durchbrechen soll und sich selbst als dezentrales Netzwerk für private Zahlungs- und Finanzdienstleistungen anbietet. Die bis zu drei Milliarden Nutzer von Facebook sollen die Basis für ein friktionsloses, von Politik und Zwischenträgern befreites weltweites Finanzwesen darstellen, das technologisch – parallel zu distributiven Netzwerken – auf die Funktionsweise dezentral geführter Kontobücher (*distributed ledger*) wie bei Blockchain-Transaktionen baut. Eine besondere Bedeutung kommt dabei Entwicklungs- und Schwellenländern zu, in denen – wie u. a. in Afrika oder Asien – rudimentäre politische und ökonomische Institutionen sowie fehlende finanztechnische Infrastrukturen die Einrichtung eines allgemein zugänglichen globalen Finanznetzwerks mit einer «verteilte[n] Führung» begünstigen – um, wie es heißt, «Milliarden von Menschen neue Chancen zu geben». Mit «dezentralen Governance-Formen» soll sich die finanzökonomische Inklusion von bisher nicht erfassten Bevölkerungen zum Komparativ steigern und «inklusivere Finanzoptionen für die ganze Welt» in Aussicht stellen.[30] Es verwundert nicht, dass liberale Geldexperten das für eine besonders «coole Idee»[31] halten.

Auf der anderen Seite ist diese demonstrative Ausrichtung an dezentralen Netzwerken mit einer Organisationsform verbunden, die auf klare Ausschlüsse, Hierarchien und Zentralisierungen setzt. Abgesehen davon, dass Facebook mit der Tochterfirma Calibra die «Führungsrolle» bei der Durchführung des Projekts beansprucht hat, ist die Zusammensetzung von stimmberechtigten Gründungsmitgliedern und Teilnehmern ebenso exklusiv wie signifikant. Sie stammen fast ausschließlich aus der Finanzbranche sowie aus den Bereichen von Risikokapital, Plattform-, Technologie- und Telekommunikationsunternehmen, sie sind stark untereinander vernetzt und zeichnen sich zudem durch die Erfüllung von anspruchsvollen Aufnahmebedingungen aus: Für eine stimmberechtigte Mitgliedschaft in der Libra Association (seit Dezember 2020: Diem Association) werden etwa Mindestinvestitionen von zehn Millionen Dollar in die so genannte Libra-Reserve (bzw. Diem-Reserve) verlangt und zudem ein Firmenwert von wenigstens einer Milliarde, eine Kundenbilanz von 500 Millionen Dollar bzw. eine Nominierung in der Fortune 500-Liste vorausgesetzt. Es sind also wiederum die «Technologie- und Finanzunternehmen», denen man die flagranten «Lösungen» zur «Verbesserung der wirtschaftlichen Situation auf der ganzen Welt»[32] anvertraut.

Diese Überlagerung von offenen und geschlossenen, flachen und hierarchischen Strukturen prägt die Anlage des gesamten Zahlungsverkehrs, mit dem sich einkommensschwache Haushalte weltweit als neue finanzökonomische Ressource erschließen lassen. So werden die ausgegebenen Libra- bzw. Diem-Münzen oder *stablecoins,* die man über verteilte Verkaufsstellen mit üblichen Zahlungsmitteln erwerben kann, in der entsprechenden Reserve zunächst durch einen Bestand aus «sicheren und stabilen Vermögenswerten» gedeckt, die aus Bankguthaben, verzinsten Staatsanleihen und kurzfristig angelegten Wertpapieren – allesamt in renommierten Nationalwährungen notiert – bestehen. Damit bildet diese Reserve das Rückgrat des Unternehmenskartells wie des Systems insgesamt und zeichnet sich durch einige geschäftliche Besonderheiten aus. Zunächst lässt sich darin die Gestalt eines Investment- oder Geldmarktfonds erkennen, dessen Volumen sich aus den Investitionssummen der bis zu hundert Mitglieder und vor allem aus jenen Depots zusammensetzt, in welche die beim Verkauf von Libra/Diem an die Nutzer generierten Mittel fließen. Der damit entstehende Kapitalstock könnte nach unterschiedlichen Schätzungen zwischen mehreren hundert Milliarden bis zu ein paar Billionen Dollar betragen und würde der Libra/Diem Association einen Platz in der Gruppe der größten Vermögensverwalter weltweit sichern (oder dem durchschnittlichen Umfang des Programms zum Ankauf von Vermögenswerten der Europäischen Zentralbank entsprechen). Zudem werden die Erträge, die sich aus den Zinsen des Anlagevermögens wie aus Transaktionsgebühren für die Zahlungsdienste zusammensetzen und wiederum nach Schätzungen etliche Milliarden Dollar pro Jahr erreichen könnten, nach Abzug von Betriebskosten als Dividende an die Mitglieder der Libra/Diem Association weitergereicht, wobei sich die verschiedenen Entwürfe zu diesem Projekt sogleich um eine Klarstellung bemühten: «Die Nutzer von Libra erhalten keine Dividenden von der Reserve.»[33] Das bedeutet, dass man es hier mit nichts anderem als mit Geldschöpfungsgewinnen, also mit einem Schlagschatz oder einer Seigniorage, zu tun hat, die sich – wie einst in frühneuzeitlichen Fürstentümern – aus den Mühen oder Privilegien von Geldemissionen ergeben sollen. Die Ausgabe und Zirkulation von Libra wird also nicht nur als Fonds- bzw. Investmentgeschäft betrieben und von den finanzstarken Unternehmen der Association gewährleistet und kontrolliert; vielmehr wird damit ein System privater Geldschöpfung vorgestellt, das eine streng asymmetrische Kapitalverteilung vornimmt. Zwei Klassen von Eigentümern oder Teilhabern werden klar voneinander unterschieden, und den verstreuten Eigentümern bzw. Nutzern von Libra- bzw. Diem-Münzen in aller Welt stehen die Inhaber der Plattform, der Währung und des gesamten Systems selbst gegenüber.[34] Ein inklusives globales Zahlungs- und Finanznetzwerk wird durch eine kleine Gruppe von Unternehmen und Investoren dominiert und die Privatisierung der Geldschöpfung auch technisch und institutionell realisiert.

Die geplante Währung ist also nicht, wie angekündigt, «als öffentliches Allgemeingut konzipiert und geregelt», sondern ganz im Gegenteil als ein Geldwesen, das sich im Privatbesitz einflussreicher Kapitalgeber befindet. Das dezentrale Zahlungssystem samt der Technologie distributiver Netzwerke wird durch die Anteilseigner rezentralisiert.[35] Dazu gehört auch, dass man die angekündigte Erleichterung des internationalen Zahlungsverkehrs mit der Aneignung von Nutzerdaten, Geldfunktionen mit Netzdiensten kombinieren möchte und in eine gemeinsame Agentur überführt. Dies ist die Aufgabe von Calibra, des Tochterunternehmens von Facebook, das wiederum im Dezember 2020 in Novi umgetauft wurde: Hier werden die Zahlungsoperationen mit Messengerfunktionen wie Instragram und WhatsApp verbunden; die Plattform integriert die Distribution der digitalen Münzen zusammen mit der Sammlung und Extraktion von Benutzerdaten, die etwa den Zahlungs- und Güterverkehr, Kaufverhalten, Kreditwürdigkeit, Zahlungsmoral, Einkommen oder Vermögenslagen betreffen. Dieser Zugriff auf die Informationen der digitalen Geldbörsen (*digital wallets*) von Nutzern wird durch einen so genannten «offenen Identitätsstandard» garantiert, der mit dem Hinweis auf transparente Finanztransaktionen eine elektronische Personenidentifizierung vornimmt und auf zentralen Datenbanken in den USA lagert.[36] Die Voraussetzung dafür ist wiederum der Kontroll-Logik von Internetprotokollen geschuldet, wie sie durch die Blockchain-Technologie implementiert wird. Dabei geht es nicht bloß um die Nutzung distributiver Netzarchitektur und die vermeintliche Eliminierung dritter Instanzen und Zwischenträger, sondern vor allem um eine Neuordnung des Gesellschaftsvertrags. So haben die kryptographischen Operationen, mit denen die Liste von Datensätzen bzw. Blöcken dezentral abgearbeitet und authentifiziert werden, den Charakter von *smart contracts,* in denen sich die Zustimmung aller Teilnehmer oder Mitspieler mit jeder Transaktion automatisch dokumentiert. Einerseits folgt diese maschinelle Konsensbildung durch Transmissionsprotokolle einem selbstausführenden Vertragsprofil, das konventionelle juridische Beglaubigungen umgeht, in Spannung zu bestehenden nationalen Rechtslagen tritt, rechtliche Codierungen mit digitalen überholt, pseudo-legale Verpflichtungen stiftet und sich darum als ideales institutionelles Design für die Belieferung freier Märkte anbietet. Entstaatlichtes Privatrecht wird gewissermaßen automatisiert.[37] Andererseits werden dadurch quasi-souveräne, d. h. letztinstanzliche Maschinengefüge geschaffen, deren Verfahren die Dezentralisierung von Kontrolle mit der exekutiven Aufrüstung des Codes kombinieren. Das Libra- bzw. Diem-System verspricht also nicht nur die Schließung einer Lücke in der Infrastruktur der internationalen Finanzökonomie. Vielmehr lässt sich darin die Entwicklung einer *parasitären Technologie* im strengen Wortsinn erkennen, in der sich die Herstellung von Kanälen für Finanztransaktionen unmittelbar mit Interzeptionen und Entnahmen verknüpft. Dem Versprechen einer breiten finanziellen Inklusion von Weltbevölkerungen «ohne Vermögen» und «ohne Bankkonto» stehen strikte Exklusionen gegenüber, die sich in der Monopolisierung der daraus gewonnen Informations- und Kapitalerträge durch Facebook und die Libra/Diem Association manifestieren.

Allerdings bleiben die heftigen Auseinandersetzungen mit Blick auf das ehrgeizige Projekt bis heute von der offenen Frage begleitet, welches finanzökonomische Format sich darin tatsächlich präsentiert. So wenig Zweifel an der Neuheit der Unternehmung bestehen, so sehr wird darüber gerätselt, welche ökonomische, institutionelle und rechtliche Konsistenz Plattform und Zahlungsmittel gleichermaßen besitzen. Ob die Libra/Diem Association ein Netzwerk, eine Plattform, ein Bezahldienst, ein Fonds oder eine Investmentgesellschaft, Finanzdienstleister, ein Bankinstitut, alles zusammen oder nichts davon sei und überdies die Merkmale einer Zentralbank besitze; ob mit den anspielungsreichen Namen Libra und Diem – Verweis auf eine römisch-imperiale Maßeinheit oder epochale Anrufung eines neuen ‹Tages› – selbst eine Kryptowährung, Blockchain, digitales Geld und *e-money*, Finanzinstrument, Konzerngeld oder virtuelle Währungseinheit mit allen üblichen Geldfunktionen gemeint sein könnte – alle diese Überlegungen und Definitionsversuche werden am Bündigsten mit der Feststellung zusammengefasst, dass das Vorhaben «völlig quer zu allem» stehe, was der Einfallsreichtum von Finanzindustrien und Regulierern bisher hervorgebracht hat[38]. So muss man wohl konzedieren, dass die hybride Konstruktion, die zwischen Bezahldienst, Investmentfonds, Bank und Währungssystem oszilliert, zunächst allen nationalen und überstaatlichen Kontrollinstanzen entkommt und zumindest nicht in den direkten Aufgabenbereich von Aufsichtsbehörden für Banken und Kreditinstitute fällt. Auch hier geht es um die Besetzung rechtlich undefinierter Gebiete, und was im Frühjahr 2020 in der Schweiz mit dem Antrag auf die Lizensierung eines Zahlungssystems vorgestellt wurde, ist eben nicht einfach als Bezahldienst konzipiert. Vor diesem Hintergrund kann Facebooks Beteuerung, «mit Behörden zusammenzuarbeiten, um einen regulatorischen Rahmen für die Ermutigung innovativer Technologien unter Beibehaltung höchster Standards für Konsumentenschutz zu gestalten», als Versuch verstanden werden, die Reichweite bisheriger Regulierungen zu testen und neue Rahmenbedingungen den eigenen Interessen anzupassen.[39]

Es sind also weniger die notorischen Fragen nach Währungsstabilität, möglicher Geldwäsche oder Terrorfinanzierung, welche das Projekt zu einer Herausforderung von Regierungen, Zentralbanken und Regulierungsbehörden gemacht haben. Vielmehr hegen wirtschaftswissenschaftliche Expertisen wenig Zweifel daran, dass solche neuen Geldformen zum Angelpunkt «großer, systemisch relevanter sozialer und ökonomischer Plattformen» geraten dürften, die zwangsläufig nationale Grenzen überschreiten, das Verhältnis von Zahlungen und Nutzerdaten neu definieren und schließlich die «Architektur des internationalen Währungssystems sowie die Rolle von staatlichen Währungen umgestalten» werden. Es zeichnet sich ein jüngster Umbruch in der Sache ökonomischen Regierens ab. Das bedeutet zunächst, dass die Kartographie nationaler Währungseinheiten um eine geoökonomische Verteilung von «digitalen Währungsgebieten» (Digital Currency Areas, DCAs) verdoppelt wird. Dort werden Transaktionen mit privaten Zahlungsmitteln garantiert, die entweder – wie am chinesischen Beispiel von Tencent und Ant Financial – innerhalb kommerzieller Netzwerke gültig sind oder sich – wie im Fall von Libra bzw. Diem – als konvertierbare und konkurrierende Währungen formieren. Auf der einen Seite vollzieht sich dabei eine Inversion in der Hierarchie von Finanzgeschäften: Zahlungssysteme sind nicht länger von der Intermediation zwischen Banken abhängig; vielmehr könnten umgekehrt traditionelle Bankfunktionen der Finanztechnologie von Bezahldiensten und Plattformunternehmen subordiniert werden. Auf der anderen Seite öffnet sich der Horizont für eine digitale ‹Dollarisierung›. Insofern private Zahlungsmittel und Recheneinheiten wie Libra/Diem auf digitalen Netzwerken über nationale Grenzen hinweg zirkulieren, muss ihnen das Vermögen zugeschrieben werden, gleichzeitig in unterschiedlichen Währungssystemen zu operieren und nationale Währungen womöglich durch digitales Konzern- bzw. Plattformgeld zu verdrängen oder zu ersetzen.[40] Mit solchen Interventionsweisen sind Plattformökonomien Teil einer Entwicklung, in der sich die politische Geographie als ein Palimpsest erweist: Sie wird von proliferierenden Enklaven und Exklaven, von wandernden Wirtschafts- und Handelszonen, privatisierten Währungsgebieten und

Netzwerken überschrieben und durch fluktuierende Hegemonien im Finanzregime charakterisiert.

Es verwundert also nicht, dass Mark Zuckerberg bei einer peniblen Anhörung vor dem US-Kongress im Oktober 2019 solche Sorgen über die Dignität staatlicher Währungen zu zerstreuen versuchte und im Verweis auf die unvermeidliche chinesische Konkurrenz mit der erfreulichen Aussicht für sich und für Facebook warb, dass gerade Libra die Vormachtstellung der USA im Finanzsektor weiterhin wird garantieren können. Tatsächlich wurde kurz danach das ursprüngliche Vorhaben, die Libra-Währung mit der Bindung an einen Korb aus diversen stabilen Währungen (*multi-currency*: US-Dollar, Euro, Yen, britisches Pfund) zu sichern, durch eine privilegierte Anbindung an den Dollar (*single-currency*) ersetzt, der dadurch seinen Status als Leitwährung im internationalen Zahlungsverkehr mit allen damit verbundenen ökonomischen und politischen Vorteilen behalten könnte: «Ich glaube, das wird die Führung der USA in Finanzfragen stärken.»[41] Auch wenn die genaue Interaktion zwischen Dollar, anderen Einzelwährungen und Libra sich noch nicht spezifiziert hat und die Umsetzung dieses finanzökonomischen Experiments unklar bleibt, auch wenn die taktische Umbenennung von Libra in Diem die Verflechtung von Facebook und Währungsprojekt camouflieren soll, wird es mit unverhohlenen machtpolitischen Versprechen vorgestellt. Vor diesem Hintergrund lässt es sich in seiner jetzigen Gestalt als systematische Fortführung und Schlussstein einer Entwicklung begreifen, mit welcher der (US-amerikanische) Plattformkapitalismus seine Geschäftsmodelle über die Kontrolle proprietärer Märkte absichert und diese wiederum mit dem Ausbau pseudostaatlicher Strukturen zu stabilisieren versucht – eine jüngste Perfektionierung in den Regierungspraktiken des Finanzregimes. Mit Libra bzw. Diem soll nicht nur eine US-dominierte Weltwährung und eine proprietäre Infrastruktur für Finanzdienstleistungen aller Art entstehen. Vielmehr hat sich in Entwürfen wie denen der Libra/Diem Association die Gestalt eines privaten Reservesystems formiert, das Ähnlichkeiten mit traditionellen Zentralbankstrukturen aufweist, privates Fiatgeld emittiert und somit geldpolitische Prärogative bzw. quasi-souveräne Befugnisse wie Geldschöpfung und Notenausgabe beansprucht. In den Fluchtlinien steht die geoökonomische Ordnung von privatisierten Wirtschaftsräumen oder Domänen, die der Kontrolle von Investorengruppen und deren Partikularinteressen unterliegen und die Spielräume öffentlicher Regulierung durch private Governance und Machtapparate ersetzen. Es ist jedenfalls nicht ausgeschlossen, dass dieses Projekt nicht bloß eine instruktive Momentaufnahme gegenwärtiger finanzökonomischer Dynamiken darstellt, sondern mit seiner Verwirklichung bestehende Kraftlinien verstärken wird und einer Eskalationskurve folgt, an deren Ende sich eine effiziente Ablösung des Netzbürgers vom Staatsbürger vollzieht und in einen mehr oder weniger freiwilligen Beitritt ganzer Bevölkerungen zu einem privaten «Online-Staat» mündet. Der Kapitalismus, sagte Fernand Braudel einmal, triumphiert stets, wenn er Staat wird.[42]

Was sich bereits in den Prozessen der Finanzialisierung angebahnt hat, nämlich eine schleichende Abwanderung geldpolitischer Souveränität von Zentralbanken hin zu Finanzmärkten (vgl. S. 31–33), wird in der Blaupause des Libra/Diem-Projekts durch einen neuen Organisationstyp ratifiziert. Am Horizont dieser Überlegungen geht es nicht allein um die Frage, auf welche Weise sich die unternehmerische Besetzung pseudo- oder parastaatlicher Strukturen nun auch in einer möglichen Neuordnung von Finanz-, Geld- und Währungssystemen niederschlägt. Vielmehr könnte man von einer weiteren ‹Großen Transformation› sprechen. Wurden nach Karl Polanyi seit Ende des 18. Jahrhunderts wirtschaftliche Beziehungen aus ihrer gesellschaftlichen Einbettung herausgelöst und soziale Verhältnisse umgekehrt in eine kapitalgetriebene Marktwirtschaft integriert, so scheint sich nun eine neue Metamorphose anzukündigen, in der das Finanz- und Währungssystem selbst auf eine private Kapitalisierung von Information ausgerichtet wird. Mit dieser Einbettung aller Sozialverhältnisse in das so genannte ‹Ökosystem› des digitalen Kapitalismus wird nicht unbedingt ein Absterben des Staats in Aussicht gestellt. Allerdings erweisen sich die jüngsten Wendungen des Finanz- und Informationsregimes als Teil und Anker einer transnationalen Regierungsmacht, in der Netztechnologien, Unternehmensstrukturen, Bereicherungsprozesse und Kontrollpraktiken fusionieren. In ihnen kombiniert sich die Auszehrung demokratischer Rechtstaatlichkeit mit der Ausweitung und Diffusion privater Exekutivkräfte. Was einmal als Portal zum Rating der Hübschheit von Studierenden in Harvard begann, bietet sich nun als Prototyp für den unternehmerischen Ausbau globaler Kontrollmächte an.

5. Kapitel

Spiele der Wahrheit

Vor dem Hintergrund jüngster Finanz- und Wirtschaftskrisen und auf der Suche nach neuen Ressourcen der Wertschöpfung hat sich nicht nur eine enge Allianz von Finanz- und Informationsökonomie eingestellt. Mit Netzwerktechnologien haben die Finanzialisierung von Information und die Informatisierung des Finanzwesens vielmehr zu neuen Unternehmensstrukturen in der Plattformindustrie geführt, deren Geschäftsmodell in der Aneignung von Infrastrukturen, in der Ausweitung unternehmerischer Governance sowie in der Kapitalisierung von Regierungstechnologien und Kontrollmechanismen besteht. Die Pflege kapitalistischer Eigentumsrechte im Sinne des *dominium* hat sich mit Herrschaftsrudimenten des *imperium* verbündet, und was immer wieder als Erosion einer neuzeitlichen territorial- bzw. nationalstaatlichen Ordnung samt damit verknüpfter Gesetzeskraft aufgerufen wurde, hat Platz für den konsequenten Aufbau privater para-staatlicher Autoritäten geschaffen. Deren aktuellste Gestalt mochte man in einer Art Staatswerdung von Informationsmaschinen und in «Plattform-Souveränitäten» erkennen, deren spezifische Machtform durch eine Überlagerung von technischen, wirtschaftlichen und gouvernementalen Strukturen, ein Zusammenwirken von Netzkommunikation, ökonomischen Imperativen und dauerhaften rechtlichen Ausnahmebedingungen gewährleistet wird.[1] Die Fragen nach Status und Konsistenz souveräner Herrschaft werden im Zeichen ihrer Fragmentierung neu sortiert.

Auch wenn sich dabei ein grundlegender Wandel im Reproduktionsmodus des Wirtschafts- und Finanzsystems abzeichnet, sind einige seiner zentralen Elemente – in praktischer und in theoretischer Hinsicht – nicht vollkommen neu. So lassen sich darin einerseits die älteren Konturen eines kapitalgesteuerten Kolonialsystems erinnern, wie es etwa in der einstigen Kronkolonie Hongkong nach dem Zusammenbruch des britischen Imperiums erprobt wurde. Das Fortleben imperialer Komponenten wurde unter veränderten Vorzeichen gesichert, und mit großem wirtschaftlichen Erfolg hat man die Souveränität des Kapitals durch Freihandelspolitik, niedrige Unternehmenssteuern und strenges Bankgeheimnis, durch das Fehlen einer repräsentativen Regierung und durch die Beschränkung demokratischer Interventionen garantiert. Seit Ende der fünfziger Jahre haben die ehemaligen britischen Kolonien – wie Hongkong, Bermuda, Kaimaninseln, Singapur – die Basis für ein Netzwerk gelegt, das Kapitaltransaktionen abseits und unter Umgehung nationaler Gesetzgebungen ermöglichte und eine Infrastruktur für den internationalen Finanzmarktkapitalismus bereitzustellen vermochte. Andererseits kann man die libertäre Immunisierung autoritärer Unternehmensformen auch als Erfüllung von wirtschaftspolitischen Parolen begreifen, die seit den sechziger Jahren des letzten Jahrhunderts von diversen (Neo-)Liberalismen ausgegeben wurden. Denn anders als gemeinhin vorgestellt, favorisierte man im Nachkriegsliberalismus keineswegs die Befreiung von Märkten aus staatlicher Übermacht. Die Projekte der Deregulierung und Privatisierung sowie die konzertierte Verneigung vor der Dignität der Marktgesetze waren vielmehr von programmatischen Einfällen begleitet, die sich auf einen Schutz von kapitalistischen Wirtschaftsprozessen gegen allzu demokratische Einmischungen bezogen. Die Forderungen nach wachsamer und aktiver Politik galten neben der Verteidigung freier Märkte auch der Schaffung eines Ordnungsrahmens, mit dem private Kapitalrechte gegen die Störungen durch unbequeme politische Mehrheitsentscheidungen abgeschirmt werden sollten.[2]

Aus Sorge um das Überleben des Kapitalismus waren die Varianten eines autoritären Liberalismus also mit dem Entwurf robuster globaler Exekutivstrategien verknüpft, und gerade diese Vorliebe für die Prärogative der Kapital- und Finanzwirtschaft hat man mit einem eigentümlichen Wahrheitsspiel kombiniert, das den Dynamiken des Markts und des Wettbewerbs vorbehalten sein sollte. Hatte bereits Friedrich Hayek die unermüdliche Anrufung des Markts als souveränes Wissenssubjekt mit der Aufforderung an die Restwelt verknüpft, sich in demutsvoller Unwissenheit zu üben und den «unpersönlichen Kräften des Marktes»[3] zu unterwerfen, so haben in konsequenter Verlängerung dieser Linie gerade US-amerikanische Doktrinen bündige Fassungen für die wahrsagende Kompetenz von Marktprozessen geboten. Privilegiert gegenüber anderen Instanzen und Institutionen der Wissensproduktion bietet der Markt demnach – wenig überraschend – eine universale Bewertungsagentur, die sich als «Prüfstein» für die Haltbarkeit, für die Richtigkeit und die «Güte» zirkulierender «Ideen» installieren und insgesamt eine «echt repräsentative Vertretung» liefern soll, eine Repräsentationsweise, die besser als andere, etwa formale politische Abstimmungsprozesse – wie Wahlen, Parteiensystem oder Parlamentarismus – eine Koordination divergierender Positionen und Meinungen sicherzustellen vermag. Meinungsfreiheit ist ökonomische Freiheit, und allein der Markt bringt jene zuverlässigen Ordnungsfiguren hervor, mit denen die konkurrierenden Wirtschaftsbürger zu einer nahezu idealen politischen «Einmütigkeit» zusammenfinden werden.

Dabei hat gerade in den Vereinigten Staaten dieser Refrain auf die Tugenden des Markts zu einer eigenwilligen Interpretation des ersten Verfassungszusatzes, des *First Amendment,* mit seinem Verweis auf Rede- und Versammlungsfreiheit geführt. Denn für liberale

Inspiratoren wie Milton Friedman war damit nicht bloß die Kongruenz von freien Märkten und Meinungsfreiheit gemeint, in der öffentliche Überzeugungskraft mit Zahlungsvermögen verschmilzt. Vielmehr wurde damit eine besondere finanzökonomische Pointe in Aussicht gestellt. Demnach sollte die Gunst des Ersten Verfassungszusatzes auch darin bestehen, Redefreiheit für das «Gebiet des Geldwesens» insgesamt zu reklamieren und neben der Bändigung von Autoritäten wie Finanzministerium und Federal Reserve System auch die Entfesselung des «Finanz- und Investmentgeschäft[s]» zu rechtfertigen. Die Regulierung des Kapitalverkehrs sei mit dem Recht auf freie Meinungsäußerung schlicht nicht vereinbar, und die Gleichsetzung von Geldmärkten mit einer «Ökonomie freier Rede»[4] legitimiert sich auch dadurch, dass sich hier wie dort schließlich *mainstream*, normative Verstärkungen und normalisierende Trends durchsetzen werden.

Die liberale Validierung zirkulierender Rede durch Geld und Kapital – und umgekehrt – konnte zwar Finanzinstitute wie Zentralbanken nicht beseitigen, sie hatte aber effiziente Bündnisse mit jener juristischen Vernunft geschlossen, die dem Wirtschaftsleben konzise Formen verleiht. Dies wurde in engen Verknüpfungen zwischen Eigentumsrechten und Redefreiheit realisiert, und bereits 1978 entschied der Oberste Gerichtshof der USA, dass die vom Ersten Verfassungszusatz garantierten Freiheiten auch auf private Körperschaften ausgedehnt werden müssten. Die öffentlichen Aktivitäten von Korporationen, Stiftungen und Unternehmen in Wahlkämpfen und politischen Auseinandersetzungen sollen «denselben Schutz wie die individuelle Rede unter dem *First Amendment*» genießen, und es liege im gesamtgesellschaftlichen Interesse, den «freien Fluss kommerzieller Informationen» rechtlich nicht zu behindern.[5] Im Grunde wurden damit Investitionen als Rede bzw. Meinungsäußerungen definiert, und spätestens mit einem folgenreichen Urteil aus dem Jahr 2010 hat man die letzten Schranken für Investoren aufgehoben, sich zugunsten politischer Aktionen und Programme zu engagieren. Mit der Entscheidung des Obersten Gerichtshofs im Fall *Citizens United v. Federal Election Commission* wurde die Begrenzung von Wahlkampffinanzierung, von finanziellen Zuwendungen an so genannte Super-PACs, also an politische Aktionskomitees zur Unterstützung von Parteien und Kandidaturen, als Einschränkung der Redefreiheit auf dem «ungehemmten Marktplatz der Ideen» begriffen, auf einem Markt, der selbst wiederum als privilegierter Generator und Verteiler verfügbaren Wissens fungieren soll. Abgesehen davon, dass damit der Unterschied zwischen fiktiven Personen (wie Unternehmen) und natürlichen Personen (wie Wahlberechtigten) mit Blick auf die Redefreiheit gelöscht wurde; abgesehen davon, dass man politische Kräfte als ökonomische, Wahlkämpfe selbst als Marktoperationen ausgedeutet und den Appell an die Deregulierung von Märkten auch auf die Schauplätze der politischen Auseinandersetzung ausgeweitet hat, wurde dem investierenden Kapital nun selbst die Position eines Shareholders an freier Rede, eines schutzbedürftigen Redesubjekts zugebilligt: Kapitalmaßnahmen werden als Meinungsäußerung unter die Protektion der Verfassung gebracht, und wie es kein «Zuviel an Rede» geben kann, so sollen sich nun Kapitalströme, ungehindert wie der damit finanzierte Redeschwall, in den Pool der Öffentlichkeit ergießen.[6]

Schließlich waren gerade Internet- und Plattformfirmen von diesen referentiellen Verwirrungen zwischen Meinungen und Märkten, Rede und Rendite betroffen, und die Garantien des *First Amendment* müssen hier wohl als wirkungsvolle Instrumente für die Ausgestaltung geschäftlicher Praktiken geltend gemacht werden. Solche Fragen jedenfalls standen im Zentrum von Gesetzen, die man in der Neigungslinie liberaler Rechtsprechung ansiedeln kann und die zusammen mit der rabiaten Privatisierung öffentlicher Kommunikationsnetze durch den *Telecommunications Act* (1996) in die Geschicke der Internetindustrie intervenierten (vorausgegangen waren heftige Privatisierungskampagnen und entsprechende Aufrufe zur «Missionierung» für die Deregulierung der Telekommunikation[7]). Sie können als Beispiele dafür gelten, wie unscheinbare und kaum wahrgenommene juristische Modifikationen durch systemische Katalysen unabsehbare Effekte erzielen. Dabei ist es nicht ohne Ironie, dass der Anstoß zu dieser Gesetzgebung – zum schon erwähnten *Communications Decency Act* – aus einer Initiative zur Bekämpfung pornographischer Netzinhalte hervorging, um dann zu einem wichtigsten Grundpfeiler für unregulierte Netzkommunikationen zu werden. Während das angestrebte Verbot der Verbreitung «anstößigen» Materials mit Verweis auf den Ersten Verfassungszusatz durch den Obersten Gerichtshof kassiert wurde, hat man eben diese Verbreitungslogik im Netz durch das überparteilich konzipierte Zusatzgesetz selbst neu definiert. Hintergrund war eine kontroverse, wenn nicht widersinnige Rechtsprechung gewesen. Während das Online-Portal CompuServe im Jahr 1991 von der Anklage wegen übler Nachrede freigesprochen wurde, weil keinerlei Überprüfung des eingestellten Contents vorgenommen wurde, hatte man in einem Gerichtsprozess von 1995 eine umgekehrte Entscheidung getroffen: Nun wurde der Internetdienst Prodigy nach einer ähnlichen Anklage verurteilt, und zwar gerade deswegen, weil man dort die geposteten Inhalte redaktionell und editorisch bearbeitete und dabei selbst gesetzten Richtlinien folgte. Zur Lösung solcher juristischen Unebenheiten ist das Gesetz dann zum «wichtigsten Instrument» für die Garantie freier Rede im Internet geworden; und verbunden mit der erklärten Absicht, «den dynamischen und kompetitiven freien Markt zu erhalten, der ohne staatliche Regulierung gegenwärtig für das Internet und für interaktive Computerdienste existiert», und zwar «zum Vorteil aller Amerikaner», heißt es im entsprechenden Paragraphen 230 (Section 230) des *Communications Decency Act* von 1996: *No provider or user of an interactive computer service shall be treated as the publisher or speaker of any information provided by another information content provider.*[8] Frei paraphrasiert und sinngemäß lautet das: Kein Anbieter oder Nutzer eines interaktiven Computerdienstes kann bis auf wenige Ausnahmen für die Verteilung von irgendwelchen Informationen, also von Texten, Bildern oder Videos, die von einem anderen Anbieter eingestellt werden, verantwortlich gemacht werden.

Diese Regelungen begründeten eine Art «Internet-Exzeptionalismus», wurden mit einigen Modifikationen bald darauf auch in der Europäischen Union – durch die «Richtlinie über den elektronischen Geschäftsverkehr» (Richtlinie 2000/31/EG des Europäischen Parlaments und des Rates vom 8. Juni 2000[9]) – übernommen, führten zur Anpassung nationaler Gesetze[10] und haben mit ihren Ausnahmebedingungen ein neues und eigentümliches öffentliches Subjekt – oder Subjekt der Öffentlichkeit – formiert. Wie bereits angesprochen, wurde damit erstens eine grundsätzliche Unterscheidung zwischen *publishers* einerseits und *intermediaries* bzw. *distributors* andererseits getroffen (vgl. S. 96–98). Verlagen oder Redaktionen, die die (verbreitungs- und urheberrechtliche) Verantwortung für ihre Publikationen tragen, stehen nun Makler oder Zwischenträger gegenüber, die keinerlei Haftung für diese Vermittlungstätigkeit übernehmen, sofern sie die von Dritten eingestellten Materialien nicht eigens in Auftrag geben, bearbeiten und modifizieren. So haben etwa Messengerdienste den rechtlichen Status von Telefonleitungen, bringen aber auf systematische Weise dynamische Öffentlichkeiten hervor, oder besser: sie produzieren etwas, das die Unterscheidung von privaten und öffentlichen Kommunikationen unterläuft. Das freie Verteilen von Content aller Art ist gewissermaßen autonom geworden, und auch wenn sich etwa Facebook heute als größter Lieferant von «Information» und «riesiger Verleger» (*massive publisher*) verstehen mag, der «an einem Tag mehr publiziert als die meisten anderen Publikationsorgane in ihrer gesamten Lebenszeit» (*we are publishing more in a day than most other publications have in the history of their whole existence*)[11], hat dieses Publizieren nun einen ebenso wirkungsvollen wie unschuldigen, aber paradoxalen Status erhalten: Wer veröffentlicht, ist nicht verantwortlich, wer aber Content verantwortet, betreibt keine Veröffentlichung. Damit wurde eine der Bedingungen dafür geschaffen, dass das Meinungshafte schlechthin, d. h. freie Rede ohne Haftung, Rechtfertigung oder Begründungszwang, zum allgemeinen Maß von Äußerungsakten überhaupt geworden ist (und zudem burleske Debatten darüber auslöste, ob auch den zig Millionen *bots* in den Netzen ein Grundrecht auf Meinungsfreiheit zustehe[12]).

Zweitens wird die Autonomie dieses Maklerwesens von Online-Portalen, Websites, Internetdiensten, Plattformen und sozialen Medien auch in der Verfügung über selbstgesetzte Normen gespiegelt. Zwar hat man inzwischen – vor allem in Europa – mit Richtlinien zur Überprüfung von Plattformaktivitäten (etwa zur Begrenzung von Hasskommentaren, Falschmeldungen oder Kinderpornographie wie im deutschen Netzwerkdurchsetzungsgesetz, das seit Januar 2018 in Kraft ist) operiert[13], die grundlegende Architektur bleibt davon allerdings unberührt. So wenig Plattformen und Netzdienste für zirkulierende «Informationen» verantwortlich sind und allenfalls zur nachträglichen Löschung von Inhalten aufgefordert werden können, so sehr steht es ihnen nach Section 230 frei, etwa «obszöne, unzüchtige, laszive, schmutzige, extrem gewalttätige, verletzende oder sonstwie anstößige» Materialien auf eigene Initiative, nach eigenen Kriterien und «in gutem Glauben» zu unterdrücken, ganz gleich, ob und wie dieses Material wiederum «verfassungsrechtlich geschützt» sein mag (Section 230 (c)(2)(A)). Sie sind also weder für die eingestellten

Inhalte noch umgekehrt dafür haftbar, wenn sie diese aus den einen oder anderen Gründen entfernen (wie etwa die souveräne Sperrung präsidialer Accounts). Durch die Immunisierung der Unternehmen gegenüber gerichtlicher Verfolgung sollten sie selbst Spielräume für die Einführung von Maßstäben erhalten, mit denen man dann ein mögliches Spektrum ‹unpassender› Äußerungen identifiziert. Gerade das Haftungsprivileg im Zeichen freier Meinungsäußerung hat es aber ermöglicht, dass Unternehmen nun selbst über die Freiheiten freier Rede zu entscheiden vermögen, und es wirft damit die Frage auf, ob und wie etwa der Erste Verfassungszusatz die Reichweite von Gesetzen begrenzt, welche privaten Plattformen Verfügungsmacht über das auf ihnen Geäußerte zugestehen. Zusammen genommen haben beide Regelungen, die Entlastung der Zwischenträger bzw. deren Haftungsprivilegien und die Herstellung autonomer normativer Enklaven, die Bedingung für jene geschlossenen ‹Ökosysteme› geschaffen, die sich selbst als «globale Marktplätze» für freie Meinungsäußerungen annoncieren. Vor allem aber hat diese rechtliche Vakuole frisches Investmentkapital dazu aufgerufen, sich in Unternehmen zu engagieren, deren neues Geschäftsmodell gerade darin besteht, den Schutzraum des Ersten Verfassungszusatzes selbst zu kommerzialisieren, und das heißt: «freie Rede» und «Information» in solchen skalierbaren Mengen zu vertreiben (z. B. 6000 Tweets pro Sekunde auf Twitter oder drei Millionen Posts pro Minute auf Facebook), dass deren Legalität oder Illegalität, deren «anstößiger» oder «verletzender» Charakter zwangläufig nicht mehr hinreichend überprüft und beurteilt werden kann.[14] Das Haftungsprivileg für so genannte *intermediaries* war die wesentliche Triebkraft für die Expansion und die Ausnahmestellung neuer Medienkonzerne und hat zudem den Sonderfall von Produkten geschaffen, deren Marktzulassung mit keinerlei Regulation oder Überprüfung verbunden ist. Die durch das *First Amendment* protegierte freizügige Finanzierung eines freien Meinungsmarkts wurde um Unternehmensstrukturen ergänzt, die wiederum Investorenschutz für die Kapitalisierung freier Meinungsmärkte garantieren.

Rechtsprechung und Politik haben also seit Mitte der neunziger Jahre die Aufzucht einer bisher unbekannten Sorte von Medienunternehmen begünstigt, die selbst weder Nachrichten noch Information oder sonstige Inhalte produzieren, als bloße Vermittler keinerlei Haftung übernehmen und sich gerade darum als selbstbewusste Protagonisten freier Meinungsäußerungen – in einem US-amerikanischen Sinn – präsentieren. Zu diesem Selbstverständnis gehört drittens auch eine Programmatik, mit der sich gerade die medialen oder intermediären Praktiken solcher Firmen als konsequente «Disintermediation» ausstellen. Dabei geht es nicht bloß um die häufig gefeierte Verabschiedung von Gatekeepern und Schwellenhütern, zu denen man immer wieder Verlage, Presse, Lektoren, Redakteure, Herausgeber, Journalisten, Kuratoren, Bibliotheken und Buchläden, aber auch Bildungsinstitutionen, Einzelhandelsgeschäfte überhaupt oder politische Repräsentanten gezählt hat.[15] Damit verbunden ist auch die Erzeugung von Unmittelbarkeitsillusionen, die sich – privat, geschäftlich und politisch – in niedrigschwelligen Direktkommunikationen, Authentizitätsritualen und flexibler Selbstregierung niederschlagen sollen. Von den glücklichen Fügungen zwischen einzelnen Verkäufern und Kunden über die Hoffnung auf eine *liquid democracy* bis hin zu publizistischen «Selbstbedienungsplattformen» werden aktive und passive Partizipationsversprechen transportiert, in denen man eine Privatisierung aller Kommunikationsverhältnisse und somit eine digitale Reformation, einen «digitalen Protestantismus»[16] erkennen könnte, vielleicht sogar eine Art evangelikalischen Digitalkults: Die erhofften oder frohen Botschaften werden nicht mehr durch eigenmächtige Funktionäre oder professionelle Interpreten und nicht mehr durch selbstherrliche Institutionen gefiltert und entstellt.

Dies ist allerdings umso bemerkenswerter, als gerade für die Funktionsweise digitaler Plattformen und ihrer Varianten die Beobachtung gilt, dass es wohl nie «mehr Mittelbarkeit im scheinbar Unmittelbaren» gegeben hat.[17] Denn viertens zeichnen sich die damit geschaffenen proprietären Märkte ja dadurch aus, dass sie nur durch ein technisch hoch aufgerüstetes Vermittlungsgeschehen zu funktionieren beginnen und somit die These bestätigen, dass die Aktivitäten des Kanals allen übermittelten Botschaften, allen Aktionen und Passionen von Sendern und Empfängern vorausgehen. Wurden bereits auf der technischen Ebene von Transmissions- und Internetprotokollen die Voraussetzungen für die Intervention von Kontrollmächten und somit für die profitablen Asymmetrien in der Informationsökonomie der Plattformunternehmen geschaffen (vgl. S. 89–94), so wird solcher Datentransfer um Arbeitsweisen ergänzt, die im Hintergrund und unbemerkt für die Erhältlichkeit, für die Verfügbarkeit oder Wahrnehmbarkeit der zirkulierenden digitalen Artefakte sorgen.

Es stehen also dem scheinbar neutralen Transport von Content in der Übertragung von Nutzer zu Nutzer notgedrungen Selektionsverfahren gegenüber, die Plattformen, Suchmaschinen oder soziale Medien überhaupt zu aussichtsreichen Geschäften verwandeln und unterschiedliche Formen der Hierarchisierung und Filterung von Datenmengen bieten. Während ältere Suchmaschinen wie Alta Vista oder Lycos lexikalisch operierten und ihre Suchergebnisse nach der Menge vorgefundener Stichwörter ordneten, lässt etwa PageRank, jener siegreiche Algorithmus, der Google (zusammen mit Google Analytics) zur erfolgreichsten Suchmaschine machte, alle semantischen Verknüpfungen hinter sich und verschreibt sich einem strikt ökonomischen Verfahren, das bestehende Bewertungen mit Bewertungen, Erregungen mit Erregungen verstärkt. Dabei wird unterstellt, dass die Relevanz von Inhalten jeglicher Art vom Maß ihrer hypertextuellen Vernetzung oder Zitation abhängt; die Resultate von Anfragen werden nach der Quantität und Dichte der Verlinkung von Websites sortiert, wobei die Links auf Websites mit dichter Verlinkung wiederum höher bewertet oder gerankt werden. Agnostisch gegenüber Inhalten wird der Verlinkungskoeffizient zum Wertmaßstab. Dem Anspruch, «die Informationen der gesamten Welt zu organisieren und sie allgemein zugänglich und nutzbar zu machen»[18], steht damit ein Darstellungsprozess gegenüber, der positive, sich selbst verstärkende Feedbackschleifen einrichtet, das Tableau aller Weltinformationen nach immanenten Marketingstrategien ordnet und Relevanzkriterien durch akkumulierte Mehrheitsentscheidungen definiert. Die somit erzeugten Datenkonjunkturen werden zudem mit den Preisen in den automatisierten linguistischen Auktionen für Suchbegriffe, Stich- und Schlagwörter mit den Werbekunden rückgekoppelt (AdWords). Das Ranking von Suchresultaten ist mit den Gelegenheiten zur Wertschöpfung durch strikte Informationshierarchien korreliert, Werbekampagnen werden in die Logik von Suchergebnissen selbst integriert. Man hat es also mit einem maschinellen editorischen Verfahren zu tun, das einen hohen Aufwand an automatischen Entscheidungsprozessen betreibt und mit seinem rekursiven, gleichsam börsianischen Bewertungs- und Abstimmungsdynamiken zwar verborgen, aber keineswegs neutral operiert.[19]

Wird hier ein Abstimmungszirkel installiert, der mit Trendverstärkungen von Mehrheitsentscheidungen über Werbegeschäfte zu ökonomischen Gewichtungen führt, so geht es am anderen Ende des Spektrums solcher selektiven Operationen um die Herstellung informationeller Monaden, welche die strikte Personalisierung von Suchergebnissen durch Ranking-Algorithmen (z. B. durch Google AdSense), insbesondere aber die Geschäftspolitik sozialer Medien diktieren. Die Manifeste des Facebook-Konzerns etwa wollten keinen Zweifel darüber aufkommen lassen, dass man das Selbstverständnis als «Stimme des Volkes» (*giving people a voice; giving everyone a voice*) mit solchen Vermittlungsverfahren kombiniert, welche die Quellen von «Nachrichten und öffentlichen Diskursen» auf kulturelle, politische, religiöse und nicht zuletzt auf persönliche Neigungen, Vorlieben und Empfindlichkeiten von einzelnen Nutzern und Nutzergemeinschaften zuzurichten vermögen. Während der allgemein proklamierte «Ansatz» darin bestehen soll, dass man sich – ganz im Sinne des Wahrheitsspiels «freier Rede» – «weniger auf die Verbannung von Desinformationen» und das Entfernen von Falschmeldungen als auf die Vervielfältigung «zusätzlicher Perspektiven und Informationen konzentriert», sollen umgekehrt «schlechte Erfahrungen» minimiert, «unterschiedliche Meinungen» gehegt und die eigenen, individuellen Erlebnisräume geschützt und gestärkt werden: «Genauso wie es eine schlechte Erfahrung ist, unerwünschte Inhalte zu sehen, ist es eine schreckliche Erfahrung zu bemerken, dass man etwas nicht teilen kann, was man dem Gefühl nach für wichtig erachtet.» Und: Es ist «unser Ziel, den Menschen zu helfen, die Inhalte zu sehen, die für sie am sinnvollsten und am interessantesten sind.»[20] Ganz in diesem Sinne hat Facebooks News Feed, worüber inzwischen eine Mehrheit von Leuten weltweit zumindest zeitweise Nachrichten bezieht, zusammen mit dem Edge-Rank-Algorithmus ein Selektionsprogramm installiert, in dem – strikt informationstechnisch – die bloße Differenz von Veränderungen oder Neuheiten zum Maß für Informationen oder Nachrichten geworden ist (es zählen nur Daten und Ereignisse, die einen Unterschied machen, von welchen Adressen oder Websites mit welchem Inhalt sie auch immer stammen mögen, wie z. B.: «Bob ist nun mit Kate zusammen»). Außerdem werden algorithmische Entscheidungen darüber getroffen, wer welche Benachrichtigung von wem mit welcher Priorität erhält. Informationen werden an erkennbare, berechenbare Nutzererwartungen angepasst. Die bestehenden und häufig genutzten Bahnungen in den Kontakten zwischen Nutzern und Nutzern bzw. Nutzern und Anbietern werden dabei auf eine Weise privilegiert, die den Titel von *feed* oder *feeding*, von Fütterung oder Mästung der Nutzer tatsächlich verdient: Die idiosynkratische Besonderung von Benachrichtigungen durch die Reproduktion und Bestätigung bestehender Muster wird wiederum mit der Einspeisung von Werbung verknüpft und ist die Voraussetzung für das Geschäft im *micro targeting*.[21] Auch hier werden also positive Rückkopplungsschleifen eingerichtet, in denen sich mit der Stabilisierung von berechenbaren Nutzerprofilen zugleich die individuellen Zielobjekte für die mehr oder weniger dezenten Angriffe durch die Werbebranche formieren.

Es ist es also eine sehr enge und unangemessene, eine medien- und technikvergessene und somit anachronistische Auslegung, Plattformunternehmen nicht als *publisher*, sondern bloß als neutrale Vermittler oder *intermediaries* von anderswo hergestellten digitalen Artefakten zu begreifen. Viel eher muss man sie wohl als Produzenten, Moderatoren, Kuratoren, Verteiler und Gatekeeper von informationellen Waren adressieren, die nur durch umfangreiche redaktionelle und editorische – wenngleich weitgehend automatisierte – Eingriffe fabriziert und profitabel gemacht werden konnten. Der Imperativ zur Kommerzialisierung nicht-rivalisierender, unknapper öffentlicher Güter hat auch die Verfahren zur Aufbereitung, Gewichtung, Bewertung und Vermittlung, also zur spezifischen Wahrnehmbarkeit und Darstellung von zirkulierenden Informationsprodukten dirigiert. Dies prägt die Gestalt eines neuen öffentlichen Subjekts, in dem sich eine rechtlich strukturierte Verantwortungslosigkeit mit der Kapitalisierung aller möglichen Ausdrucksereignisse assoziiert. Es hat sich der Sonderfall von Unternehmen und Konzernen ergeben, deren dominante oder monopolistische Stellung gerade daraus erwachsen ist, dass sie die von ihnen hergestellten und vertriebenen Produkte selbst nicht zu verantworten haben. Ein ehemaliger US-Präsident hat das so formuliert: «Ich liebe Twitter. […] Es ist, als würde man seine eigene Zeitung besitzen […].»[22]

Einerseits hat man angesichts dieser Informationsökonomie auf die Herstellung abstrakten Wissens und einer kollektiven Intelligenz unter kapitalistischen Bedingungen verwiesen und diesen *general intellect* mit Marx als Produktivkraft begriffen, die auch die «Bedingungen des gesellschaftlichen Lebensprozesses» kontrolliert.[23] Die Hervorbringung des Sozialen ist im Zeichen des digitalen Kapitalismus selbst ein kommerziell-unternehmerisches Projekt. Andererseits ist es wohl nicht verwunderlich, dass man dieses informationsökonomische Wahrheitsspiel immer wieder auf die Begriffe des Spiegelns und Verdoppelns, des Ab- oder Widerspiegelns bringen wollte, auf Begriffe jedenfalls, die in Kombination mit den Sachverhalten von ‹Digitalisierung›, ‹Internet› und ‹Information› eine Gesamtheit von Weltdarstellung soufflieren. Demnach seien Suchmaschinen ein «virtuelles Spiegelbild der Welt», Google ein «Spiegel» aller Weltprobleme, während Facebook die «aktuellen gesellschaftlichen Normen» in seinem eigenen System «widerspiegeln soll» und das Internet überhaupt – wie vormals der Markt – alles verfügbare «Wissen» repräsentiere.[24] So wenig solche Spiegelmetaphern die konkreten Mechanismen der Informationsproduktion zu fassen vermögen (und schon in manchen Versionen marxistischer Ideologiekritik auf theoretische Sackgassen verwiesen haben), so sehr werden sie vom Verlangen geprägt, ältere philosophische Träume vom Weltbuch, von Weltformeln, von Universalsprachen und einer *mathesis universalis* endlich zu realisieren. Solche Träume kann man ebenso rationalistisch wie romantisch nennen, sie reichen von Leibniz' Versuchen zu einer *characteristica universalis,* die alle Dinge und Wesen mit einer unverwechselbaren Zeichenkombination anschreiben wollte, bis zur Enzyklopädistik eines Novalis, die sich ebenso universalsprachlich als Darstellung des gesammelten Wissens durch Metadaten, als die «TotalFunktion der Daten und Facten» verstand.[25] Wenn man allerdings heute davon sprechen kann, dass sich die generelle Aggregation von Weltinformationen zur Darstellung der Welt *als* Information verwandelt[26], so muss man unter den Bedingungen von Informationsstandards (vgl. S. 50), Web 2.0 und Plattformkapitalismus wohl ein besonderes Wirklichkeitsverhältnis konzedieren, das auf Repräsentationsbegriffe gerade deshalb rekurriert, weil es den Unterschied zwischen Sache und informationeller Repräsentation auf signifikante Weise unterläuft. Bis vor kurzem und am Beispiel des modernen Industriekapitalismus wollte man mit Geldfunktion und Warenwirtschaft eine allgemeine ‹Verdinglichung› oder ‹Kommodifizierung› von Arbeits- und Sozialverhältnissen konstatieren, deren Wirklichkeit sich in ‹Phantasmagorien› und ‹Fetischismen›, in den Verzauberungen der Waren- und Konsumwelt entstellte. Solche ideologischen Entstellungen werden im gegenwärtigen Finanz- und Informationsregime allerdings durch eine Hegemonie von Codes und Informationsbegriffen überboten. Monetarisierung wurde durch Informatisierung überholt. Darum geht es nicht mehr allein um die Produktion gesellschaftlichen Scheins durch die Warenform, durch die Herstellung, den Vertrieb und die Konsumtion kommerzieller Güter. Es steht vielmehr die Produktion des Wirklichen selbst auf dem Spiel: Der Kapitalismus ist ontologisch verwurzelt und schickt sich an, die Struktur elementarer Seinsbeziehungen zu prägen. Der damit verbundene Schematismus lässt sich wohl weniger den Regionen ideologischen Überbaus als den Basisstrukturen jüngster Produktionsverhältnisse zuschlagen.

Bereits Martin Heideggers anhaltende Klage hatte mit dem «Sieg» von Informationsbegriffen in der Kybernetik auch die Herrschaft eines vorgreifenden Weltentwurfs, eine Einweisung in die «Einförmigkeit», die Neutralisierung und Nivellierung des Ereignisses sowie eine jüngste, rechnende Erfassung der Welt als Bild identifiziert, und spätestens Ende der neunziger Jahre wurde dies um die Forderung ergänzt, die Welt selbst nach dem Bild des Internet neu herzurichten.[27] In Fortsetzung solcher Fragen liegt es nahe, das Reale des gegenwärtigen Kapitalismus auf der Ebene jener Informationsprozesse zu adressieren, in denen die Darstellung von Welt ununterscheidbar von deren Bewirtschaftung geworden ist. So konnte man etwa behaupten, dass im Zeichen der Ausbreitung und Kapitalisierung digitaler Technologien manche Softwareprodukte selbst in universalsprachliche Positionen eingerückt sind, und gerade objektorientierte Programmiersprachen wie Java, C++ und ihre Varianten operieren demnach mit einer spezifischen Logik zur Identifizierung, Erfassung und Vermittlung von Objekten, die ihnen einen zentralen Ort in den gegenwärtigen Informationsökonomien sichert und ein weitläufiges bzw. universelles Einsatzgebiet – von Alltagspraktiken über automatisierte Produktion, Suchmaschinen und soziale Medien bis hin zum algorithmischen Finanz- und Börsenhandel – zugewiesen hat. Sie bestimmen die Ordnung der Dinge im postindustriellen Kapitalismus. Dabei konnte Alexander Galloway in einem grundlegenden Versuch zur Klärung des ontologischen Stands informationstechnischer Systeme die effektive Konvergenz dreier Gebiete herausstellen: einer mathematischen Formalisierung, welche die Datenstruktur von Objekten und Objekteigenschaften – etwa mengen- oder graphentheoretisch – zu kodieren bzw. zu repräsentieren vermag; Software und Programmiersprachen, welche solche Formalisierungen in maschinelle, algorithmische Anweisungen und Präskriptionen übertragen und dabei empirische Praktiken mit ontologischer Profilierung verknüpfen; schließlich einer Produktionsweise, die mit ihrer unternehmerischen Infrastruktur für die

Herstellung, die Verteilung und die allgemeine Nutzbarkeit bzw. Verwertung von Informationsprodukten sorgt.[28] Mathematische Formalisierung ist nicht selbstgenügsam, über Software, Codes und Programmiersprachen liefert sie vielmehr eine Spezifikation von Begriffen und Relationen, die «für einen Agenten oder eine Gemeinschaft von Agenten» wirksam werden können und ihre ontologische Dimension dadurch behaupten, dass sie praktisch und determinierend in eine kontingente, offene und formbare Welt intervenieren.[29] Im Zentrum der Informationsökonomie steht also ein Repräsentationsschema, in welchem der formalisierte und rechenbare Zugriff auf Objekte oder Ereignisse mit der Art und Weise korrespondiert, wie «der Kapitalismus die Welt seiner Geschäftsdinge strukturiert».[30] Im Rekurs auf die kodifizierende Leistung formaler ‹Sprachen› wird die Brücke zwischen den Informationstechnologien des digitalen Kapitalismus einerseits und ontologischen Kategorien andererseits aufgebaut und gefestigt, und die Koinzidenz von Ontologie und Kapital liegt schließlich in einer Erfassung von Objekten, Wesen, Ereignissen, Aktionen und ihrer Relationen, worin deren Darstellung nicht von Prozessen der Bewertung und Validierung – und nicht zuletzt: der Bepreisung – zu trennen ist. Datenstruktur und Wertform sind konvertibel geworden. Wenn der Begriff eines «kapitalistischen Realismus» dabei einen prägnanten Referenzbereich erhält, so kann er nicht allein jene «Geschäftsontologie» meinen, mit der in den letzten Jahrzehnten Wettbewerbsszenarien und kompetitive Unternehmensmodelle über das Fleisch der Gesellschaft hinweg verteilt wurden und den Anschein einer sozialen «Naturordnung» erhalten haben.[31] Vielmehr sollte er sich auf jene fundamentale Repräsentationsweise beziehen, die die Wirklichkeit der aktuellen Informationsökonomie konstituiert: In ihr ist die Bezeichnung oder Feststellung von Sachverhalten unmittelbar mit ihrer informationellen Fassung, diese wiederum mit selektiven

Prozeduren und automatischen Relevanzbewertungen verknüpft, und all das zusammen strukturiert nun ein Realitätskontinuum, in dem Bedeutungen und Bewertungen, also Existenzurteile, normalisierende Praktiken, Selektionen und Evaluierungsverfahren ineinander verfließen. Wirklichkeit selbst hat den Charakter einer aufdringlichen Wertform angenommen. Man könnte auch sagen: «Das Reale ist nicht unmöglich, nur wird es immer künstlicher.»[32]

Aus unterschiedlichen Perspektiven hat man dies auch als eine Situation beschrieben, in der Weltlagen nicht von Weltinterpretationen, Phänomene nicht von ihren Wirkungen und Sachverhalte nicht von ihrer Verfertigung zu unterscheiden sind, und die darin wirksame digitale Anschauungsform umfasst nicht nur eine algorithmische Zeichenstruktur, in der Interpretant und Objekt zusammenfallen, Bedeutungsrelationen in Bezeichnungsrelationen aufgehen und Interpretationen zugleich Determinationen sind.[33] Vielmehr wurde sie zuweilen auch als Exponent einer aktuellen epistemologischen Krise, einer empirischen Revolution oder einer «Krise des Wissens»[34] angesprochen. So hat man die grundlegende Veränderung des Wissenswerten durch Internet und digitale Technologien mit der Verwandlung von Kenntnissen aller Art in unerschöpfliche Datenmengen oder Big Data zu fassen versucht, die dann nach dem Vorbild von Suchmaschinen und nicht zuletzt mit dem Genius von Google-Algorithmen durchgearbeitet, sortiert, gewichtet, verfügbar und lesbar gemacht werden können. Herkommend aus einer Geschichte der Statistik, die sich seit dem 19. Jahrhundert im Sinne einer sozialen Physik der humanwissenschaftlichen Administration großer Zahlen und Populationen widmete, konnte diese Verwandlung von Welt in Information und somit die Stabilisierung eines repräsentativen Schemas nur unter der Bedingung funktionieren, dass man die Welt der Ereignisse strikt vom Reich ihrer Gründe trennte.[35] Ähnlich wie sich in der Systematik früher Sozialstatistik markante Trends und Konjunkturen allein im Verzicht auf die Berücksichtigung individueller Absichten und Motive anschreiben ließen, wurde ein solcher statistischer Agnostizismus nun zu einem universellen Programm.

Das bedeutet einerseits, dass man im «Zeitalter von Petabytes» und Clouddiensten auf jegliche Intervention von Erklärungen, Kausalitätsfragen, Rechtfertigungen und reflektierenden Subjekten verzichtet, um über statistische Algorithmen von Daten an Metadaten, an Korrelationen und an Korrelationen von Korrelationen, also an bisher unbekannte Muster, Pattern oder Cluster in der Datenflut zu gelangen. «Korrelation genügt», und: «Korrelation ersetzt Kausalität».[36] Es geht weder um Beweis noch um Begründung, sondern um die Herstellung von Querverbindungen. Auch hier gilt also eine Art Informationsstandard, der mit den älteren und hellsichtigen Expertisen zu einer *condition postmoderne* zumindest im Imperativ korrespondiert, Erkenntnisse in Informationsquantitäten zu übersetzen und entsprechend zu desambiguieren: Was von überkommenen Wissensformen nicht auf diese Art und Weise übersetzt werden kann, wird zwangsläufig abgeschnitten und ignoriert.[37] Diese «völlig neue Art und Weise, die Welt zu verstehen», ist andererseits mit einem eigenwilligen Methodendiskurs verknüpft, der mit der Ausrufung einer neuen Wissenschaft auch das «Ende der Theorie» verkündet.[38] Während eine traditionelle Wissenschaft sich aus dieser Perspektive noch mit umständlichen Methodenfragen, mit damit verbundenen Hypothesen, mit uneindeutigen semiotischen Prozessen, mit vorläufigen Modellbildungen, möglichen Erklärungen und daher auch mit der Unabsehbarkeit von Wegstrecken und Recherchepfaden, mit misslingenden Experimenten oder enttäuschenden Falsifizierungen herumgeschlagen hat, liefert das Sammeln, Aggregieren und beliebige Korrelieren von Daten – etwa zwischen Sandalenträgern und Kinogeschmack, zwischen der Vorliebe für Harley

Davidson und Intelligenzquotient, zwischen der lokalen Verteilung von Chamäleons und Umweltfaktoren oder zwischen Gen-Sequenzen unterschiedlicher Spezies[39] – schlicht Evidenzen, die den Titel von «Tatsachen» beanspruchen wollen. Die Zahlen sprechen ebenso für sich selbst, wie das seit jeher die Fakten tun. Diese Evidenzen rechtfertigen sich durch schnelle Zugänglichkeit und allgemeine Verfügbarkeit, sie besitzen den Vorzug, dass eine Kombination von Daten eine Datenkombination nicht verfehlen kann; und in dieser Wendung, mit der sich die gegenwärtige Informationsökonomie als privilegiertes Weltverhältnis definiert, wird mit dem Theoriebegriff nicht nur der emphatische Bezug auf ungesichertes Wissen, auf noch nicht festgestellte Sachverhalte, auf strittige Hypothesen und offene Verfahrensfragen disqualifiziert. Vielmehr wird mit dem Ende der Theorie und mit einer Schwäche für schwaches Denken auch ein Schlussstrich unter die Auseinandersetzung mit epistemologischen Fragwürdigkeiten überhaupt erhofft und ein ewiger Frieden im Streit der Fakultäten in Aussicht gestellt. In den Verlautbarungen des digitalen Kapitalismus hat sich das, was nun ‹Wissen› heißt und eigentlich ‹Information› bedeutet, von der umständlichen Bindung an Logiken der Begründung oder Rechtfertigung, an *scientific communities,* an deren problematische Grenzen, Institutionen, Normen und Prüfverfahren demonstrativ gelöst. Darum sind beliebige Gewissheiten noch gewisser geworden, auch wenn sie einander womöglich widersprechen. Insofern also das Repräsentationsschema des digitalen Kapitalismus darin besteht, Kenntnisse jeder Art auf den Nenner von Informationen und Big Data zu bringen, wurde der Realitätsprozess nicht nur an eine algorithmische Abwicklung mit dauerhaften Abstimmungen und Referenden delegiert. Gerade die jüngsten Auseinandersetzungen über die Produktion, Verwaltung und Verwertung großer Datenmengen haben mit dem Verweis auf ein Ende der Theorie auch eine systematische Delegitimation von Wissen überhaupt erklärt. Inmitten einer informationellen Explosion hat sich eine Ausweitung von Ignoranzzonen eingestellt.

Vor diesem Hintergrund liegt es nahe, in der Auseinandersetzung mit der Informationsökonomie und mit dem Regierungsstil des gegenwärtigen Kapitalismus einen *post-truth approach* einzufordern, also eine Annäherung, die eine konsequente Entwertung von Wahrheits- und Wissensfragen unterstellt. Damit ist nicht nur der Bezug auf eine neue und sich ausbreitende Konjunktur der Verlogenheit[40] gemeint oder der Sachverhalt, dass sich Kapitalismusanalysen seit jeher – von Karl Marx bis Max Weber, von Werner Sombart bis Albert O. Hirschman, von Walter Benjamin bis Luc Boltanski und Ève Chiapello – auf den irrationalen Kern kapitalgetriebenen Wirtschaftens bezogen hatten. Vielmehr sollte auch darauf verwiesen werden, dass die Herstellung von Ignoranz und Nichtwissen mit einer kapitalistischen Auftragslage zusammenfällt und nicht zuletzt in das wissenschafts- und diskursgeschichtliche Feld der ‹Agnotologie› gehört. Ausgehend von Studien über so genannte *junk sciences*, über die Inszenierung von «potemkinschen Kontroversen», über die unternehmerisch finanzierten Expertisen zum Zweifel an Klimaveränderungen, an der Stichhaltigkeit der Evolutionsbiologie oder an den Risiken des Tabakkonsums[41], haben die Fragen nach der vorsätzlichen oder strukturellen Produktion von Nichtwissen und nach der ökonomischen Ressource von Ignoranz insbesondere jüngere Untersuchungen über die Geschichte von (Neo-)Liberalismen motiviert. Denn abgesehen davon, dass liberalistische Programme zur Rechtfertigung kapitalistischer Ökonomie sich seit der ersten Hälfte des 20. Jahrhunderts auf Negationsresistenz und eine gewisse Immunität gegenüber Falsifizierung berufen haben und noch in der Nachkriegszeit gegen empirische Überprüfbarkeit sperren[42], lässt sich der epistemische Status von Nichtwissen innerhalb dieses Denkraums in zweierlei Hinsicht identifizieren.

Das betrifft einerseits die notorische Unterstellung, dass sich Wirtschaftsprozesse wie alle komplexen Sozialverhältnisse ganz grundsätzlich der Erkenntnis einzelner Akteure, Experten oder Wissenschaften entziehen und allein dem Wissenssubjekt des Markts zugänglich sind. Gerade am Beispiel der einflussreichen Überlegungen Friedrich Hayeks hatte man gezeigt, wie sich die Konzeption des Markts als Preissystem mit informationstheoretischen und kybernetischen Annahmen ausrüstete und damit den Marktmechanismus selbst zu einem überlegenen Informationsprozessor erhob (vgl. S. 40–41). Damit ist allerdings nicht nur die Heraufkunft einer rechnenden Entität gemeint, die nun anstelle anderer Wissensorgane agiert und etwa beansprucht, auch noch das Wissen von Wissenschaften in der Dynamik des allgemeinen Marktgeschehens aufzulösen. Vielmehr ist Information selbst dabei von einer problematischen zu einer transzendenten Größe angewachsen, die von niemandem wirklich erfasst und verarbeitet werden kann; und während die verstreuten Subjekte von nichtgewusstem Nichtwissen unbewusst heimgesucht werden (also von *unknown unknowns*, formuliert nach dem Aperçu Donald Rumsfelds), vermag einzig der Markt die Menge aller zirkulierender Informationen so zu sortieren, dass sich daraus ein Output an Wahrheit ergibt.[43] Dabei lässt sich, nebenbei bemerkt, eine überaus effiziente Fusion von informatischen (d. h. technischen) und liberalistischen (d. h. politischen) Wahrheitsbegriffen bemerken. Insofern sich ein kybernetisches Informationskonzept nur unter Subtraktion inhaltlicher und semantischer Aspekte formieren konnte, liegt die ‹Wahrheit› von Informationen eben nicht in der Richtigkeit von diesen oder jenen Sachbezügen, sondern einzig und allein darin, dass man die Freiheit ihrer Übertragung garantiert. Die probabilistische «Wahlfreiheit» bei der technischen Transmission von Nachrichten hat – wie Norbert Wiener bemerkte – in der liberalen «Rede- oder Informationsfreiheit» eine unmittelbare politische Resonanz.[44]

Andererseits ist das Nichtwissen der Subjekte im Aktionsfeld des Marktes nicht nur notwendig, sondern wünschenswert, es muss aktiv hergestellt und konserviert werden. Weniger eine bloße Abwesenheit oder Unzulänglichkeit von ökonomischen Kenntnissen, stellt Ignoranz selbst eine Produktivkraft dar, die überhaupt die Erzeugung von spontanen Ordnungsfiguren im Marktgeschehen garantiert. Demnach lässt sich etwa eine Tendenz zum Gleichgewicht auf den Märkten – wie Hayek in seinem kanonischen Aufsatz über *Economics and Knowledge* von 1937 bemerkte – nur unter der Voraussetzung annehmen, dass alle Mitspieler gleichermaßen unwissend bleiben, und allein die Sorge um eine gleichmäßig verteilte Blindheit oder Ignoranz hält die Koordinationsleistung von Marktprozessen in Gang. Dabei machen die Akteure keinen Unterschied zwischen Wissen und Glauben, Feststellungen und Präferenzen, und alles funktioniert umso besser, je mehr sich die Aktivitäten der Akteure jenen Gegebenheiten anpassen, über die sie selbst keine Kenntnisse besitzen.[45] Mit dieser liberalen Apologie blinder Akteure konnte man noch 2015 behaupten, dass nur ein allseitiges, d. h. «symmetrisches Nichtwissen» hinsichtlich der Risiken und der Liquidität auf den Finanzmärkten die allgemeine Wohlfahrt befördern wird.[46] Als Korrelat von Information ist Unwissenheit konstitutiv geworden, und wie alle möglichen Experten auf den Wissensmärkten nichts als bezahlte Apologeten sind, benötigt man nicht mehr, sondern weniger Wissen (oder nicht weniger, sondern mehr Ignoranz), um die ordnungsstiftenden Kräfte des Marktes zu erhalten.

Ausgehend von der liberalen Forderung, Märkte als allgemeine Bewertungsagentur zirkulierender Informationen zu installieren und dabei auf die Produktivität von Nichtwissen zu setzen, wird das Wahrheitsspiel des gegenwärtigen Kapitalismus also durch zwei konvergierende Entwicklungen geprägt. Unter der Voraussetzung digitaler Technologien und gefördert durch die Herstellung rechtlicher Ausnahmesituationen über das *First Amendment* und den *Communications Decency Act* – samt internationaler Adaptionen – hat sich ausgehend von den USA ein Internet-Exzeptionalismus eingestellt, der zur Expansion und Dominanz neuartiger Medienkonzerne führte. Deren Geschäftsmodell wird durch einen überaus produktiven Widerspruch charakterisiert, der die Dynamik des Informationskapitalismus antreibt und darin besteht, dass Unternehmen, die in rechtlicher Hinsicht keine *publisher* sind, den größten Teil einer so genannten Öffentlichkeit mit informationellen Waren beliefern, spezifische Öffentlichkeiten selbst produzieren und gerade daraus ihren Profit beziehen: Im Jahr 2017 wurden zwei Drittel der US-Amerikaner mit *news* aus sozialen Netzwerken bedient.[47] Damit erweisen sich solche Plattformen oder proprietären Märkte als Agenten und Transformatoren einer öffentlichen Sphäre, die sich durch eine systematische Kapitalisierung freier Meinungsäußerung auszeichnet und dabei die Herstellung und den Vertrieb von Informationen aller Art strikt von belastbaren Rückbezügen auf Kategorien wie Haftung, Verantwortung oder Rechtfertigung separiert. Das Meinungshafte von Meinungen ist zum Wertmaß geworden. Gleichzeitig lässt sich das, was man in diesem Zusammenhang Digitalisierung nennt, nicht auf einzelne Sektoren, Arbeitsgebiete oder soziale Teilsysteme beschränken. Vielmehr wurden dadurch gesellschaftliche Vitalprozesse samt entsprechender Regelmäßigkeiten organisiert und darüber hinaus Darstellungspotentiale reklamiert, die sich auf eine Totalität von Weltverhältnissen beziehen. Die progressive Verwandlung von Welt in Information hat – am Leitfaden von Codes, Programmiersprachen und Software – eine Produktion von Realitäten angerichtet, in denen die Repräsentation von Dingen, Ereignissen und Verhaltensweisen unmittelbar mit deren Bewertung, mit deren Valorisierung und Ökonomisierung koinzidiert.

Dies prägt das Wahrheitsspiel einer kapitalistischen Ontologie. Mit der Verwaltung, Aggregation und Evaluierung großer Datenmengen wurden umständliche Verfahren zur Herleitung oder Überprüfung entsprechender Sachverhalte schlicht obsolet. Zugespitzt formuliert: die Bewertungslogik von Finanz- und Informationsmärkten ist zu einem Paradigma allgemeiner Weltdarstellung geworden.

Exkurs: Fabel und Finanz

Die Dynamik des gegenwärtigen Finanz-, Informations- und Plattformkapitalismus lässt sich also nicht ohne den Aufstieg und die Verfestigung agnostischer Positionen und agnotologischer Verfahren erfassen. Deren Spektrum reicht von der (neo-)liberalen Wissensfeindschaft über marktbasierte Bewertungsmodelle und die Wertgespenster bzw. Referenzillusionen auf den Kapitalmärkten bis hin zur Gleichsetzung von Finanz- und Meinungsökonomie oder bis zur systematischen Verschmelzung von Seins-, Bedeutungs- und Wertkategorien. Im Zusammenspiel zwischen Finanzindustrie, Informationskapital und Meinungsmärkten ist der Code der Information, also die Differenz von Information und Nichtinformation, nicht nur zu einem allgemeinen Wertstandard geworden, der finanzökonomische Geschäftskonjunkturen ebenso bestimmt wie die Erregungskurven auf Plattformen und in sozialen Medien; er hat vielmehr andere Unterscheidungsvermögen deklassiert oder blockiert. Mit der Frage, «welche Daten einen Unterschied machen oder nicht machen», installiert sich eine Art «Überallgorithmus», auf dessen Funktionsweise die verschiedenen – sozialen, ökonomischen und politischen, privaten und professionellen, kulturellen und administrativen – Kommunikationen mehr oder weniger direkt bezogen sind. Abgesehen davon, dass die damit verbundene Transformation von Öffentlichkeit und Massenmedien in eine Indifferenzzone führte, in der die ältere Spartentrennung von Nachrichten, Unterhaltung und Werbung nicht mehr gilt und einem Generalnenner gewichen ist, den man *infopinion* nennen könnte[1], ist das Wahrheitsspiel des jüngsten Kapitalismus offenbar von einer *pseudologischen* Struktur geprägt. Herkommend aus der Psychiatrie vom Ende des 19. Jahrhunderts sollen mit diesem Begriff – der Pseudologia phantastica – allerdings nicht einfach, wie damals und im klinischen Milieu, «pathologische Lügen» oder «abnorme Schwindler» erfasst werden[2]; es geht vielmehr um ein nebulöses Gemisch aus Simulation und Dissimulation, in dessen Zentrum das Genre eines ebenso wirkungsvollen wie enthemmten Fabulierens steht. Im Zeichen von Informationsstandard und digitaler Ökonomie wurde das Kriterium des Wissens gelockert, eingeklammert oder schlicht gelöscht.

Mit Bezug auf die Gegenwart und den aktuellen Finanz- und Informationskapitalismus hat man bereits auf vielfältige exemplarische Einsatzgebiete und Gestalten solchen Fabulierens hingewiesen: seien es so genannte *story stocks*, d. h. Aktien von Unternehmen, die sich, wie häufig bei jüngeren Börsengängen, durch eine Divergenz von erwarteten und tatsächlichen Erträgen auszeichnen und dabei auf mehr oder weniger glaubwürdige Geschichten oder Produktfabeln setzen (ein beliebiges Beispiel aus den jüngsten Annalen der US-Börsenaufsicht: eine Firma Namens Transition Systems, Inc., die mit einem «All-Purpose-Generator», mit einer Maschine zur Entdeckung von «Krebs, Herzkrankheiten und Erdöl» an die Börse drängte)[3]; sei es die Gründung von Agenturen, die sich auf die Erfindung von attraktiven Daten und Legenden für Wertpapiere oder Aktiengesellschaften spezialisieren[4]; sei es der Kreislauf von Werbung und Marktwert, in dem Marketing zu *brand awareness* und diese wiederum zu neuen Wertrealitäten und Kurssteigerungen führt und eine Einheit «von Romanzen und Finanzen» dokumentiert[5]; sei es die Beobachtung von wucherndem «Bullshit», der sich den Kriterien von wahr und falsch entzieht, der Beliebigkeit von

Meinungen verschreibt und darum keine Stoppregel oder Verbreitungsgrenze kennt[6]; sei es die Konjunktur von *truthiness*, also die Gegenstände eines seit 2005 kursierenden Neologismus, den man wohl mit ‹Wahrscheinbarkeit› übersetzen könnte und der im Regime aktueller Medientechnologien und Informationsökonomien auf einen Indifferenzpunkt von Glauben und Wissen, auf eine Performanz von Wahrheitsgefühlen bzw. Gefühlswahrheiten verweist[7]; seien es schließlich innovative Branchen oder Charaktermasken wie Influencer, mit denen sich eine erfolgreiche Vermarktung als alltägliche Lebensform so zu erzählen versucht, dass sie sich auf Serien von alltäglichen Lebensformen zu übertragen vermag.[8] Bei all diesen Manifestationen und Äußerungsweisen handelt es sich um eine diskursive Artenvielfalt, die sich nicht in geschäftlicher Kosmetik oder Betrug, in ertragreichem Unsinn oder Verfälschungen, in Humbug, bloßer Lüge, Entstellungen oder Schwindelei erschöpft. Über solche episodischen Dimensionen hinaus sollte man darin vielmehr Hinweise auf eine folgenreiche Ausrichtung von Wahrheits- und Wissensfragen in finanz- und informationskapitalistischen Legitimationsstrategien vermuten und im ökonomischen Genre der Fabulation eine besondere Variante aus der Geschichte des Wahrsprechens erkennen. Im Zeichen von Finanzindustrie, digitalem Kapital und Meinungsmärkten zeichnet sich deren Status und Wirksamkeit dadurch aus, dass sie die Herstellung von Glaubwürdigkeit und Vertrauen mit einer konsequenten Paralyse oder Abschattung von Begründungsszenarien kombiniert.

Es ist allerdings kaum verwunderlich, dass die Analyse solcher profitabler Wahrheitsspiele weniger von jenen Wissenschaften zu erwarten ist, die sich mit der Fabrikation und Verteidigung ökonomischer Gesetzmäßigkeiten beschäftigen. Vielmehr kommen dabei jene Diskurse ins Spiel, die zwangsläufig die Funktionen und Strategien des Fabulierens selbst beobachten, verarbeiten, reflektieren und überprüfen. So wurde einer der wohl prominentesten wie radikalsten Versuche dieser Art bereits Mitte des 19. Jahrhunderts unternommen, eine literarische Versuchsanordnung, die sich geradewegs in den Kontext des jungen, aufstrebenden und exzessiven Finanzkapitalismus der Vereinigten Staaten inserierte. Am 1. April 1857, fast zeitgleich mit dem Ausbruch einer der ersten globalen Finanzkrisen, erschien in New York ein Roman, der seine Erzählung wiederum an einem *fool's day*, an einem 1. April in der Mitte desselben Jahrhunderts, beginnen lässt. Frühmorgens an diesem Tag, so geht die Geschichte, verlässt ein Dampfschiff den Hafen von St. Louis, um seine Fahrt den Mississippi hinunter nach New Orleans aufzunehmen. Getauft auf den hoffnungsvollen Namen *Fidèle* – also mit den Merkmalen des Getreuen, Vertrauenswürdigen oder Gläubigen ausgestattet – versammelt es eine kosmopolitische Mischung von In- und Ausländern aller Art, einen sozialen Mikrokosmos, dessen Treiben dem von Wechselstuben und Geschäftswelten, von «Kaufleuten an der Börse» gleicht und – beseelt von einem «Geist der Wallstreet» – in den «Tartarus» des jungen US-amerikanischen Kapitalismus hineinführt: «Ein jeder, ob Auktionator oder Falschmünzer, kann hier mit der gleichen Bequemlichkeit seinem Gewerbe nachgehen.»[9]

Dabei mag es kein Zufall sein, dass der so gewählte Schauplatz, nämlich das Tor des Westens und die «kosmopolitisch-zuversichtlich[e] Flut» des Mississippi, schon seit Anfang des 18. Jahrhunderts notorischer Gegenstand und Gegend heftiger Spekulationswellen gewesen war. So sollten einst etwa die Aktien der französischen Mississippi-Gesellschaft die Ausgabe von Papiergeld durch die Banque Royale in Paris finanzieren, um den fälligen Staatsbankrott nach dem Tod Ludwigs XIV. abzuwenden, ein kühnes finanzökonomisches Projekt, das vom schottischen Finanztheoretiker und Glücksspieler John Law erfunden wurde, 1717 zu florieren begann, 1720 aber kollabierte und unterging. Zudem hatte sich nach der Beendigung eines zweiten US-amerikanischen Nationalbankversuchs durch Präsident Andrew Jackson im Jahr 1836 ein Bankenpluralismus eingestellt, der gerade im Westen der Vereinigten Staaten zu einer Vervielfältigung von Bankinstituten, zu einer Wucherung von kaum regulierten, so genannten *wildcat banks* und diversen Geldsorten führte – bis in die 1860er Jahre hinein haben dort etwa 1200 Banken ca. 12 000 verschiedene private Banknoten ausgegeben. Schließlich hatte die damit verbundene unkontrollierte Ausweitung des Kreditwesens schon 1837 zu einer Finanzpanik, zu einem Kollaps zahlreicher Privatbanken sowie zu einer anhaltenden Wirtschaftskrise in den USA beigetragen und weitläufige Debatten über die Rolle des «Vertrauens» im amerikanischen Kapital-, Geld- und Handelsverkehr inspiriert.[10]

Vor diesem Hintergrund hat Herman Melville unter dem Romantitel *The Confidence-Man. His Masquerade* (ins Deutsche mit den Titeln *Ein sehr vertrauenswürdiger Herr* bzw. *Maskeraden oder Vertrauen gegen Vertrauen* übersetzt) mit einer erstaunlichen Verschränkung von Wahrheitsspielen, Vertrauensfragen, Finanzwesen und Erzählweise auf seinem kapitalistischen Narrenschiff experimentiert. Dies ergab einen besonderen Erzählzyklus, der in rhythmischer Wiederholung erzählte Geschichten in Geld, Berichte in Banknoten und Anekdoten in Aktienpapiere, Erzählungen jedenfalls in Zahlungen – und umgekehrt – konvertiert, also eine innige Verbundenheit zwischen Fabulierkunst, narrativer Überzeugungskraft und Geschäftsverkehr dokumentiert und darum vielleicht eine genauere Betrachtung verdient. So heißt es einmal im Roman: «Mit leiser, halberstickter Stimme fing er an. Nach der Miene seines Zuhörers zu urteilen schien es eine ungewöhnlich interessante Geschichte zu sein [...]. Im weiteren Verlauf der Erzählung zog er [der Zuhörer] aus seiner Brieftasche eine Banknote, die er indes wenig später gegen eine andere, vermutlich von etwas höherem Wert, auswechselte» (48). Diese wiederkehrende Gleichsinnigkeit von Finanzieren und Fabulieren, von erzählerischen und ökonomischen Konjunkturen ist strukturell unabschließbar und zeichnet sich zudem durch eine Reihung von Binnenerzählern aus, die mit ihren Geschichten einander fortlaufend substituieren. Sie treten als «Maskeraden» ein und desselben *Confidence-Man* auf, sie fungieren als Versionen derselben buntscheckigen Figur – auch «Liberaler» bzw. «Kosmopolit» genannt (279) – und ziehen noch den Romanerzähler selbst in ihr bodenloses Spiel hinein. Als einmal etwa eine dieser Hauptfiguren bzw. Varianten vom Schauplatz des Erzählten abgelenkt wird, bleibt der Erzähler des Ganzen davon nicht unberührt. Er wird sogleich mitgerissen und fällt in das Erzählte zurück: «An einem interessanten Punkt der Erzählung und just in dem Moment, als der Erzähler überaus neugierig, ja geradezu drängend insbesondere nach genau diesem Punkt befragt wurde, kam der Zufall ins Spiel und lenkte ihn nicht nur von dem besagten Punkt, sondern von seiner Geschichte selbst ab» (79). Erzähler und erzählter Erzähler sind hier eins geworden, und unter Einbeziehung der Romanerzählung macht die Verwirrung von Erzählern und Protagonisten sowie die Vervielfältigung der Erzählinstanzen – die also eine und viele, ein- und vielstimmig zugleich sind – jeden Bezug auf die Verlässlichkeit eines zuverlässigen Erzählers obsolet.[11] Die Koordinate, an der das im Roman Erzählte beglaubigt oder ratifiziert werden könnte, ist gelöscht und eröffnet das Spiel einer sich selbst tragenden Fabulation. Damit lässt sich über den gesamten Roman hinweg nicht entscheiden, ob die vielstimmige Titelfigur des *Confidence-Man* einen veritablen Vertrauensmann oder einen reinen Schwindler oder beides zugleich repräsentiert; und man muss wohl in aller Ratlosigkeit konzedieren, dass angesichts dieser Erzähllage weder das eine noch das andere wirklich bestätigt werden kann. Allenfalls lassen sich der oder die

Erzähler als Verkörperungen von «Transaktion[en]» (125) begreifen, die der Logik einer sich selbst kapitalisierenden Redeform folgen. Was hier spricht oder fabuliert, ist als eine Charaktermaske des Kapitals ausgewiesen.

Dies hat mehrere Konsequenzen und bedeutet zunächst, dass alle Begründungsfragen, alle Fragen nach Rechtfertigung und Bürgschaft des Erzählgeschehens ins Offene gestoßen werden. Das passiert sogleich in einer der zentralen Beglaubigungsszenen zu Beginn des Romans. Der Auftritt eines verkrüppelten schwarzen Bettlers auf dem Schiffsdeck hat nicht nur zu einem «Wettspiel der Nächstenliebe» und zu den profitablen Transaktionen zwischen erbarmungswürdigem Schauspiel und karitativen Münzwürfen geführt, sondern zugleich zum Verdacht, dass die «Verkrüppelung» des Krüppels womöglich «nichts als ein Schwindel um des finanziellen Vorteils willen» (26) sei. Abgesehen davon, dass der Name des Schwarzen – *Black Guinea* oder «Swazz Guinea» (24) – auf Münzsorten oder genauer: auf schwarze, d. h. diabolische Künste bzw. Münzfälscherei verweist[12], wird die Nachfrage nach einem «Dokument» zur Bestätigung der redlichen Armut des Bettlers mit einer doppelsinnigen Replik quittiert: «nix haben solche Wertpapiere» (*haint none o'dem waloable papers*).[13] Und auch die dringliche Forschung nach Zeugen, Bürgen und Bürgschaft für genau diese Sache wird nur mit der Nennung jener fragwürdigen Figuren beantwortet, die sich – wie ein Mann mit «Trauerflor», im «grauen Rock» oder mit «Buch» etc. (29–30) – als die diversen Avatare des ominösen *Confidence-Man* oder Kosmopoliten erweisen werden. Der Suchlauf nach Referenzen, im bürokratischen wie im semiotischen Sinn, gerät von Masken bloß an weitere Masken, findet weder Haltepunkt noch Original und nimmt auch noch die «arme olle Swazzhaut» (36) in die Serie von *Confidence-Men* und somit in den Teufelskreis der Verweisungen auf.

Dies bestätigt sich über verschiedene Stationen hinweg mit einem ähnlichen Begründungszirkel am Schluss des Romans. Dort geht es um die Echtheit von jenen privat emittierten Banknoten, die mit prekärer Deckung im Westen der USA geradezu inflationär zirkulierten. Im konkreten Fall handelt es sich um eine gewisse «Dreidollarnote der Treuhand- und Versicherungsbank in Vickesburgh» (528), die nun mit dem Merkmalsverzeichnis einer damals regelmäßig publizierten «Falschgelderkennungsliste» bzw. eines *Counterfeit Detector* überprüft werden soll. So wenig sich aber auch hier Signifikanten mit Referenzen abgleichen lassen («wenn der Schein echt ist, muss in einer Ecke eine [...] Gans abgebildet sein» – «ich kann die Gans nicht sehen» – «was für eine prächtige Gans das ist» – «[i]ch kann sie nicht sehen» – «eine schöne Gans» – «ich seh sie nicht»; 529–530), so sehr bleibt unklar, ob mit dem *Counterfeit Detector* ein Instrument zur Entdeckung von Fälschungen oder umgekehrt ein gefälschter Detektor gemeint ist.[14] Wie sich also die Frage nach einer Bürgschaft für die Bettlergeschichte am Beginn nicht von einer *wild goose chase*[15] – also von einer Gänsejagd, d. h. im übertragenen Sinn: von «verlorene[r] Liebesmüh» (30) oder einer sinnlosen Unternehmung – unterscheiden lässt, werden auch mit der «Gänsejagd» (530) nach der Echtheit von Banknoten am Schluss nur Signifikanten mit blockierter Verweiskraft identifiziert.

In allen diesen und ähnlichen Fällen werden die Appelle an die Arbeitsweise einer «geschärfte[n] Urteilskraft» (27) nicht mit irgendwelchen Resultaten belohnt, und zusammen mit den Erzählerposten, die in einem endlosen Reigen von Maskeraden kreisen, werden «hübsche» Geschichten (106) allenfalls mit weiteren Geschichten validiert. Gerade darum aber bleibt das (erzählte) Erzählen in Melvilles Roman allein auf die Herstellung von Glaubwürdigkeiten, Überzeugungen oder Gewissheiten verpflichtet, mit denen Investitionen gerechtfertigt, Kredite veranlasst, Käufer inspiriert,

Aktien beworben werden und das «Wort VERTRAUEN» in Großbuchstaben selbst als «Losung dieser Welt» (176) zirkuliert. Das genannte und narrativ produzierte Vertrauen präsentiert sich dabei in einer theologischen, geradezu paulinischen Aufladung, es gründet als «Glaube» weniger auf Erfahrung denn auf «Erleuchtung» und soll noch das «Auf und Ab an der Börse» (141) überstehen; und mit der systematischen Verschränkung von Kapital-, Kredit- und Glaubensfragen liegt der besondere Charakter dieses Vertrauens darin, dass sich die mit ihm verknüpften Gewissheiten eben jeder Probe oder Überprüfbarkeit, jeder Realitätsprüfung entziehen. Dies führt ins Zentrum der Wahrheitsspiele des Romans (wie des Finanzkapitals). In einem beispielhaften Gespräch zwischen einem gutmütigen Kaufmann und dem Broker bzw. «Aktienagent» des Kohlekonzerns *Black Rapids* – wiederum eine schwarze oder diabolische Variante des liberalen Kosmopoliten bzw. *Confidence-Man* – wird dies gleichsam epistemologisch verhandelt und auf die Frage bezogen, ob das vorliegende «Transferbuch» zur Dokumentation von einträglichen Aktiengeschäften wirklich Vertrauen verdiene und nicht etwa eine «Fälschung» sei. Das ergibt eine längere Unterhaltung: «‹Sie haben doch nicht etwa vor, mit mir Geschäfte zu machen? Als Vertreter meiner Gesellschaft hab ich mich Ihnen gegenüber doch gar nicht ausgewiesen; das Transferbuch, na schön›, er hielt es hoch, so daß die Aufschrift sichtbar wurde, ‹woher wollen Sie denn wissen, daß die Aufschrift keine Fälschung ist? Und wie können Sie zu mir, der ich doch ein Wildfremder für Sie bin, Vertrauen haben?› / ‹Weil Sie›, lächelte der brave Kaufmann wissend, ‹wenn Sie ein anderer wären als der, für den ich Sie in vollem Vertrauen halte, wohl kaum in dieser Weise mein Mißtrauen herausfordern würden.› / ‹Aber Sie haben doch mein Buch gar nicht geprüft.› / ‹Wozu auch, da ich ja ohnedies glaube, dass sein Inhalt mit der Beschriftung übereinstimmt.› / ‹Sie sollten es lieber prüfen. Womöglich kommen

Ihnen dann doch noch Zweifel.› / ‹Das mag schon sein, dass mir dann Zweifel kommen, aber Gewißheit [*knowledge*] brächte mir so eine Prüfung auch nicht; wie kann ich denn, wenn ich das Buch geprüft habe, glauben, ich wüßte mehr, als ich jetzt schon zu wissen meine; denn wenn's das rechte Buch ist, so halt ich's ja bereits dafür, wenn's aber anders wär, dann hätt ich ja das rechte nie gesehen und wüßte folglich nicht, wie's aussehen muß.› / ‹Ihre Logik will ich nicht tadeln, Ihr Vertrauen aber bewundere ich [...].›»[16]

Wie also gerade der Verzicht auf Überprüfung Gewissheiten produziert, so erzeugt das Misstrauen ebenso Vertrauen wie das Vertrauen selbst. Und vielleicht lässt sich vor dem Hintergrund dieser kleinen epistemischen Szene der Status des Fabulierens, das Pseudos dieses Weltbezugs und die pseudologische Struktur des damit verbundenen Wahrheitsspiels etwas genauer fassen. So hat man es dabei erstens mit wuchernden oder inflationären Zeichenketten zu tun, bei denen die Signifikate unter den Signifikanten weggleiten und entsprechende Nähte und Verknüpfungen nicht halten. Im Gegenteil, wo immer entsprechende Verkopplungen oder «Steppunkte»[17] in Aussicht gestellt werden, um etwa Geschichten mit Bürgschaften oder «Beschriftungen» mit «Inhalten», also bestimmte Signifikanten mit bestimmten Signifikaten zu vernähen, wird ein derartiges Ortungs- und Orientierungssystem konsequent durchgestrichen und annulliert. Einerseits ergibt dieses Fabulieren im Verlauf des Romans darum nicht zu wenige, sondern ein Gedränge an zu vielen Gewissheiten, die sich allesamt als gleich bedeutsam und gleich haltlos nebeneinander behaupten. Andererseits werden dadurch Kreisläufe von Umbesetzungen und Verkehrungen ausgelöst, in denen etwa gegensätzliche Bedeutungen wie Vertrauen und Misstrauen, Philanthropie und Niedertracht, Glaubwürdigkeit und Schwindel, Güte und Hinterhalt, Unschuld und Gerissenheit einander ebenso unvermittelt wie gleichwertig ablösen und vertreten.

Mit einer eigentümlichen Widerspruchsresistenz verfällt die Logik dieses Wahrheitsspiels damit nicht bloß einem modernen Prinzip des unzureichenden Grunds, das sich mit dem ‹sei es/sei es› seiner Erzählungen den divergierenden – und niemals in einem gemeinsamen Grund konvergierenden – Serien von diversen Gleich-Gültigkeiten verschreibt (Gilles Deleuze hatte bereits auf die Nähe von Melvilles Erzählwelt mit dem Prinzip des unzureichenden Grunds, PDUG, in Musils *Mann ohne Eigenschaften* verwiesen[18]). Viel eher noch folgt sie – zweitens – dem Grundsatz, dass unverbrüchliches *knowledge* oder «Gewissheit» (wie es in der triftigen deutschen Übersetzung heißt) nur durch die Verleugnung oder Verwerfung von Begründungsfragen wirklich garantiert werden kann. Dabei muss ‹Verwerfung› wohl in einem strengen terminologischen Sinn verstanden werden und sich auf solche Verneinungen beziehen, die – wie am Beispiel des braven Kaufmanns – ihren Gegenstand nicht zur Kenntnis nehmen, und mehr noch: ganz grundsätzlich nichts von ihm wissen wollen und ihn als *unknown unknown* aus der Reichweite jeder möglichen Urteilskraft entfernen.[19] Der abwesende oder abgewiesene Referent des «Transferbuches» ist also Spekulationsobjekt schlechthin. Auf ähnliche Weise – und wiederum mit der Einheit von biblischen und geschäftlichen Glaubwürdigkeiten – hat das Portfolio des Aktienagenten übrigens auch die «Anlagemöglichkeit» eines «Neue[n] Jerusalem» in Aussicht gestellt, eine Investition, die vertrauenswürdig nur dadurch erscheint, dass man die *terra firma* dieses würdevollen Bauprojekts am Ufer des Mississippi, seinen festen oder vielleicht doch «überfluteten» Grund (111–112) besser nicht überprüft.

Das auf Gewissheiten abonnierte Vertrauenssubjekt, also die Adresse und Hoffnung aller geschäftstüchtigen Vertrauensmänner und Broker, lässt sich damit nicht einfach durch Realitätsverlust oder Realitätsstörung charakterisieren. Es legt vielmehr eine folgenreiche Aufteilung seines Realitätsgespürs nahe. Während einerseits Glaubwürdigkeiten und Gewissheiten nicht von Irrealitäten zu unterscheiden sind – *How unreal all this is*[20], lässt der Erzähler einmal einen eingebildeten Zuhörer angesichts der erzählten «Possen» ausrufen (389) –, wird andererseits jede angedrohte Realitätsprüfung mit der Auslösung unbequemer «Zweifel» quittiert. Realreferenzen lösen Beunruhigung aus. Es verhält sich hier so wie mit jenem vertrauensseligen Alten, der – wie es in einer anderen Geschichte heißt – im Theater eine «vollkommen lebensechte Darstellung einer treuen Gattin» vorgeführt bekommt, von der Idee solcher Treue nicht mehr abgebracht werden kann, dann eine «Schöne aus Tennessee» heiratet, mit «ehernem Vertrauen» alle zugetragenen Hinweise auf deren Untreue ignoriert, aber einmal beim Betreten des ehelichen Schlafzimmers auf einen flüchtenden Bettgenossen seiner Frau stößt: «‹Bei Gott!› rief er aus, ‹allmählich fang ich an, Verdacht zu schöpfen›» (70). Die schlichte Gewissheit hat sich in vorgespielten Realitäten gespiegelt, während der vorüberlaufende Realitätsrest oder Referent nur Gegenstand tiefer Skepsis sein kann. Der Bezirk des Wirklichen wurde geteilt und mit einer unüberschreitbaren Demarkationslinie versehen. Dies prägt die pseudologische Differenz. Demnach steht den realen Gewissheiten auf der einen Seite die Anerkennung von ungewissen Realitäten auf der anderen Seite gegenüber, deren Existenz im Normalfall wohl nicht wirklich zweifelhaft, aber selten evident und eindeutig ist.[21] Daher könnte man den ‹Realismus› von Melvilles Roman auch darin erkennen, dass er mit dem Zugriff auf (finanz-)ökonomische Realitäten eine Verleugnung des Wirklichen erzählt.

Die Wahrheitsspiele des *Confidence-Man* oder *con games* – diese Synekdoche kapitalistischer Transaktionen[22] – elaborieren also eine pseudologische Struktur und erzeugen damit diskursive Effekte, in denen man fabulierte Gewissheiten nicht von wuchernden Signifikanten, gleitenden Signifikaten und einer systematischen Verwerfung von Realitätsprüfungen, also von der Erzeugung ungewussten Nicht-Wissens trennen kann.[23] Für die Subjekte dieser Diskurse liegen darum Vertrauen und Argwohn undifferenzierbar ineinander, und was Überzeugungskraft produziert, lässt sich nicht von einer «eigens» für die Adressaten inszenierten «Pantomime» (69) unterscheiden. Solche Fabeln oder Gewissheiten sollten allerdings nicht als bloße Lügen oder Betrug disqualifiziert werden. Sie zeugen vielmehr von der Stabilisierung einer Diskursform, in der das Kriterium und die Differenz des Schwindels selbst annulliert worden sind. Dies ist der Punkt, an dem Melvilles Roman die Überschneidung diskursiver Ökonomien mit ökonomischen Diskursen aufgesucht und seinen Tribut an die zeitgenössische Finanzwirtschaft entrichtet hat. Er hat unter dem Zeichen eines ebenso expandierenden wie irrlichternden Finanzwesens eine implizite Theorie des Fabulierens entworfen, in welcher der kapitalistische Geschäftsverkehr die Rechte des Irrationalen reklamiert. In einer Zeit, in der die doppelsinnige Vokabel *trust* – also «Treu und Glauben» (14) – sich zum Titel für monopolartige Konzernstrukturen zu verwandeln beginnt, wird die Rede von Vertrauen, Glaubwürdigkeit, Überzeugung und Gewissheit von einer Macht des Falschen heimgesucht, die die messianischen und diabolischen Aspekte des Geschehens verwechselbar macht.[24] Melvilles kapitalistisches Narrenschiff steuert damit am Ende – wiederum biblisch bzw. apokalyptisch gerahmt – auf eine «sich ausbreitend[e] Finsternis» (536) zu, in welcher sich ein gütiger und vertrauenswürdiger «Schöpfer» (526), vielleicht aber auch ein teuflisches Fälscherprinzip verbergen mag.

In der fabelhaften Geschäftswelt des Romans, in diesem ökonomischen Bezirk des Pseudos, gibt es also nichts mehr, was die Wahrheit der Realität deckt oder garantiert. Es herrscht Bedeutsamkeit ohne Bedeutungen und somit die Kraft eines höheren Irrationalismus, in dessen Milieu das Wirkliche mit dem Gefälschten koinzidiert. Wie sich schon in der Beobachtung von frühen Börsengeschäften das Reellste mit dem Falschesten vermischte (vgl. S. 52), liegt darin auch die Verbindungslinie, die sich von einer literarischen Expertise des 19. Jahrhunderts bis in das gegenwärtige Zusammenspiel von Finanzkapital, Bewertungsautomatismen und Informationsökonomie ziehen lässt. Was dabei auf dem Spiel steht, betrifft die Art und Weise, wie sich die Darstellung von Welt als Information mit der Verwerfung jener Beschwerlichkeiten assoziiert, die sich aus langwierigen Prüfungsverfahren und Szenen der Erkundung ergeben. Die Produktion von Gewissheiten und Evidenzen, in denen Simulationen und Dissimulationen zusammenfallen, ist die andere Seite eines Verlusts symbolischer Effizienz, also eines Grunds, in dem alle Worte und Signifikanten sowie deren Subjekte eine gemeinsame Verankerung finden könnten. In älteren Begriffen formuliert, mag man im Kosmos der Information eine Produktion des Realen erkennen, in der die Wirksamkeit eines «Bösen Geistes»[25], eines *genius malignus* oder Täuschergotts nicht auszuschließen ist. Es ist in diesem Wahrheitsspiel eben nicht länger sicher, dass es etwas gäbe, das nicht absolut täuschend oder absolut nicht täuschend wäre.

6. Kapitel

Die List der ressentimentalen Vernunft

Die Ökonomisierung des Regierens hat seit der frühen Neuzeit von der Entstehung einer politischen Ökonomie über die Verwaltung von Bevölkerungen und die Durchsetzung von Markt- und Wettbewerbsgesellschaften auch zu einem Finanzregime geführt, in dem sich die Reproduktion und Akkumulation von Kapital mit der Diversifizierung elementarer Regierungstechnologien kombiniert. Allerdings hat die jüngste Fusion von Finanz- und Informationsökonomie nicht nur die Besetzung sozialer Infrastrukturen, eine Verfeinerung von Kontrollmächten und Verhaltenssteuerung sowie eine wechselseitige Verstärkung von unternehmerischen und gouvernementalen Praktiken hervorgebracht. Gerade an der kapillaren Wirksamkeit von Netzwerkarchitekturen, Plattformunternehmen und Digitalkonzernen lässt sich vielmehr erkennen, auf welche Weise finanzökonomische Bewertungslogiken die Verbreitung und Verarbeitung von Informationen, die Expansion und die Hegemonie von Meinungsmärkten bestimmen. Die Zirkulation von Information ist zur paradigmatischen Form kapitalistischer Ökonomie geworden. Dabei sind die Stabilisierung und der Erhalt von entsprechenden Geschäftsformaten nicht von einer Mobilisierung von Wahrheitsspielen zu trennen, in denen man Marktrelationen als allgemeine Realitätsbezüge und Wirklichkeiten selbst nach dem Maß unausgeschöpfter Verwertungsmöglichkeiten ausgelegt hat. Im Zeichen des gegenwärtigen Informationskapitalismus werden Seins-

und Weltverhältnisse aus der Perspektive ihrer Bewirtschaftung kodiert und dargestellt.

Angesichts der damit verbundenen Fabeln und Fiktionen sind wiederum Perspektiven herausgefordert, welche die Geschichte kapitalistischer Wirtschaftsformen nicht nur am Leitfaden von Rationalisierungsprozessen, sondern auch mit dem Blick auf die Ressourcen und auf die produktiven Kräfte von Nichtwissen, Phantasmen oder Irrationalitäten erfassen. Dabei erscheint es bemerkenswert, wie schon frühneuzeitliche Expertisen zur sozialen Resonanz einer kapitalistischen Unternehmenskultur insbesondere auf die Entstehung neuer Affektökonomien aufmerksam machten. So wurde das Format eines unternehmerischen oder ökonomischen Menschen einerseits als eine kleine Insel der Rationalität vorgestellt, von der aus man – wie einst Robinson Crusoe – eine unübersichtliche Welt nach Nutzen und Nachteil, Gewinn und Verlust zu organisieren vermag. Andererseits hat sich parallel dazu eine anthropologische Reform vollzogen, mit der sich das überkommene gesellige und politische Tier, das vertraute *zoon politikon*, zu einem dysfunktionalen und wenig sozialverträglichen Wesen verwandelte. Seit dem 17. Jahrhundert hat eine umfangreiche Literatur über Konzepte wie «Selbstliebe» oder «Selbsterhaltung» belegt, dass man am Beispiel neuer Sozialtypen allenfalls von einer «ungeselligen Geselligkeit» oder von einem «Volk von Teufeln» sprechen kann, wie Kant dies getan hat; und was man seit der Aufklärung als Humansubstanz ins Auge gefasst hat, befindet sich in einem «verdorbenen Zustande» und verweist auf ein «von mannigfaltigen schlimmen Begierden erfülltes Geschöpf».[1]

Dabei wurde schon früh eine relevante Verknüpfung von Affekten und Passionen mit ökonomischen Prozessen und Marktsystemen konstatiert. Ältere Todsünden bzw. Hauptlaster wie *avaritia, invidia, luxuria,* also Geiz, Neid oder Ausschweifung werden nun positiv gewendet und von der Feststellung begleitet, dass sich nicht die maßvollen Neigungen, sondern viel eher die maßlosen als wirklich erfinderisch, listig, schöpferisch und produktiv erweisen; und mehr noch, es lässt sich bemerken, dass all diese verschiedenen Leidenschaften sich wechselseitig aufrufen und in Bewegung halten, dass sie sich schließlich gegenseitig balancieren und kompensieren. So hält etwa der Geiz des einen die Verschwendung des anderen in Schach, und beide zusammen tragen mitsamt ihren Kniffen und Listen zum Wohl aller bei. Damit werden Affekte und Passionen – wie hier von Bernard Mandeville beschrieben – weniger als innerpsychische Posten denn als soziale Beziehungsgefüge und Kommunikationsakte aufgefasst, und was bei den einzelnen lasterhaft, irregulär und verwerflich erscheint, ergibt im ganzen – ökonomischen – Zusammenhang eine dynamische und stimmige Ordnung. Mandeville schreibt: Ein guter Politiker darf nur mit dem Schlimmsten im Menschen kalkulieren. Er geht nicht von Tugenden und mittleren Qualitäten aus, sondern vom Extremfall der ungezügelten Leidenschaften und betrachtet sie wie eine Reagenz in ihrer Mischung, in ihrer Wirkung aufeinander – wie sie «richtig miteinander vermengt, sich gegenseitig aufheben und für die entsprechenden Gesamtheiten, denen sie angehören, als vorteilhaft erweisen».[2] Der ökonomische Menschenschlag kommt nicht bloß mit rationalen und rechnerischen Talenten, sondern in Gestalt von besonders leidenschaftlichen Subjekten auf die Welt und kann noch die alten christlichen Laster in neue und profitable Aktivposten einwechseln.

Die Beobachtung einer systemischen und produktiven Verkopplung von Affekten und Ökonomie bzw. Marktprozessen reicht von der Funktionalität ehemaliger Sündenregister wie Neid, Geiz und Verschwendung bis hin zu einer neueren Variante, die Karl Marx die «abstrakte Genußsucht» des Kapitalisten nannte.[3] Er meinte damit einen enthemmten Bereicherungstrieb, welcher das soziale Feld durchdringt und der Kapitalbewegung folgt, sich mit keinem konkreten Bedürfnis, mit keiner episodischen Befriedigung oder Erfüllung abgleichen lässt und als grenzenloses, unstillbares Verlangen eine Einverseelung des Mangels in die Innenräume der ökonomischen Subjekte dokumentiert. Parallel dazu wurde seit der zweiten Hälfte des 19. Jahrhunderts unter einer anderen Begriffsprägung eine ähnliche Affektlage und ein verwandter Seinsmangel entdeckt, in dem sich enthemmtes ökonomisches Streben mit der Erbschaft des älteren Lasterkatalogs verschränkt. Denn den Formenkreis dessen, was nun *Ressentiment* genannt wurde, hat man nicht nur – wie Nietzsche – auf eine lange Moralvergangenheit oder eine jüdisch-christliche Kultur der Selbstvergiftung zurückgeführt. Für die zeitgenössische Analytik des Ressentiments wurde vielmehr ein allgemeines Ökonomieprinzip reklamiert, das man direkt auf die Epoche einer expandierenden Kapital- und Finanzwirtschaft in Europa, auf den entstehenden Liberalismus, auf die Struktur einer bürgerlichen Gesellschaft, auf die Dynamik von Gründerzeiten und das Subjektformat eines modernen Wirtschaftsmenschen beziehen wollte. Das betrifft etwa Kierkegaards kritische Zeitdiagnostik oder die Relektüren von Nietzsches Schriften aus den 1880er Jahren durch Werner Sombart und Max Scheler ebenso wie Jean-Paul Sartres Versuch, am Beispiel Gustave Flauberts das Bereicherungsregime im Zweiten Kaiserreich unter Napoleon III. als eine Kultur des Ressentiments zu beschreiben. Auch wenn solche Perspektiven selbst zuweilen nicht frei von Ressentiments gewesen sind (und – wie der Antisemitismus Sombarts oder der Weltkriegsnationalismus Schelers – eine kritische Selbstauslegung von Ressentimentkritik empfehlen), legen sie dennoch eine Spur aus, die auf ein effizientes Wechselverhältnis zwischen der Zirkulation von Ressentiments und Kapitalismus verweist.

Dabei sollte man zunächst einige Elemente in Erinnerung rufen, die seit Nietzsche für die Charakteristik ressentimentaler Strukturen namhaft gemacht wurden und sich über die verschiedenen Untersuchungen und Positionen hinweg erhalten haben. Dazu gehört erstens eine eigentümlich gebrochene Selbstaffirmation des Ressentiment-Subjekts, die sich nur als Resultat eines unbedingten Neins zu einem «Außerhalb», zu einem «Anders», zu einem «Nicht-Selbst» vollzieht und also einer negativen Ableitung folgt. Mit dieser Umkehrung einer Negation zu einer verneinenden Selbstbejahung ist zweitens eine Verschiebung von Kräften verbunden, in der Aktion durch Reaktion und diese durch Hemmung ersetzt wird und damit in eine passive Aktivität, in einen erzwungenen oder selbst auferlegten Handlungsstau, also in eine Kultivierung von Ohnmacht mündet. Im Re- des Ressentiments (frz. *se ressentir de qc.*: die Nachwirkungen oder Folgen einer Sache spüren) wird signalisiert, dass blockierte (Re-)Aktionen zu einem dauerhaften und unerledigten Gemütszustand geronnen sind. Das bedeutet drittens, dass die Objekte und Wesen der Außenwelt in unterschiedlichen Maßen mögliche Anlässe für eine gefühlte Kränkung und Verletzung, für einen Schmerz der Zurücksetzung werden können und sich mit einem Existenz- oder Lebensneid, mit einem brennenden Mangel an Sein spürbar machen, wobei das Gedächtnis als selbstverstärkender Mechanismus solcher Leiden funktioniert. Und diese Beeinträchtigung verknüpft sich nicht nur mit einer Verkehrung des wertesetzenden Blicks, die selbst schöpferisch wird und Werte hervorbringt, sondern mit einer Neigung zur Delegierung, mit einem Interesse an der Abgabe von Aktivitätsreserven, mit einer Art ‹Punitivismus› oder Straffreudigkeit, die an höhere Mächte und Instanzen zur Schädigung oder Bändigung der anderen appelliert. Schließlich und viertens wird dabei ein Konkretismus aufgerufen, eine Vorliebe für vermeintliche, unmittelbar greifbare Verkörperungen, mit der man Zurechnungen und Verantwortlichkeiten verteilt, eigene Nachteile mit fremden Vorteilen verrechnet, Schuldige identifiziert und selbst das, was womöglich ‹den Verhältnissen› zukommt, noch personalisiert: «Irgend jemand muss schuld daran sein, dass ich mich schlecht befinde.»[4] Kausalreflexe und Evidenzen werden gegenüber veritabler Ursachenforschung privilegiert, das Ressentiment kommt mit der Ungewissheit von Verursachungen nicht zurecht.

Man kann die Exemplare des Ressentiments also durchaus «Gewinnler und Profitler schlechthin» nennen und das Ressentiment selbst eine Moral des Ökonomischen (oder ökonomisches Moralprinzip) überhaupt; aber mehr noch: das Ressentiment als reflektierender Affekt, als eigentümliche, senti-mentale Mixtur aus rechnender Vernunft und toxischen Empfindungen, konnte eine gewisse Konjunktur oder Übermacht nur unter der Voraussetzung erhalten, dass mit ihm der Anspruch auf Profite, Vorteile, Gratifikationen und Entschädigungen von einem bloßen Gedanken oder punktuellen Appetit zu einem «umfassenden System», zu einem allgemeinen sozialen und ökonomischen «Mechanismus» geworden ist.[5] Mit seinen Strukturelementen jedenfalls – mit verneinender Selbstbejahung, verschobenem Handlungsimpuls, Lebensneid, Delegationsneigung und Zurechnungssucht – hatte man dem Ressentiment über alle moral- und religionsgeschichtlichen Herleitungen hinweg einen wesentlichen Beitrag zur Ausbildung eines «kapitalistischen Geistes» attestiert und es zu einer ergiebigen Ressource für die Funktionsweise von Eigentums- und Konkurrenzgesellschaften erklärt.[6] Diese besondere Verzahnung von Affektökonomie und Kapitalismus verdankt sich dabei einigen Faktoren, welche – nach Max Scheler und anderen – insbesondere die negative Vergesellschaftung in den liberalen bzw. liberalistischen Konzeptionen des Marktsystems charakterisieren. Wenn man dabei das Ressentiment nicht als Subjektbefinden und Seelenzustand, sondern wiederum als Beziehungsgefüge, Kommunikationsweise und in seiner systemischen und systematischen Dimension in Rechnung stellt, liegen seine

Wurzeln, sein Entzündungsherd und sein Kapital vor allem in einem spezifischen Vergleichs- und Relationszwang, in einem Reflex zu Valorisierung und Bewertung, in einer wuchernden Urteilslust.

So hat vor allem Max Scheler das Ressentiment zunächst auf die normative Ordnung des Liberalismus bezogen und dabei auf die liberale Beanspruchung rechtlicher Gleichheit bzw. Gleichheit der Rechte verwiesen. Denn abgesehen davon, dass man darin am Abhang der bürgerlichen Revolutionen ein Recht auf Berücksichtigung und Nivellierung, auf eine «gewisse *Gleichstellung* des Verletzten mit dem Verletzer»[7], also den Anspruch auf eine rechtliche Umschrift der Passivität und des Erleidens und somit ein Recht gegen den anderen, auf verschärfte Zurechnungen reklamierte (etwa das Recht, «dem Raubvogel es *zuzurechnen,* Raubvogel zu sein»[8]), werden besondere Vergleichsroutinen nicht zuletzt durch die notorischen Divergenzen zwischen formaler Gleichheit und materiellen Ungleichheiten implantiert. Bereits Marx hatte die formale Sicherung gleicher Rechte als Voraussetzung für deren faktische Beanspruchung, also für die tatsächliche Wirksamkeit von konkreten Unterschieden – etwa in Bezug auf Eigentum, Bildung oder Beschäftigung – angesehen; und wie sich darum die subjektiven Rechte des privaten und «egoistischen, vom Mitmenschen und vom Gemeinwesen abgesonderten Menschen» in der bürgerlichen Gesellschaft zusammen mit einer Ohnmacht im Politischen realisieren[9], so hat auch Scheler einer formalen Gleichberechtigung die «großen Differenzen» in vorgegebenen Macht- und Besitzverhältnissen gegenübergestellt. Gerade die Kluft (oder genauer: der funktionale Zusammenhang) zwischen einer Gleichheit der Rechte und der Ungleichheit von Bedingungen, zwischen rechtlichen Gleichheitsversprechen und tatsächlichen Inkommensurabilitäten macht das dauerhaft erregte und dauerhaft enttäuschte Verlangen nach Abgleich und Vergleichbarkeit zu einer Quelle des Ressentiments – zu einer

Quelle jedenfalls, die nicht diesen oder jenen kontigenten Umständen und Empfindungen, sondern der «Struktur» der liberalen Wirtschaftsgesellschaft selbst entspringt. Scheler hat sich damit sogar an die Vermutung herangetastet, dass wohl einzig mit einem Umsturz kapitalistischer Besitzverhältnisse, in einer «auf Besitzgleichheit hin tendierenden Demokratie» das «soziale Ressentiment» würde minimiert werden können. Dabei lässt sich das Ressentiment allerdings nicht mit direkter ökonomischer Benachteiligung allein begründen. Nach Scheler resultiert «soziales Ressentiment» nicht einfach aus Ungleichheit, sondern aus spezifischen Kombinationen von Ungleichheiten und Gleichheitsansprüchen. Wenn es keinen Zweifel daran gibt, dass kapitalistische Gesellschaften ressentimental strukturiert sind, so liegt dies an der Art und Weise, wie die Verschränkung von Partizipationsversprechen und Produktionsverhältnissen eine affektive Interpretation von Machtverhältnissen, die Wahrnehmung von Divergenzen und Konkurrenzen und somit die Wirksamkeit von Vergleichsmechanismen ermöglichen und dirigieren.[10] Es geht also um die Schwierigkeit einer ökonomischen Analyse, die sich gerade nicht auf sichere Befunde über einen direkten Zusammenhang zwischen Ressentiment und manifesten wirtschaftlichen Nachteilen stützen kann.

Dabei haben Vergleichsbewusstsein und Ressentiment eine systematische Dimension gerade dort erhalten, wo sie sich als elementare Verkehrsprinzipien von Markt- und Wettbewerbskonstellationen behaupten. Einerseits wird die ressentimentale Dynamik im «Konkurrenzsystem» von dauerhaften Prozessen des Evaluierens und Urteilens genährt, die Bewertungen mit Entwertungen abgleichen und darum in die Nähe einer «organischen [d. h. strukturellen] Verlogenheit» geraten: Man bejaht, um zu verneinen, und qualifiziert, um zu disqualifizieren[11]; und es liegt nahe anzunehmen, dass die gegenwärtige Atomisierung von Wettbewerbsszenen und die Verteilung von Mikromärkten über das Gewebe der Gesellschaft hinweg weitere Ressourcen ressentimentaler Regungen erschlossen haben. Die Wertungsform des Ressentiments wäre das moralhistorische Produkt kapitalistischer Wertschöpfung, es wäre ein ökonomisches Moralprinzip mit der Neigung, das Volumen eines objektiven Geistes anzunehmen. Mit Kierkegaard gesprochen, manifestiert sich das Ressentiment dabei als «negativ-einendes Prinzip», als «negative Einheit der negativen Gegenseitigkeit der Individuen».[12] Andererseits wird das «Konkurrenzstreben» mit der «inneren Grenzenlosigkeit» eines Triebs assoziiert, der einen Unterschied zwischen Begehren und Bewerten nicht kennt und sich – ähnlich wie die abstrakte Genusssucht bei Marx – mit Berufung auf konkrete und konkurrierende Interessen notwendig über den darin verstellten Seinsmangel täuscht. Im Grunde wird diese Ökonomie des Ressentiments durch ein zirkulierendes Fehlen und die konsequente Produktion von Knappheit charakterisiert, welche die Basis kapitalistischer Marktsysteme darstellt und sich auf das bezieht, was immer schon weggeschnappt wurde: Der andere hat stets, was niemand besitzt, jedes Haben bedeutet ein Nicht-Haben, jedes Zuviel ein Zuwenig und jeder Überfluss eine Entbehrung. Das Ressentiment leidet am Diebstahl dessen, was nie besessen wurde, es laboriert an einer begehrlichen Unlust, an einer unzugänglichen, vermuteten und unterstellten Fülle im Anderen, die es nicht gibt und die gerade deshalb dazu führt, dass sich der eigene Mangel im Phantasma eines fremden Appetits oder Genießens spiegeln kann.[13] Im Ressentiment verknüpft sich somit die Abstraktheit der Genusssucht mit einer ebenso abstrakten Vergeltungssucht, die auf eine Realisierung in diesen oder jenen konkreten Exemplaren drängt. Mit all diesen Momenten beweist sich schließlich auch die ökonomische Produktivität des zum Ressentiment geronnenen Vergleichsbewusstseins. So sehr es sich im Getriebe der Konkurrenz als Kraft zur schleichenden Erosion oder Auflösung von Solidarprinzipien manifestiert, so sehr meidet es die Risiken von offenem Aufstand und Revolte[14]; und es macht sich und seine Subjekte darum, so ließe sich folgern, zu hilfreichen Instrumenten für die Verwirklichung und den Erhalt des marktökonomischen Systems.

In mehrfacher Hinsicht lässt sich also ein funktionales Verhältnis zwischen Kapitalismus und Ressentimentbereitschaft verzeichnen, das formale Bedingungen, Verkehrsweisen, Subjektgestalten und Urteilspraktiken gleichermaßen einschließt, und dieser *strukturelle* affektiv-ökonomische Zusammenhang wurde immer wieder um auffällige *konjunkturelle* Bewegungen ergänzt und verstärkt. So haben jüngste historisch-statistische Untersuchungen noch einmal die Vermutung bestätigt, dass gerade die Dynamik der Finanz- und Kapitalwirtschaft in nahezu allen Industriestaaten seit Ende des 19. Jahrhunderts immer wieder mit signifikanten politischen Verwerfungen verknüpft war. Diese Erhebungen konnten – im Kontext einer anwachsenden Literatur über die unmittelbaren politischen Folgen von finanzökonomischen Turbulenzen – nachweisen, dass Finanz- und insbesondere Bankenkrisen, angefangen von den Gründerkrachs der 1870er Jahre über die Zusammenbrüche während der Zwischenkriegszeit bis hin zum Kollaps von 2007 und 2008, nicht nur zu politischen Polarisierungen und zu einer Fraktionierung von Parlamenten und Regierungshandeln, sondern zu einem Erstarken rechtsnationaler Parteien und Positionen – mit völkischer und xenophober Ausrichtung – geführt haben. Deren Zuwachs betrug bei repräsentativen Wahlen im Durchschnitt bis zu dreißig Prozent, und für die Jahre nach 2008 ist für die meisten Industriestaaten die Entstehung oder das markante Wachstum von Rechtsparteien bis hin zu Regierungsbeteiligungen dokumentiert. Dieser Befund erscheint umso bemerkenswerter, als Parteien aus dem linken Spektrum nicht oder nur selten und lokal davon profitieren konnten und dass überdies ähnliche Effekte bei ‹normalen› Rezessionen und Wirtschaftskrisen – d. h. bei ökonomischen Einbrüchen ohne Finanzcrash – nicht belegbar waren. Finanzkrisen, so lautete das Ergebnis, beschädigen moderne Demokratien und ziehen «politisch disruptive» Effekte nach sich. Auch wenn man auf mögliche Begründungszusammenhänge und insbesondere darauf verwies, dass finanzwirtschaftliche Krisenereignisse wohl als «endogen» und «vermeidbar», als schuldhaftes Verhalten politischer und ökonomischer Akteure wahrgenommen werden und deren Folgen oft mit heftigen Konflikten zwischen Gläubigern und Schuldnern oder unpopulären *bailouts* verknüpft sind[15], bleibt noch unklar, auf welche Weise sich die Desaster der Finanz- und Kapitalwirtschaft gerade mit solchen flagranten Konjunkturen des Ressentiments kombinierten.

Einen möglichen Hinweis zur Erklärung dieser Wechselverhältnisse von Finanzökonomie, Krisengeschehen und politischen Resonanzen könnten vielleicht ältere Analysen einer kritischen Theorie und etwa Theodor W. Adornos Mutmaßung geben, dass sich die sozialen Voraussetzungen für den latenten Bestand von nationalen, völkischen oder xenophoben Ressentiments seit dem 19. Jahrhundert über die verschiedenen politischen Regimes hinweg erhalten haben und nicht zuletzt in den Konzentrationsbewegungen des Kapitals aufzusuchen wären. Wenn Adorno von der Möglichkeit gesprochen hat, dass sich dabei gerade diejenigen «Schichten, die ihrem subjektiven Klassenbewusstsein nach durchaus bürgerlich waren», potentiellen Deklassierungen ausgesetzt sehen und somit ressentimental reagieren[16], so wird dies durch die Beobachtung gestärkt, dass die Konzentrations- und Akkumulationstendenzen im Kapitalismus der letzten anderthalb Jahrhunderte von einer periodischen Freisetzung signifikanter Divergenzkräfte begleitet waren – in der Gründer- und in der Zwischenkriegszeit ebenso wie seit den 1990er Jahren. Zusammen mit der Ausweitung von Kredit- und

Schuldenökonomien, mit spekulativen Finanzmärkten und steigenden Aktien- und Immobilienpreisen schlugen sie sich immer wieder in anwachsenden Kapitalrenditen sowie in erhöhten Anteilen großer Privatvermögen an den Nationaleinkommen nieder und produzierten somit Effekte, die sich wiederum in ökonomischen Instabilitäten sowie in einer Verschiebung von sozialen und politischen Kräfteverhältnissen bemerkbar machten.[17] Diese Befunde können durchaus mit den allgemeineren Feststellungen korrespondieren, die der Dynamik des Kapitalismus eine «ununterbrochene Erschütterung aller gesellschaftlichen Zustände» und die fortwährende Erosion oder Zerstörung scheinbar «idyllische[r] Verhältnisse»[18] attestierten.

In diesem Zusammenhang, also hinsichtlich des Zusammenwirkens von Krisengeschehen und Finanzkapital, nimmt der Mechanismus des Ressentiments einen ebenso eigentümlichen wie exemplarischen Weg. Wenn etwa auf die Gründerkrisen nach 1870 eine Expansion und Verschärfung des Antisemitismus – bis hin zur Entstehung antisemitischer Parteien – folgte, so artikulierte sich die List der ressentimentalen Vernunft zunächst darin, dass sie von den immanenten Zwecken des ökonomischen Systems, von der Wirksamkeit seiner Apparaturen, Infrastrukturen und Funktionsmechanismen konsequent ablenkte. Sie fand ihr Bedürfnis nach der Konkretisierung von Zurechnung, Verantwortung und Verursachung mit der Personifikation des Wirtschaftssystems in Vertretern der so genannten Hochfinanz befriedigt und zielte schließlich auf die Figur eines ‹gierigen› jüdischen Finanzkapitalisten ab (bis heute und in verschiedenen Anwandlungen hat ja die attraktive ‹Gier› allzu gieriger Spekulanten eine vergleichbare intellektuelle Entlastungsfunktion übernommen). Einerseits verweisen solche antisemitischen, xenophoben oder rassistischen Adressen des Finanzkapitals auf eine lange soziale und politische Geschichte, in der sich die Ausgrenzung, Verfolgung und Vertreibung der Juden mit einer Privilegierung in der Sparte des Geldverleihs kombinierten. Seit dem Mittelalter wurden dadurch zunächst die Sozialfigur des jüdischen Wucherers, dann des jüdischen Staatsbankiers hervorgebracht und an die jüngeren Denunziationen des Geldmenschen vererbt.[19] Andererseits hat man schon seit den frühesten, etwa aristotelischen Reflexionen über die Qualität von Geldgeschäften – der Chrematistik – nicht nur eine prekäre Unproduktivität und Nichtnatur, sondern darin auch den Inbegriff des Nicht-Autochthonen und Fremden identifiziert. Wie nach Benveniste in den indoeuropäischen Sprachen kein besonderer Name und keine positive Definition für Handelsgeschäfte überhaupt nachweisbar sind, diese Geschäftsformen also offenbar außerhalb aller Gewerbe, außerhalb aller Praktiken und aller Techniken liegen und auch keinen Ort im Tätigkeitsraum einer trifunktionalen Gesellschaft (die nach Georges Dumézil und Georges Duby Priesterschaft, Bauern und Kriegertum umfasst) finden[20], so wurde gerade mit dem Finanzkapital – über die verschiedenen Positionen und Bewertungsformeln hinweg – stets der Posten des Ortlosen, Auswärtigen oder des radikal Fremden markiert: In Herman Melvilles Roman etwa stieg der *Confidence-Man* als «Fremder», genauer noch: als ein «Fremder in des Wortes tiefstem Sinne» an Bord des kapitalistischen Narrenschiffs; und noch bei Friedrich Hayek dient die Berufung auf die Figur des «Xenos» zur Rechtfertigung dafür, das Kapital und den Kapitalisten aus der Bindung an staatliche Territorien und Souveränitätsrechte zu entlassen.[21]

Insofern also den jüdischen Unternehmern eine langfristige Einsperrung in der Zirkulationssphäre nachhing und ihnen der Zugang zum Eigentum an Produktionsmitteln – anders als einheimischen Kapitalisten – nur «schwer und spät» eröffnet wurde[22], nahm die List des Ressentiments den Weg einer logischen Regression, die aus der krisenbedingten Kritik am internationalen Kapitalismus eine Kritik an der Sphäre von Zirkulation und Vermittlung und aus der

Kritik an deren Vertretern schließlich die antisemitische Schablone gewinnt. Der Topos vom Gegensatz zwischen autochthonem und ungebundenem, zwischen produktivem und unproduktivem Kapital, der sich in den Narrationen erfolgreichster deutscher Nationalliteratur – wie Gustav Freytags *Soll und Haben* – fortsetzte, hat dabei seine rassistische Besetzung gefunden; und mit ihrer Abhängigkeit von finanzkapitalistischen Konjunkturen und Ordnungen – mit denen sie gleichwohl konspirierten – machten die Eigentümer größerer Kapitalien ebenso wie die Kleinsparer der Gründerzeit darin eine sozial und wirtschaftlich haftbare Adresse aus.[23] Gegen den Internationalismus des Kapitalverkehrs wurde im Nationalismus ein Organ zur kollektiven Vertretung bürgerlicher Interessen aufgesucht, und das mimetische Begehren, die kompetitive Mimikry, also das eigene Konkurrieren um Aneignung und Gewinn wurde als Vertrautes im Fremden, nämlich im Vexierbild des parasitären Genießens jüdischer Financiers denunziert. Diese Figur erfüllt damit alle Bedingungen, die ein Ersatzobjekt zur Inkriminierung ökonomischer Systemabhängigkeit und Ohnmacht ausweisen kann, also zur Verkörperung abstrakter Vergeltungssucht im Ressentiment: Das Objekt muss einerseits hinreichend konkret, darf andererseits nicht allzu handgreiflich sein, um von der eigenen Wirklichkeit nicht vernichtet zu werden; es muss in der Geschichte verortet und als Element der Überlieferung bemerkbar sein; es muss durch Stereotypien definiert werden können, um wiedererkennbar und verallgemeinerbar zu bleiben; und es soll Merkmale aufweisen, in denen sich die denunziatorischen Urteilsakte des Ressentiments zu spiegeln vermögen.[24] Mit dem Antisemitismus im letzten Drittel des 19. Jahrhunderts dramatisiert sich also die List der ressentimentalen Vernunft, und die dabei geschlossene Allianz zwischen Kapital und Rasse sowie der im Antisemitismus eingewobene Exorzismus des ‹unproduktiven› Finanzkapitals erweisen sich als konformistischer

Aufruhr des Ressentiments. Sie behaupten sich schließlich als eine effiziente kapitalistische Selbstkritik, mit der das Wirtschaftssystem in Krisenzeiten sein Überleben zu sichern vermag. Die Verhältnisse selbst bleiben unbehelligt.

Lässt sich also das Ressentiment als ein stabilisierender und struktureller Basisaffekt des Kapitalismus begreifen, der besondere Konjunkturen im Zeichen moderner Finanzökonomie und ihrer Krisen erfährt, so hat diese Verschränkung von Affektkommunikation und ökonomischen Dynamiken eine jüngste Wendung und Intensivierung in der Bewirtschaftung des Sozialen durch das Finanz- und Informationskapital erhalten. Auch wenn es kaum mehr als disparate Indizien sind, dass etwa bei der letzten Amtseinführung eines brasilianischen Präsidenten dessen Anhänger «WhatsApp! WhatsApp! Facebook! Facebook!» skandierten und der Chef der italienischen Lega manche seiner Auftritte mit der Parole «Lang lebe Facebook!» begleitete; dass Mark Zuckerberg dem hindu-nationalistischen Präsidenten Indiens ein exklusives Forum auf Facebook bot und in Wahlkampfzeiten dessen direkten Kommunikationsstil in sozialen Medien und insbesondere auf Facebook anpries; dass Googles Unterstützung für Initiativen und Organisationen, die sich gegen Waffenkontrollen, Klimaschutz, Emissionsgrenzen oder für die Unterdrückung von Wählerstimmen und Steuererleichterungen für die Tabakindustrie engagieren, die Rede von einer «Googlisierung der extremen Rechten» nahegelegt haben; dass sich in den Vereinigten Staaten rabiate Maßnahmen zur Reichtumsförderung mit der Mobilisierung von rassistischen und antidemokratischen Ressentiments verknüpften; dass Mitarbeiter von Facebook, Google und Twitter in den republikanischen Präsidentschaftswahlkampf von 2016 eingebettet waren; dass die Massaker an der muslimischen Minderheit in Myanmar durch Facebook befeuert wurden; dass die AfD über 87 Prozent aller Shares der politischen Parteien in

Deutschland auf Facebook verfügt; oder dass sich Falschmeldungen in sozialen Medien sechs Mal so schnell und hundert Mal so häufig verbreiten wie überprüfbare Nachrichten[25] – auch wenn man also hierin allenfalls sporadische Hinweise auf die gegenwärtige Verhakung von Finanz- und Informationskapitalismus einerseits und Konjunkturen des Ressentiments andererseits bemerken kann und ein direkter, empirisch nachweisbarer Zusammenhang zwischen Internetkommunikation und politischen Polarisierungen zumindest umstritten ist[26], lassen sich in den Transaktionen der Meinungsmärkte unter aktuellen Netzwerkbedingungen wohl einige Strukturelemente zur Förderung von Ressentimentbereitschaft erkennen.

So unklar das genaue Wechselverhältnis zwischen dem Geschäft mit Clickbaits, Clickstreams und politischen Trends bleibt, so sehr hat sich aus Unternehmenszentralen heraus ein konziser Begriff des Politischen formiert, der bei wachsender Marktmacht systematisch mit den Unmittelbarkeitseffekten der Netzkommunikation kalkuliert. Zwar muss man es wohl den üblichen Werbegeräuschen zuschlagen, wenn etwa Facebook seit 2017 beansprucht, dass in den «jüngsten Wahlkämpfen auf der ganzen Welt, von Indien und Indonesien über Europa bis zu den USA» stets die Kandidaten «mit der größten und engagiertesten Gefolgschaft auf Facebook» gewonnen hätten. Dieses unternehmerische Eigenlob wird allerdings mit einer politischen Programmatik ausgerüstet, die eine klare Ausrichtung aufweist und – in älteren und eingeübten Begriffen formuliert – eine Depotenzierung von Gesellschaft (einschließlich ihrer vermittelnden Institutionen) und eine Potenzierung von Gemeinschaften (zusammen mit den damit verbundenen Authentizitätsritualen) in Aussicht stellt. In hybriden Genres der Verlautbarung, die – wie Facebooks *Building Global Community* vom Februar 2017 – zwischen Werbebroschüre, Hausmitteilung, Hirtenbrief und politischem Pamphlet changieren und gerade in dieser Mischung lesenswert sind, werden für die Herstellung einer Konzerngemeinschaft von Usern bzw. Produsern, für die damit beworbenen «Produkte» und «Geschäfte» alle Spektralfarben kursierender Gemeinschaftsfiguren aufgeboten, die zudem traditionelle und projektive Formen miteinander kombinieren. Sie reichen von «Freundschaften», «Familien», «Kirchengemeinden», «Sportteams» und Nachbarschaften über Ethnien, «Stämme» und «Nationen» bis hin zum Oxymoron einer globalen Gemeinde, sie erstrecken sich auf alle möglichen Dimensionen eines Lebens-in-Gemeinschaft und zielen auf eine spezifische Art *kommunitären Regierens* (*community governance*) ab. Im Zeichen eines vermeintlichen «Niedergangs» von «lokalen Gemeinschaften» oder «lokalen Gruppen» ist damit eine Reterritorialisierung oder Wiederverwurzelung (*settling*) sozialer Strukturen in «unserer Gemeinschaft», also in der Facebook Community oder Facebook Nation gemeint, mit der nicht nur ein Bündel gouvernementaler Aufgaben und Dienstleistungen wie Vor- und Fürsorge, Sicherheit, Prävention oder Gefahrenabwehr versammelt und angeeignet werden soll (*social infrastructure to keep us safe from threats around the world*). Abgesehen davon, dass diese Gemeinschaftsrhetorik auf die Geschichte amerikanischer Populismen seit Ende des 19. Jahrhunderts zurückgeht und von Reagan bis zur Tea Party-Bewegung eine feste Verankerung im radikalen Wirtschaftsliberalismus bzw. im Libertarismus der USA fand, geht es vielmehr um die technologische Bewerkstelligung von solchen «sozialen Infrastrukturen», welche «Gemeinschaften, Medien und Regierungen» in einer Weise koordinieren, dass sie politisches *empowerment* oder Ermächtigungspotentiale garantieren. Genauer noch stehen dabei die direkten «Konnexionen» zwischen «Volk» und «gewählten Repräsentanten», eine Immediatisierung zwischen Bevölkerungen und Exekutiven, zwischen *people* und *engaged leaders* auf dem Spiel – hergestellt «mit einem Klick».[27]

Diesseits aller Debatten über die politische Substanz von linken und rechten Populismen, über autoritäre oder radikaldemokratische, exklusive und inklusive Varianten, über kulturalistische, ökonomische, formale oder inhaltliche Fassungen des Populismusbegriffs[28], lässt sich bei diesen Versprechen politischer Unmittelbarkeit eine Dimension ausmachen, die vielleicht den Titel eines strukturellen Populismus verdient. Dabei geht es weniger um Bezüge zu bestimmten Doktrinen oder Ideologien als um Machtpraktiken und die spezifische Sortierung eines politischen Kräftefelds. Unterstellt man nämlich, dass die Rede von populistischer Politik nur mit Rücksicht auf eine besondere Anordnung von Kommunikationsstrategien gerechtfertigt sein kann, so ist das mit sozialen Plattformen aufgerufene «soziale Gefüge» (*social fabric*) abhängig von den medialen Voraussetzungen sozialer und politischer Mobilisierung.[29] Einerseits hat man darum zu einer gewissen Vorsicht geraten und etwa mit Blick auf die desaströsen Polarisierungstendenzen in der amerikanischen Politik während des letzten Jahrzehnts eine Perspektive verlangt, die sich auf ein mediales ‹Ökosystem› in seiner gesamten Breite und somit auf das Zusammenwirken von Netzwerken, sozialen Medien, Blogs, Medienunternehmen, Rundfunk und TV-Stationen gleichermaßen beziehen sollte.[30] Andererseits bieten gerade die ökonomischen und medialen Operationen von Plattformunternehmen Anlass dazu, die politischen Implikationen von Netzwerktechnologien in Rechnung zu stellen. So ist der Hegemonieanspruch der Plattformindustrie – wie bei Facebook – offenbar darauf gerichtet, kollektive Entscheidungsmacht abseits und neben eingespielten politischen Prozeduren zu organisieren. Es handelt sich um die Fabrikation einer besonderen Version von digitalen ‹Neogemeinschaften›[31], deren Angebotsschema nicht zuletzt darin besteht, auf der Basis höchst selektiver technischer Vermittlungsverfahren eine Bahnung für scheinbar authentische Direktkommunikationen zu liefern. Die komplexen medialen Operationen der Meinungsmakler sind auf die Erzeugung von Vermittlungsphobien angelegt. Dabei lässt sich der politische Charakter solcher technisch-sozialen Infrastrukturen in vier Aspekten erkennen: erstens im Phantasma eines unmittelbaren Zugangs zu den Adressen politischer Macht, die sich demnach in exklusiven Privatverhältnissen manifestiert und Teilhabe durch Akklamation verlangt – jede und jeder wird zugleich angesprochen und gehört; zweitens in einer Informalisierung des Transfers und der Ausübung politischer Macht, die sich im Herauskürzen von Vermittlungsinstanzen realisiert und insbesondere den formalen Charakter von repräsentativen Institutionen mit dem Stigma des Falschen oder Verfälschenden versieht, seien es Wahlen oder Parlamente, ‹Eliten› oder Presse; drittens durch die Aktivierung unspezifischer sozialer Ensembles und Entitäten wie *communities, humanity, people, us, coming together* oder *meaningful groups*, die eben in keiner repräsentativen Form aufgehen und sich allenfalls durch eine auffällige Ereignishaftigkeit in ihren kollektiven Bewegungen und Regungen bemerkbar machen. Dabei handelt es sich um eine «metapolitische Fiktion» (Hans Kelsen[32]) von indefiniten und diffusen Gemeinschaftskräften, welche von unterschiedlichen kollektiven Identitäten aktiviert und konzentriert werden können; über die Prozeduren algorithmischer Tribalisierung finden dann auch die Varianten eines vermeintlich «authentische[n] Volkswillen[s]» oder diverser «politischer Völkchen»[33] ihre Adresse und ihren Platz. Viertens schließlich haben die damit verbundenen Reaktionsweisen und Schnellkommunikationen gleichsam ballistischen Charakter, in ihnen geht es um *targeting*, um Peilung, Adressierung und Treffer – also um die Perfektion einer kommunikativen Schlag-Fertigkeit, die mit der Nutzung von Nachrichtengeschossen oder hashtag-gebündelten Formationen ein Modell wohl in den Prozeduren militärischer Feindkennung besitzen: «Boom, ich drücke, und zwei Sekunden später heißt es: Wir haben eine Eilmeldung.»[34] Populismus in diesem strukturellen Sinn wäre somit als ein Gefüge von Kommunikationsstrategien zu verstehen, welche die Basis für die Bildung partikularer Kollektive bereit stellen, den Anspruch auf authentische Kommunikation mit der Hoffnung auf eine unmittelbare, gleichsam wohlfeile Ausübung von Exekutivmacht verknüpfen, autoritäre Formen des *empowerment* begünstigen und sich logistisch an der Identifikation klar profilierter Zielobjekte orientieren. Plattformen und soziale Medien versprechen nicht weniger als eine Immediatisierung politischer Partizipationen und Aktionen.

Mit diesen soziotechnischen Voraussetzungen wird eine dynamische Ressentimentbereitschaft im Zeichen des digitalen Kapitalismus allerdings erst durch die Privilegierung jener Meinungsmärkte hervorgebracht, die das Geschäftsmodell von Plattformunternehmen bestimmen und durch den Internet-Exzeptionalismus ermöglicht wurden. Dabei muss man wohl ein Zusammenspiel zweier Faktoren berücksichtigen. So kommt im Wechselverhältnis zwischen ökonomischen und sozialen bzw. politischen Dynamiken der Form der Meinung und des Meinungshaften eine besondere Systemstelle zu. Denn die Skalierung und algorithmische Verarbeitung von Information sowie die Verfahren zur Bewirtschaftung von Daten funktionieren nur unter der Bedingung, dass erklärungsresistente Substrate kommuniziert werden und man also von Äußerungsweisen die Beweislast, von Präferenzen die Rechtfertigung und von Entscheidungen den Legitimationsdruck subtrahiert. Das prägt auch die Nähe zu Finanz- und Börsenmärkten. Abgesehen davon, dass Finanzindustrien und Internet- bzw. Plattformunternehmen gleichermaßen Datenbrokerage betreiben und algorithmische Marktoperationen verfolgen, liegt ihre Gemeinsamkeit auch in der Einrichtung von Feedbackschleifen, automatischen Reaktionszyklen und einer maschinellen Relevanzbewertung[35]: Wie Finanzmärkte unter informationstechnischen Bedingungen als Meinungsmärkte operieren (vgl. S. 53–58), so werden Meinungsmärkte auf den Plattformen umgekehrt nach einer finanzökonomischen Bewertungslogik strukturiert. Die Verwandlung von beliebigen Äußerungen in skalierbare Information behält von Inhalten aller Art allein das Meinungssubstrat zurück, d. h. jene Form der Evaluierung, die überhaupt erst zur Installation von ertragreichen *community feedback loops*[36] führen kann. Das Meinungshafte, die Zirkulation von Standpunkten und Ansichten, ist zum Maßstab aller Äußerungen auf den proprietären Informationsmärkten geworden, und gerade diese Befreiung von Haftungs- und Begründungsregeln aller Art hat auch ein neues und ungezwungenes Verhältnis zu Fakten oder Tatsachen hergestellt. Wenn man die Qualität des Faktischen nämlich – wie Lorraine Daston in einer kurzen wissenschaftshistorischen Herleitung gezeigt hat – in den diskursiven Funktionsweisen von Tatsachen lokalisiert, so zeichnen sich diese Funktionen seit der Neuzeit eben dadurch aus, dass Tatsachen sich einzeln, insulär, manifest und einfach, aber auch unabhängig von Kontexten, von Erklärungsrahmen, Begründungen und Theoriebildungen präsentieren[37] und darum eine besondere Allianz mit dem Umlauf von Meinungen eingehen können. Die Berufung auf Meinungen wie die Anrufung von Fakten appellieren gleichermaßen an einen Begründungsverzicht, sie operieren mit scheinbaren Konkretheiten, mit Evidenzen und Gewissheiten; und noch die frenetischen Tonlagen im Austausch über das, was seit 2016 unter dem Titel *fake news* oder *fake facts* kursiert, sind nur unter der Bedingung eines solchen Meinungsmarkts, eines solchen Fakten-Fetischismus, einer effektvollen Symbiose von *infopinions* und Tatsachenbehauptungen möglich. Eine satirische Sentenz aus dem 19. Jahrhundert behält dabei ihre Gültigkeit: «Das ist meine Meinung, und ich teile sie.»[38]

Zugleich verlangten es das Selbstverständnis und die Arbeitsweise proprietärer Meinungsmärkte, dass alle *user* auf den Plattformen zugleich als *produser* und damit als Adressaten und Produzenten von Äußerungen fungieren und gemeinsam wiederum an der Verbreitung und Reproduktionsfähigkeit von Äußerungen arbeiten. Die geschäftlichen Interessen an einer Kapitalisierung von Daten und informatorischen Rohstoffen koinzidieren dabei unmittelbar mit soziopolitischen Prozessen zur Erzeugung partikularer *communities*, und an ihrem Kreuzungspunkt treten Trendverstärkungen und eine Logik der Valorisierung in Kraft, in der Bewertungen Bewertungen forcieren und sharing sharing generiert. Das politische Projekt einer «Stärkung» von «sozialen Konnexionen» und «Gemeinschaften», von affektiven und kognitiven Segregationen[39] folgt also dem Businessplan der *social media* und erfüllt im Übrigen einen älteren liberalen bzw. liberalistischen Traum: nämlich die Produktion des Sozialen direkt mit den Prozessen der Kapitalreproduktion zu verkoppeln.

Also gilt auch hier die eigentümliche Dynamik, dass gerade die größtmögliche und globale Inklusion von Nutzern durch die Akkumulation von Netzwerkeffekten sich mit Prozessen der Partikularisierung verknüpft, die sich der Anpassung an berechenbare – kulturelle, religiöse, politische, normative – Nutzererwartungen verdanken und durch positive Rückkopplungen verstärken. Die Universalisierung von Informationsstandards stellt die Voraussetzung für die Herstellung partikularer Gemeinschaftsformen dar. So lässt sich die Vielfalt des algorithmischen Managements in den unterschiedlichen Varianten von Internetplattformen innerhalb eines Spektrums lokalisieren, dessen selektive Arbeit zwischen generellen, sich selbst verstärkenden Abstimmungsprozessen einerseits und einer systemischen Monadisierung andererseits aufgespannt ist – also zwischen den zwei äußersten Polen einer Informationsmaschine, die insgesamt eine eigentümliche und gewinnorientierte Verarbeitung von Massenphänomenen betreibt und soziale Infrastrukturen produziert (vgl. S. 127–131). Dabei stehen einander nicht einfach kollektivierende und individualisierende Prozesse gegenüber. Vielmehr werden die Formen einer *allgemeinen* Majorisierung durch die expansive Inklusion von Nutzern um *besondere* Majorisierungen ergänzt, die sich in der Reproduktion von idiosynkratischen Nutzerprofilen vollziehen und dabei auf den Prozessen einer «triadischen Schließung» beruhen: Demnach lässt es etwa die Qualität von Beziehungen zwischen A und B einerseits und A und C andererseits wahrscheinlich erscheinen, dass auch die Beziehung zwischen B und C eine ähnliche Qualität aufweist und das Beziehungsgefüge A-B-C als abgeschlossene Parzelle adressierbar macht.[40] Auf beiden Seiten werden durch algorithmische Selektionen, d. h. durch Filterung, Arborisierung und Hierarchisierung von Datenstrukturen statistische Formationen und molare, sich homogenisierende Einheiten hergestellt, die einer automatischen Relevanzbewertung folgen und denen man – in Anlehnung an den Begriff des flexiblen Normalismus (Jürgen Link) – einen flexiblen Konformismus attestieren mag. Es geht um die parallele Erzeugung und um die Koordination von allgemeinen und besonderen Regelmäßigkeiten: Auch Individualprofile sind nichts als maschinell strukturierte Massenphänomene, die den datengenerierten Habitus des ‹Dividuellen› hervorbringen.[41] Die so genannte Digitalisierung macht also nicht bloß Regelmäßigkeiten sichtbar, die ohnehin im Sozialen existierten. Das Soziale wird vielmehr hypersozialisiert. Wie die Erfassung von Mustern und Nachahmungsgesetzen seit dem 19. Jahrhundert nur unter der Bedingung von Verwaltungspraktiken, Kommunikations- und Massenmedien ermöglicht wurde[42], so haben digitale Technologien und Informationsökonomie eine spezifische Form des Sozialen hervorgebracht, die sich durch die Organisation *disjunktiver Synthesen* auszeichnet. Eine allgemeine Dynamik der Normalisierung stimmt darin mit vielfältigen Prozessen der Monadisierung oder Partikularisierung zusammen, konvergierende und divergierende Regelmäßigkeiten bestimmen gleichzeitig die Anordnung sozialer Ereignisserien, und es gibt dabei nicht weniger, sondern einen deutlichen Zuwachs an Gleich-Gültigkeiten: Gerade über die Erzeugung und Verstärkung von Konformismen werden soziale Divergenzmächte stimuliert.

Diese Konstellation lässt sich allerdings nicht einfach als eine «Krise des Allgemeinen» fassen, die durch eine neue Konjunktur von sozialen, politischen und kulturellen Singularitäten in aktuellen Gesellschaftsformen bedingt wird.[43] Es geht vielmehr um die Art und Weise, wie die Verhältnisse zwischen den Prozessen der Verallgemeinerung und der Besonderung miteinander verknüpft werden und mit der Dominanz des Finanz- und Informationskapitalismus eine spezifische und kritische Wendung erfahren haben. Während jüngere demokratietheoretische Überlegungen einen offenen Prozess anvisieren, der ausgehend von partikularen sozialen Identitäten einem Horizont des Universellen zustrebt – wobei die Selbstabschließung des Partikularen ebenso unterbrochen werden soll wie die dauerhafte Besetzung des Universellen durch besondere Interessen[44] –, vollzieht sich mit der Logik des Informationskapitals eine entgegengesetzte Bewegung. Der Allgemeinheit von Codes und Information steht dabei ein Prozess gegenüber, der sich in abgeschlossenen sozialen Monaden vollendet, und die Universalisierung des Informationskapitals wird gerade mit der Produktion unverbundener Besonderungen garantiert. Es handelt sich also nicht mehr darum, wie partikulare Identitäten sich – demokratisch – auf einen Horizont des Universellen hin öffnen und pluralisieren, sondern umgekehrt darum, wie global wirksame Kapitalbewegungen eine ‹idiokratische› Verschärfung von Machtverhältnissen[45] entfalten und sich dadurch reproduzieren, dass sie – antidemokratisch – divergierende, konkurrierende, konfligierende Partikularitäten hervorbringen. Durch die Erzeugung pluraler Geschlossenheiten werden pluralistische Handlungsräume abgeschnitten und unterminiert.

Im Zeichen einer vermeintlichen Immediatisierung von (politischen) Kommunikationen werden also in der Plattformökonomie ungefilterte und gleichsam ätherische Bezüge zwischen *leader* und *follower* sowie die Verstoßung von Vermittlungsinstanzen mit einer Mobilisierung von Kollektivkräften verknüpft, deren Kenntlichkeit sich in unmittelbaren Reaktionsweisen, in der Abschöpfung von Erregungs- und Bewegungspotentialen manifestiert. Zugleich hat die Privilegierung der Meinungsform im Betrieb sozialer Medien und Plattformen nicht nur zu einer Verwerfung von Reflexionszonen und Begründungsszenen sowie zu einer gleichsam ballistischen Schnellkommunikation, sondern auch zu einer doppelten und gegenläufigen Tendenz geführt, in der die Universalisierung von Informationsstandards mit einer effizienten Monadisierung von Nutzergemeinschaften koinzidiert. Neben der Verallgemeinerung von Schauplätzen der Konkurrenz und neben einer Auflösung von Solidarmilieus in den gegenwärtigen Marktgesellschaften haben die ökonomischen Dynamiken und Geschäftsmodelle des Informationskapitalismus damit spezifische Bedingungen oder Architekturen geschaffen, in denen mit dem strukturellen Populismus das Ressentiment zu einem integralen Bestandteil kapitalistischer Affektökonomie geworden ist. Es fungiert darin sowohl als Produkt wie als Produktivkraft und trägt gerade mit seinen politischen und sozialen Erosionskräften zur Stabilisierung des finanzkapitalistischen Wirtschaftssystems bei. So befördert die Ökonomie des Ressentiments das Konkurrenzsystem, sie beliefert die Meinungsmärkte und fusioniert mit Bewertungsautomatismen, sie erzeugt beschränkte Erlebnisbezirke, vervielfältigt abgesonderte Pseudogemeinschaften, privilegiert plebiszitäre Autoritätsfiguren, und sie wendet die Beunruhigung durch globale Märkte, transnationale Interventionskräfte und wirtschaftliche Abhängigkeiten in handgreifliche Denunziationsformeln um, die sich dann etwa auf die Grenzüberschreitungen von Migranten, europäischen Bürokraten, gierigen Investoren oder finanzindustriellen Verschwörern gleichermaßen beziehen können. Die im Ressentiment gärende Kritik nimmt stets einen ‹polizeilichen› Weg, sie fahndet und verdächtigt und sucht zur Wirksamkeit von abstrakten Systemprozessen vermeintlich haftbare und konkret fassbare Ersatzobjekte herbei (während Kritik selbst in die umgekehrte Richtung gehen sollte und von fasslichen Konkretionen zu den Bedingungen ihrer Herstellung voranzuschreiten versucht).

Einerseits hat die List des Ressentiments damit eine Antwort auf die Frage geliefert, wie die Aufwertung von Fragmentierung, Parzellierung, Vielfalt und Kontingenz das globale Finanz- und Informationskapital auf eine Weise begünstigt, dass es als totalisierende Macht weder begriffen noch angegriffen werden kann[46] – gerade die Zentrifugalkräfte von Separatwelten und *communities* haben den Blick auf die konformistische Produktion des Realen verstellt. Andererseits hat sich damit eine jüngste Radikalisierung negativer Vergesellschaftung vollzogen, in der sich Partikularitäten auf Partikularitäten beziehen, einem entzweienden Prinzip folgen und – wie Kierkegaard gesagt hätte – in der negativen Einheit negativer Gegenseitigkeit zusammenfinden. Die privat-öffentlichen Allianzen im Zeichen finanzökonomischer Governance werden am Leitfaden der Informationsindustrie um die Produktion autoritärer Sozialstrukturen ergänzt. Auch wenn es keine Enden und keine puren Ausweglosigkeiten in der Geschichte gibt, muss man wohl konzedieren, dass die Feindseligkeit aller gegen alle nicht nur zu einem erfolgreichen Geschäftsmodell, sondern zu einem überaus zukunftsfähigen Gemeinschaftsgefühl geworden ist. Es ist nicht ausgeschlossen, dass es das Ferment einer neuen Vorkriegszeit liefern wird.

Anmerkungen

1. Kapitel: Monetative Gewalt

1 Henry Kaufman, The Road to Financial Reformation. Warnings, Consequences, Reforms, Hoboken/NJ 2009, 134; John Bellamy Foster/Robert W. McChesney, The Endless Crisis. How Monopoly-Finance Capital Produces Stagnation and Upheaval from the USA to China, New York 2012, 43; Größere Finanzkrisen seit 1970, Bundeszentrale für politische Bildung, 15.11.2017 (https://www.bpb.de/nachschlagen/zah len-und-fakten/globalisierung/52625/finanzkrisen-seit-1970). – Während die Frequenz von Finanzkrisen zwischen 1945 und 1971 bei Null lag, ereigneten sie sich danach mit einer Wahrscheinlichkeit von vier Prozent, d. h. mit einer Wahrscheinlichkeit von vier Krisen pro Jahr bezogen auf eine Stichprobe von hundert Ländern; vgl. Laurence Scialom, La fascination de l'ogre. Comment desserrer l'étau de la finance, Paris 2019, 40–41.

2 Amitai Etzioni, The Active Society (1968), zitiert nach Wolfgang Streeck, Die gekaufte Zeit. Die vertagte Krise des demokratischen Kapitalismus, Berlin ^{3}2013, 37; vgl. ebd. 56; sowie: Philipp Lepenies, Die Macht der großen Zahl. Eine politische Geschichte des Bruttoinlandsprodukts, Frankfurt/M. 2013, 174–175; John Kenneth Galbraith, The Affluent Society, Harmodsworth 1958; Ludwig Erhard, Wohlstand für alle, Düsseldorf 1957.

3 Aaron Sahr, Das Versprechen des Geldes. Eine Praxistheorie des Kredits, Hamburg 2017, 14. – Vgl. stellvertretend für die umfangreiche Literatur hierzu A. L. K. Acheson u. a. (Hg.), Bretton Woods Revisited. Evaluations of the International Monetary Fund and the International Bank for Reconstruction and Development, Toronto 1972; Barry Eichengreen, Vom Goldstandard zum Euro. Die Geschichte des internationalen Währungssystems, Berlin 2000, 132–182; ders., Global Imbalances and the Lessons of Bretton Woods, Cambridge 2007; Fred L. Block, The Origins of International Economic Disorder. A Study of United States International Monetary Policy from World War II to the Present, Berkeley u. a. 1977, 193–199; Richard Tilly, Geld und Kredit in der Wirtschaftsgeschichte, Stuttgart 2003, 186–194; Robert Brenner, Boom & Bubble. Die USA in der Weltwirtschaft, Hamburg 2003, 41–63; Filipo Cesarano, Money Theory and Bretton Woods. The Construction of an International Monetary Order, Cambridge 2006.

4 Gérard Duménil/Dominique Lévy, The Crisis of Neoliberalism, Cambridge u. a.

2011, 60; Peter Gowan, Crisis in the Heartland. Consequences of the New Wall Street System, in: New Left Review 55, Januar/Februar 2009, 24–25; Yanis Varoufakis, Der globale Minotaur. Amerika und die Zukunft der Weltwirtschaft, München 2012, 118–125; ders., Das Euro-Paradox. Wie eine andere Geldpolitik Europa wieder zusammenführen kann, München 2016, 104–111, 118; William Greider, Secrets of the Temple. How the Federal Reserve Runs the Country, New York u. a. 1987, 46–47, 75–123, 168–169, 404–411, 551–553; Greta R. Krippner, Capitalizing on Crisis. The Political Origins of the Rise of Finance, Harvard 2011, 103–104, 116–120.

5 External Evaluation of IMF Surveillance. Report by a Group of Independent Experts, International Money Fund, Washington 1999, 20; Susan Strange, Mad Money. When Markets Outgrow Governments, Ann Arbor 1998, 163–167.

6 Mark Blyth, Austerity. The History of a Dangerous Idea, Oxford u. a. 2013, 161–162; Stephen D. Krasner, Compromising Westphalia, in: International Security 20/3, Winter 1995/1996, 132.

7 Jonathan Joseph, The Social and the Global. Social Theory, Governmentality and Global Policies, Cambridge 2012, 95–96; John Micklethwait /Adrian Wooldridge, A Future Perfect. The Essentials of Globalization, New York 2000, 178–179.

8 Robert Mundell, einer der Berater der Europäischen Kommission, paraphrasiert in: Michael Hudson, Der Sektor. Warum die globale Finanzwirtschaft uns zerstört, Stuttgart [2]2019, 451.

9 Die erwähnten Daten stammen aus Aaron Sahr, Das Versprechen des Geldes. Eine Praxistheorie des Kredits, Hamburg 2017, 232–235, 245–246; Foster/McChesney, The Endless Crisis, 17, 43; Duménil/Lévy, The Crisis of Neoliberalism, 104–111; Gowan, Crisis in the Heartland, 6–7-, 24–26; Núria Almiron, Journalism in Crisis: Corporate Media and Financialization, New York 2010, 24–28; Scialom, La fascination de l'ogre, 160–162; Harry Magdoff/Paul M. Sweezy, Stagnation and the Financial Explosion, New York [2]2009, 20; Gerald F. Davis/Suntae Kim, Financialization of the Economy, in: Annual Review of Sociology 41, 2015, 203–221; Paul Windolf, Was ist Finanzmarkt-Kapitalismus?, in: ders. (Hg.), Finanzmarkt-Kapitalismus. Kölner Zeitschrift für Soziologie und Sozialpsychologie, Sonderheft 45/2005, 20–57; Krippner, Capitalizing on Crisis, 3–4, 27–57; Christian Marazzi, Verbranntes Geld, Zürich-Berlin 2011, 32.

10 Zit. nach Sylvain Leder, BlackRock in Paris. Der Finanzriese und Macrons Rentenreform, in: Le Monde diplomatique. Deutsche Ausgabe, Januar 2020, 9.

11 Thomas Piketty, Das Kapital im 21. Jahrhundert, München 2014, 44–48, passim.

12 Klaus Dörre, Demokratie statt Kapitalismus oder: Enteignet den Zuckerberg!, in: Hanna Ketterer/Karina Becker (Hg.), Was stimmt nicht mit der Demokratie? Eine Debatte mit Klaus Dörre, Nancy Fraser, Stephan Lessenich und Hartmut Rosa, Frankfurt/M. 2019, 38; Thomas Piketty, Kapital und Ideologie, München 2020, 57; Nicola Liebert, Fataler Reichtum. Zuviel Geld in falschen Händen, in: Le Monde Diplomatique. Deutsche Ausgabe, August 2012, 1, 10–11. – Vgl. Jacob Hacker/ Paul Pierson, Winner-Take-All Politics. How Washington Made the Rich Richer – And Turned Its Back in the Middle Class, New York u. a. 2010, 15–16; Tony Judt, Dem Land geht es schlecht. Ein Traktat über unsere Unzufriedenheit, München 2011, 21.

13 Viel Lohn für wenige, in: Süddeutsche Zeitung, 05.07.2019, 8; Ein Boom für die Reichen, in: Süddeutsche Zeitung, 10.07.2019, 17; Moritz Schularick/Till Baldenius u. a., Die neue Wohnungsfrage. Gewinner und Verlierer des deutschen Immobilienbooms, in: Marcrofinance Lab, Universität Bonn, Juni 2019 (http://www.macrohistory.net/wp-content/uploads/2019/06/Die-neue-Wohnungsfrage.pdf); Ulrike Hermann, Die wenigen Reichen besitzen fast alles, in: die tageszeitung, 16.07.2020, 3. – Eine besonders dramatische Umverteilung wurde zudem durch Bodenspekulation garantiert: Die Baulandpreise sind in Deutschland seit Anfang der sechziger Jahre um 2300 Prozent, in Ballungszenten wie München seit den 1950er Jahren um über 39 000 Prozent gestiegen; vgl. Hans-Jochen Vogel, Mehr Gerechtigkeit! Wir brauchen eine neue Bodenordnung – nur dann wird Wohnen auch wieder bezahlbar, Freiburg 2019, 35.

14 David Leonhardt, Why You Shouldn't Believe Those G. D. P. Numbers, in: New York Times, 15.12.2019 (https://www.nytimes.com/2019/12/15/opinion/gdp-america.html); zur Genese und Problematik in der Berechnung des BIP als «mächtigste[r] Kennzahl der Menschheitsgeschichte» vgl. Lepenies, Die Macht der einen Zahl, 9 und passim.

15 Vgl. die exemplarischen Studien bzw. Erhebungen: David Levi-Faur, The Global Diffusion of Regulatory Capitalism, in: Annals of the American Academy of Political and Social Science 598: The Rise of Regulatory Capitalism: The Global Diffusion of a New Order, 2005, 12–23; Fabrizio Gilardi, The Institutional Foundations of Regulatory Capitalism: The Diffusion of Independent Regulatory Agencies in Western Europe, in: ebd., 84–101.

16 Vgl. John Braithwaite, Regulatory Capitalism. How It Works, Ideas for Making It Work Better, Cheltenham u. a. 2008, 1–31; Anne-Marie Slaughter, A New World Order. Government Networks and the Disaggregated State, Princeton 2004, 36–64; Anastasia Nesvetailova/Carlos Belli, Global Financial Governance. Taming Financial Innovation, in: Sophie Harman/David Williams (Hg.), Governing the World? Cases in Global Governance, London u. a. 2013, 46–61.

17 Karl Marx, Ökonomisch-philosophische Manuskripte aus dem Jahre 1844, in: MEW, Ergänzungsband 1, Berlin 1970, 531; vgl. Gilles Deleuze/Félix Guattari, Tausend Plateaus. Kapitalismus und Schizophrenie, Berlin 1992, 629, 638–655. – Zu dieser Bestimmung der «kapitalistischen Souveränität» vgl. Michael Hardt/Tony Negri, Empire. Die neue Weltordnung, Frankfurt/M. 2002, 332–358.

18 Mit einer glücklichen Begriffswahl von Aaron Sahr, Keystroke-Kapitalismus. Ungleichheit auf Knopfdruck, Hamburg 2017, 154. – Vgl. hierzu Joseph Vogl, Der Souveränitatseffekt, Zürich-Berlin 2015, 143–199.

19 Yanis Varoufakis, Die ganze Geschichte. Meine Auseinandersetzung mit Europas Establishment, München 2017, 283–285, 548; vgl. ders., Das Euro-Paradox, 356–357; Hudson, Der Sektor, 418–432. – Voraussetzung für solche Interventionen ist der Artikel 123 des Vertrags über die Arbeitsweise der Europäischen Union, der es verbietet, nationale Notenbanken oder die EZB zur Finanzierung von Staatsausgaben einzusetzen. Dies hat zu einer «indirekten Monetarisierung» von Staatsschulden und zur Abhängigkeit der Euro-Staaten von privaten Akteuren geführt; vgl. Friedo Karth/ Carolin Müller/Aaron Sahr, Staatliche Zah-

lungs(un)fähigkeit. Missverständnisse und Missverhältnisse monetärer Souveränität in Europa, in: Soziopolis, 28.01.2020 (https://www.soziopolis.de/beobachten/wirtschaft/artikel/staatliche-zahlungsunfähigkeit).

20 Bemerkungen des ehemaligen deutschen Finanzminsters Wolfgang Schäuble und der Volkswirte von J. P. Morgan, zit. nach Adam Tooze, Crashed. How a Decade of Financial Crises Changed the World, New York 2018, 522; Varoufakis, Die ganze Geschichte, 289; Paul Mason, Postkapitalismus. Grundrisse einer kommenden Ökonomie, Frankfurt/M. 2016, 21–22.

21 Milton Friedman, Capitalism and Freedom, Chicago 1962, IX.

22 Florian Rödl, EU im Notstandsmodus, in: Blätter für deutsche und internationale Politik 5/2012, 5–8. – Vgl. auch Andreas Fisahn, Stellungnahme zur Anhörung des Haushaltsausschusses des Deutschen Bundestages am 7.5.2012 zum Fiskalvertrag u. a., https://eurodemostuttgart.files.wordpress.com/2012/05/prof-dr-andreas-fisahn.pdf; Heribert Prantl, Das Finale nach dem Ende, in: Süddeutsche Zeitung, 29.6.2012, 2; Steffen Vogel, Europas Revolution von oben. Sparpolitik und Demokratieabbau in der Eurokrise, Hamburg 2013, 95–102; Ernst-Wolfgang Böckenförde, Kennt die europäische Not kein Gebot? In: Neue Zürcher Zeitung, 21.6.2010.

23 Deutschland verhindert, mehr nicht, Interview mit Adam Tooze, in: die tageszeitung, 21.04.2020, 3; Gerald Braunberger, Deutschland und Italien: das Wirtschaftswachstum, in: Fazit, Frankfurter Allgemeine Wirtschaftsblog, 27.05.2018 (https://blogs.faz.net/fazit/2018/05/27/deutschland-und-italien-das-wirtschaftswachstum-9957/).

24 Ulrike Sauer, Nichts als leere Versprechen, in: Süddeutsche Zeitung, 27.04.2020, 17.

25 Herbert Giersch, Beschäftigung, Stabilität, Wachstum – wer trägt die Verantwortung? In: ders., (Hg.), Wie es zu schaffen ist. Agenda für die deutsche Wirtschaftspolitik, Stuttgart 1983, 31.

26 Dieter Grimm, Die Verfassung und die Politik. Einsprüche in Störfällen, München 2001, 11–12; Marazzi, Verbranntes Geld, 85.

27 Charles E. Lindblom, The Market as Prison, in: The Journal of Politics 44, 1982, 324–336, 332.

28 Tooze, Crashed, 14.

29 Ebd., 15, 306, 461; Philip Mirowski, Untote leben länger. Warum der Neoliberalismus nach der Krise noch stärker ist, Berlin 2015, 302; Vogel, Europas Revolution von oben, 15–16; Capgemini, World Wealth Report 2011, 22.06.2011 (https://www.capgemini.com/resources/world-wealth-report-2011/).

30 Vgl. Markus Demary/Thomas Schuster, Die Neuordnung der Finanzmärkte. Stand der Finanzmarktregulierung fünf Jahre nach der Lehman-Pleite, Köln 2013; Adair Turner, Between Debt and Devil: Money, Credit, and Fixing Global Finance, Princeton 2015, XII.

31 Alan Greenspan, zitiert nach Justin Fox, The Myth of the Rational Market. A History of Risk, Reward, and Delusion on Wall Street, New York 2009, XI–XII.

32 Mirowski, Untote leben länger, 185.

33 Martin Mayer, The Fed. The Inside Story of How the World's Most Powerful Financial Institution Drives the Markets, New York 2001, X-XI; Benjamin M.

Friedman, The Future of Monetary Policy: The Central Bank as an Army with only a Signal Corps? In: NBER Paper Series, National Bureau of Economic Research, Working Paper 7429, November 1999, 28 (http://www.nber.org/papers/w7420.pdf).

34 Piet Clement, Introduction, in: Claudio Borio/Gianni Toniolo/Piet Clement (Hg.), Past and Future of Central Bank Cooperation, Cambridge u. a. 2008, 6; vgl. Tooze, Crashed, 12–13.

35 Vgl. die exemplarische Analyse von Hasan Cömert, Central Banks and Financial Markets. The Declining Power of US Monetary Policy, Cheltenham u. a. 2013; Duménil/Lévy, The Crisis of Neoliberalism, 195–203; Hudson, Der Sektor, 386.

36 Scialom, La fascination de l'ogre, 62; Adair Turner, Econmics After the Crisis. Objectives and Means, Cambridge u. a. 2012, 41; ders., Between Debt and Devil, 125–130. – Vgl. Jan Willmroth, Die Null wird stehen, in: Süddeutsche Zeitung, 26.07.2019, 15.

37 Gerhard Illing, Zentralbanken im Griff der Finanzmärkte. Umfassende Regulierung als Voraussetzung für eine effiziente Geldpolitik, Bonn 2011, 6–7; Scialom, La fascination de l'ogre , 64; Turner, Between Debt and Devil, 7, 128; Thierry Philipponnat, Le Capital. De l'Abondance à l'Utilité, Paris 2017, 16–27.

38 Zit. nach Ingo Arzt, Die Geister, die ich rief, in: die tageszeitung, 30.07.2019, 3.

39 Etwa Mason, Postkapitalismus.

2. Kapitel: Informationsstandard – zur Episteme der Finanzökonomie

1 Almiron, Journalism in Crisis, 43–49; Peter Burke, Papier und Marktgeschrei. Die Geburt der Wissensgesellschaft, Berlin 2014, 146–150; Dan Schiller, Digital Depression. Information Technology and Economic Crisis, Urbana u. a. 2014, 43–56.

2 So der Chef der Nasdaq Frank Zarb im Juni 2000, zit. nach Mark Ingebretsen, Nasdaq. A History of the Market that Changed the World, Roseville/CA 2002, 2.

3 Ingebretsen, Nasdaq, 239, 303 und passim; Ramon Reichert, Das Wissen der Börse. Medien und Praktiken des Finanzmarktes, Bielefeld 2009, 123–124; Mariana Mazzucato, The Entrepreneurial State. Debunking Public vs. Private Sector Myths, New York 2013, 57; William Lazonick/Mariana Mazzucato, The risk-reward nexus in the innovation-inequality relationship: who takes the risks? Who gets the rewards? In: Industrial and Corporate Change 22/4, 1112; Geoffrey G. Parker/Marshall W. Van Alstyne/Sangeet Paul Choudary, Platform Revolution. How Networked Markets Are Transforming the Economy – And How to Make Them Work for You, New York u. a. 2016, XI; Manuel Castells, The Internet Galaxy. Reflections on the Internet, Business, and Society, Oxford 2003, 82; John Cassidy, Dot.con – How America Lost Its Mind and Money in the Internet Era, New York 2003, 295.

4 Reichert, Das Wissen der Börse, 98–100; Ingebretsen, Nasdaq, 140, 181–184; Almiron, Journalism in Crisis, 134; William Shawcross, Murdoch. The Making of a Media Empire, New York [2]1997, 132–135; Cees J. Hamelink, Finance and Information. A Study of Converging Interests, Norwood/NJ 1983, 44–45 und passim.

5 Ingebretsen, Nasdaq, VIII.

6 Holger Lyre, zit. nach Martin Donner, Äther und Information. Die Apriori des Medialen im Zeitalter technischer Kommunikation, Berlin 2017, 10; vgl. Dan Schiller, Digital Depression, 4–35, 40–44; Ingebretsen, Nasdaq, 78; Lilly Kay, Das Buch des Lebens. Wer schrieb den genetischen Code? München u. a. 2001, 43–57.

7 Friedrich Hayek, The Use of Knowledge in Society (1945), zit. nach Philip Mirowski/Edward Nik-Khah, The Knowledge We Have Lost in Information. The History of Information in Modern Economics, Oxford 2017, 67.

8 Franz Böhm, Rule of Law in a Market Economy (Privatrechtsgesellschaft und Marktwirtschaft, 1966), zit. nach Quinn Slobodian, Globalisten. Das Ende der Imperien und die Geburt des Neoliberalsmus, Berlin 2019, 332. – Zur Konjunktur von Informationskonzepten und den damit verbundenen dogmatischen Veränderungen im Neoliberalismus vgl. ebd., 319–336; Mirowsky/Nik-Kah, The Knowledge We Have Lost in Information, 31–44, 62–72, 73–100, 126–130 und passim.

9 Paul Samuelson, zit. nach ebd., 63.

10 Eugene Fama/Merton H. Miller, The Theory of Finance, Hinsdale/Il. 1972, 335; vgl. Yves Thépaut, Le concept d'information dans l'analyse économique contemporaine, in: Hermès. La Revue 44, 2006/1, 161–168. – Vgl. hierzu und zum Folgenden: Joseph Vogl, Das Gespenst des Kapitals, Zürich-Berlin 2010, 95–112.

11 Louis Bachelier, Théorie de la Spéculation, Annales scientifiques de l'École Normale Supérieure, Sér. 3, Bd. 17, 1900, 21–86; vgl. John Cassidy, How Markets Fail. The Logic of Economic Calamities, New York 2009, 86–90.

12 Norbert Wiener, Kybernetik. Regelung und Nachrichtenübertragung in Lebewesen und Maschine [1948], Reinbek 1968, 97.

13 Vgl. Burton G. Malkiel, A Random Walk Down Wall Street, New York 2003, 196–197; Fama/Miller, The Theory of Finance, 339–340; Paul A. Samuelsen, Proof That Properly Anticipated Prices Fluctuate Randomly (1965), in: Collected Papers of Paul A. Samuelson, Bd. 3, Cambridge/Maas. u. a. 1972, 782–790; Jürg Niehans, A History of Economic Theory. Classic Contributions. 1729–1980, Baltimore u. a. 1990, 441–442.

14 Vgl. Donald MacKenzie, Opening the Black Boxes of Global Finance, in: Alexandros-Andreas Kyrtsis (Hg.), Financial Markets and Organizational Techologies. System Architectures, Practises and Risks in the Era of Deregulation, New York u. a. 2010, 92–116, hier: 96; Tobias Preis, Ökonophysik. Die Physik des Finanzmarktes, Wiesbaden 2011, 7–14.

15 Hierzu und zu den Modellen von Black/Scholes und Merton allgemein: Elena Esposito, Die Zukunft der Futures. Die Zeit des Geldes in Finanzwelt und Gesellschaft, Heidelberg 2010, 189–215; Nicholas Dunbar, Inventing Money. The Story of Long-Term Capital Management and the Legends behind it, Chichester 2000, passim; Donald MacKenzie, An Engine, Not a Camera. How Financial Models Shape Markets, Cambridge/MA u. a. 2006, 119–178; Marieke de Goede, Virtue, Fortune, and Faith. A Genealogy of Finance, Minneapolis u. a. 2005, 125–132. – Die zugrunde liegenden Publikationen sind u. a. Fisher Black/Myron Scholes, The Pricing of Options and Corporate Liabilities, in: Journal of Political Eco-

nomy 81, May/June 1973, 637–654; Robert C. Merton, Theory of Rational Option Pricing, Cambridge 1971.

16 Man hat in diesem Zusammenhang nicht nur auf die Berechnungen von Bachelier (1900), sondern auch auf die «Theorie der Prämiengeschäfte» (1908) des Boltzmann-Schülers und politischen Arithmetikers Vincenzo Bronzin verwiesen; vgl. Wolfgang Hafner, Ein vergessener genialer Wurf zur Bewertung von Optionen. Vinzenz Bronzin nahm die nobelpreiswürdige Black-Scholes-Formel vorweg, in: NZZ, 8.10.2005.

17 Robert C. Merton, Continuous-Time Finance, Cambridge/MA 1990, 15.

18 Wiener, Kybernetik, 166; vgl. H. Schnelle, Information, in: Historisches Wörterbuch der Philosophie, hg. v. J. Ritter u. a., Darmstadt 2007, Bd. 4, 356.

19 Friedrich A. von Hayek, Der Wettbewerb als Entdeckungsverfahren, Kieler Vorträge gehalten am Institut für Weltwirtschaft an der Universität Kiel, Neue Folge 56, Kiel 1968, 4, 10.

20 MacKenzie, An Engine, Not a Camera, 20, 158, 174; Edward LiPuma/Benjamin Lee, Financial Derivatives and the Globalizazion of Risk, Durham u. a. 2004, 38, 60–61; Esposito, Die Zukunft der Futures, 136, 203; Randy Martin, The Twin Towers of Financialisation: Entanglements of Political and Cultural Economies, in: The Global South 3/1, Frühjahr 2009, 119.

21 Benoit B. Mandelbrot/Richard L. Hudson, Fraktale und Finanzen. Märkte zwischen Risiko, Rendite und Ruin, München [3]2009, 347. – Vgl. Alexandros-Andreas Kyrtsēs, Introduction: Financial Deregulation and Technological Change, in: ders. (Hg.), Financial Markets and Organizational Technologies, 22.

22 Merton, Continuous-Time Finance, 470; vgl. Reichert, Das Wissen der Börse, 113–114, 217.

23 Alan Greenspan, Technology and Financial Services, in: Journal of Financial Services Research 18/2–3, zit. nach: Kyrtsēs, Introduction, in: ders. (Hg.), Financial Markets and Organizational Technologies, 1.

24 Karl Marx/Friedrich Engels, Das Kapital, Bd. 1, in: MEW, Bd. 23, Berlin [4]1969, 169.

25 Don Joseph de la Vega, Die Verwirrung der Verwirrungen. Vier Dialoge über die Börse in Amsterdam, Breslau 1919, 3, 38–93 (Confusión de Confusiones, Universidad Nacional de Cuyo, Mendoza/Argentina 2013).

26 Vega, Verwirrung der Verwrirrungen, 79; vgl. 43–44, 49, 65, 88, 136.

27 Ebd., 8, 41–42, 131, 154.

28 Sinan Aral, The Hype Machine. How Social Media Disrupts Our Elections, Our Economy and Our Health – and How we Must Adapt, London 2020, 28–30.

29 Immanuel Kant, Kritik der Ureilskraft, in: Werke, hg. v. W. Weischedel, Band 5, Wiesbaden 1957, §§ 6, 8, 22.

30 John Maynard Keynes, Allgemeine Theorie der Beschäftigung, des Zinses und des Geldes, Berlin [6]1983, 131–132; Robert Skidelsky, Keynes. The Return of the Master, New York 2009, 83, 93. – Vgl. André Orlean, Le pouvoir de la finance, Paris 1999, 32–62; zur konsequenten Ersetzung von «rational expectations equilibria» durch «rational belief equilibria» vgl. u. a. Mordecai Kurz, Endogenous Uncertainty and Rational Belief Equilibrium: A Unified Theory of Market Volatility, Stanford University, 14. Juli 1999 (http://www.stanford.edu/~mordecai/OnLinePdf/13.UnifiedView_1999.pdf).

31 Michel Aglietta/André Orléan, La violance de la monnaie (1984), zit. nach Luhmann, Die Wirtschaft der Gesellschaft, Frankfurt/M. 1988,116–117.

32 Dass im Begriff des <Doxologischen> eine theologische Dimension – als Lobpreisung Gottes – mitschwingt, verstärkt nur den Bedeutungsaspekt: insofern es in Finanzgeschäften um *branding* und die Befeuerung von Aufmerksamkeiten geht; vgl. Eric L. Santner, The Rebranding of Sovereignty in the Age of Trump: Toward a Critique of Manatheism, in: William Mazzarella/Eric L. Santner/Aaron Schuster, Sovereignty, Inc. Three Inquiries in Politics and Enjoyment, Chicago 2019, 25–29.

33 Gabriel Tarde, Psychologie économique, Bd. 1, Paris 1902, 51 (http://classiques.uqac.ca/classiques/tarde_gabriel/psycho_economique_t1/psycho_economique_t1.pdf); vgl. dazu Bruno Latour/Vincent Lépinay, De Ökonomie als Wissenschaft der leidenschaftlichen Interessen, Frankfurt/M. 2010, 15–48.

34 So der Ökonom Gary Gorton, zit. nach Cassidy, How Markets Fail, 308.

35 Milton Friedman, Should There Be an Independent Monetary Authority? In: The Essence of Friedman, hg. v. K. K. Leube, Stanford 1987, 443; ders., The Economics of Free Speech, in: ebd., 9–17.

36 Elena Esposito, Information, in: Claudio Baraldi/Giancarlo Corsi/Elena Esposito, Glossar zu Niklas Luhmanns Theorie sozialer Systeme, Frankfurt/M. 1997, 76–78; Niklas Luhmann, Soziale Systeme. Grundriß einer allgemeinen Theorie, Frankfurt/M. 1987, 68, 102; ders., Die Realität der Massenmedien, Wiesbaden ^{2}1996, 36–37, 101–102; ders., Die Wirtschaft der Gesellschaft, 18–19; Donald M. MacKay, In Search of Basic Symbols, in: Claus Pias (Hg.), Cybernetics/Kybernetik. The Macy-Conferences 1946–1953, Bd. 1: Transactions/Protokolle, Zürich u. a. 2003, 480–482; ders., Appendix I. The Nomenclature of Information Theory, in: ebd., 511–512. – Vgl. Kay, Das Buch des Lebens, 44; Stephan Schäffler, Mathematik der Information. Theorie und Anwendungen der Shannon-Wiener Information, Berlin u. a. 2015, 11; David G. Luenberger, Information Science, Princeton u. a. Princeton, 10.

37 Luhmann, Die Wirtschaft der Gesellschaft, 19.

38 Sahr, Das Versprechen des Geldes, 266–267.

39 Castells, The Internet Galaxy, 85–86; Carlota Perez, Technological Revolutions and Financial Capital. The Dynamics of Bubbles and Golden Ages, Cheltenham u. a. 2002, 71–73.

40 Christopher Ingraham, One chart shows how the stock market is completely decoupled from the labor market, in: Washington Post, 09.05.2020.

41 Robert Musil, Der Mann ohne Eigenschaften, in: Gesammelte Werke, hg. v. A. Frisé, Bd. 1, Reinbek 1978, 215. – Zum Verhältnis von Wissen, Ungewissheit und den Prozessen der Irreduktion vgl. Bruno Latour, Existenzweisen. Eine Anthropologie der Modernen, Berlin 2014, 70–73; Ludwig Wittgenstein, Über Gewißheit, hg. v. G. E. M. Anscombe u. H. G. von Wright, Frankfurt/M. 1969, Nr. 109–110. – Zum <Solutionismus> als Merkmal des digitalen Kapitalismus vgl. Oliver Nachtwey/Timo Seidl, Die Ethik der Solution und der Geist des digitalen Kapitalismus, IFS Working Paper 11, Institut für Sozialforschung, Frankfurt/M., Oktober 2017, 21; und eine erste systematische Auseinandersetzung mit Wissensbegriffen in der Ökonomie, insbesondere zur Prozesshaftigkeit des Wissens fin-

det sich in Frank H. Knight, «What is Truth» in Economics? In: Journal of Political Economy 48/1, Februar 1940, 1–32, insbesondere 13–14.

3. Kapitel: Plattformen

1 Philipponnat, Le Capital, 18–19; Scialom, La fascination de l'ogre, 62–64.

2 Priceline.com Prospectus, 18. März 1999, 1–21, zit. nach John Cassidy, Dot.con, 5 (die Darstellung des Börsengangs von Priceline verdankt sich dieser Studie).

3 Ebd., 2–5, 8, 216–219, 307; Ingebretsen, Nasdaq, 220, 235.

4 Mary Meeker/Chris DePuy, The Internet Report, Morgan Stanley Global Technology Group, Februar 1996, 1–1; vgl. auch weitere Äußerungen der prominenten Analystin Mary Meeker und des Chefs der Abteilung für Investment Banking von Morgan Stanley Joseph Perella, zit. nach Cassidy, Dot.con, 216, 218. – Vgl. Dirk Baecker, 4.0 oder Die Lücke, die der Rechner lässt, Berlin 2018, 111.

5 Nick Srnicek, Platform Capitalism, Cambridge 2017, 20–21; Matthew Crain, Financial markets and online advertising: reevaluating the dotcom investment bubble, in: Information, Communication & Society 17/3, 2014, 374; Philipp Staab, Digitaler Kapitalismus. Markt und Herrschaft in der Ökonomie der Unknappheit, Berlin 2019, 18–19.

6 Zur Entstehung und Privatisierung des Internet vgl. Cassidy, Dot.con, 9–24; Robert W. McChesney, Digital Disconnect. How Capitalism is Turning the Internet Against Democracy, New York u. a. 2013, 98–109. – Eines der jüngsten Beispiele für Trauerrede und Abgesang: Geert Lovink, Sad by Design. On Platform Nihilism, London 2019.

7 Mazzucato, The Entrepreneurial State, 6, 29, 99–119, 102 und passim.

8 Staab, Digitaler Kapitalismus, 104, 109–111, 170, 245; Thomas Ammann, Die Machtprobe. Wie Social Media unsere Demokratie verändern, Hamburg 2020, 179–180; Forum on Information & Democracy, Report on Infodemics, November 2020, 80 (https: / / informa tiondemocracy.org / wp-content / uploads / 2020 / 11 / ForumID_Report-on-infode mics_101120.pdf).

9 Vgl. Parker/Van Alstyne/Choudary, Platform Revolution, 5, 274–275; zur Filiation zwischen Finanz- und Internetökonomie vgl. Staab, Digitaler Kaptalismus, 82–149.

10 Vgl. Srnicek, Plattform Capitalism, 75–76.

11 Cassidy, Dot.con, 146.

12 Srnicek, Platform Capitalism, 45–47; Parker/Van Alstyne/Choudary, Platform Revolution, 20; McChesney, Digital Disconnect, 132. – Zur Feier von Exponentialkurven und des Potenzgesetzes (als Prinzip des Universums überhaupt) vgl. Peter Thiel/Blake Masters, Zero to One. Notes on Startups or How to Build the Future, New York 2014, 82–92.

13 Parker/Van Alstyne/Choudary, Platform Revolution, 18–20; McChesney, Digital Disconnect, 131–133; David Singh Grewal, Network Power. The Social Dynamics of Globalization, New Haven u. a. 2008, 17–18; Justus Haucap/Torben Stühmeier, Competition and antitrust in Internet markets, in: Johannes M. Bauer/Michael Latzer (Hg.), Handbook on the Economics of the Internet, Northhampton 2016, 186.

14 Srnicek, Platform Capitalism, 45, 59, 86; McChesney, Digital Disconnect, 131; Patrizia Mazepa/Vincent Mosco, A political economy approach to the Internet, in: Bauer u. a. (Hg.), Handbook on the Economics of the Internet, 164–165.

15 Bemerkungen des Chefredakteurs von *Wired* und des PayPal-Gründers Peter Thiel, zit. nach: McChesney, Digital Disconnect, 141–142; Nachtwey/Seidel, Die Ethik der Solution; vgl. Parker/Van Alstyne/Choudary, Platform Revolution, 79; Staab, Digitaler Kapitalismus, 23–27.

16 Thiel/Masters, Zero to One, 25, 53.

17 Srnicek, Platform Capitalism, 75–76, 87; Martin Kenney/John Zysman, The Rise of the Platform Economy, in: Issues in Science and Technology 32/3, Spring 2016, 13; Crain, Financial markets and online advertising, 373–377; Cassidy, Dot.con, 164; Staab, Digitaler Kapitalismus, 132–136. – Zu den Verlusten von Uber siehe: Wie Uber täglich 10 Millionen Euro Verlust einfährt, in: Orange by Handelsblatt, 05.06.2019 (https://orange.handels blatt.com/artikel/61372).

18 Nach der Begriffsprägung von Stephen Hymer, zit. in: Foster/McChesney, The Endless Crisis, 116.

19 William Lazonick, Sustainable Prosperity in the New Economy? Business Organization and High-Tech Employment in the United States, Kalamazoo 2009, 258–259; Mazzucato, The Entrepreneurial State, 32; Gérard Duménil/Dominique Lévy, The Crisis of Neoliberalism, Cambridge/Mass. u. a. 2011, 63–64.

20 Srnicek, Platform Capitalism, 30–32.

21 Dina Scornos/Niels Bammens, International Corporate Taxation of Digital Platforms, in: Bram Devolder (Hg.), The Platform Economy. Unravelling the Legal Status of Online Intermediaries, Cambridge u. a. 2019, 327–331.

22 Srnicek, Platform Capitalism, 32–33.

23 Shoshanna Zuboff, Big other: surveillance capitalism and the prospects of an information civilization, in: Journal of Information Technology 30, 2015, 80; Srnicek, Platform Capitalism, 4; Parker/Van Alstyne/Choudary, Platform Revolution, 32; Pepe Egger, Außer Kontrolle, in: Der Freitag, 30.04.2020, 6. – Tatsächlich hat Facebook für den Kauf von Instagram eine Milliarde Dollar, finanziert mit Aktien, geboten; wegen eines kurzfristigen Kursverlusts der Facebook-Aktien betrug der effektive Kaufpreis dann lediglich 715 Million Dollar.

24 Kenney/Zysman, The Rise of the Platform Economy, 11; Srnicek, Platform Capitalism, 77–80; Mazzucato, The Entrepreneurial State, 183–186; Paul Schoukens/Alberto Barrio/Saskia Montebovi, Social Protection of Non-Standard Workers: The Case of Platform Work, in: Devolder (Hg.), The Platform Economy, 227–258; Colin Crouch, Gig Economy. Prekäre Arbeit im Zeitalter von Uber, Minijobs & Co., Frankfurt/M. 2019, 43–49, 76–90. – Jüngstes Beispiel sind die so genannten <Juicer>, Minijobber, die nachts die herumliegenden E-Scooter einsammeln und aufladen (vgl. Lukas Waschbüsch, Saftig ausgepresst, in: die tageszeitung, 09.07.2019, 21).

25 Benjamin H. Bratton, The Stack. On Software and Sovereignty, Cambridge/Mass. 2015, 48.

26 Srnicek, Platform Capitalism, 122.

27 Axel Bruns, Blogs, Wikipedia, Second Life, and Beyond. From Production to Produsage, New York u. a., 2008, 21; vgl. Tiziana Terranova, Free Labor: Produ-

cing Culture for the Digital Economy, in: Social Text 18/2, Sommer 2000, 33–58; Brian A. Brown/Anabel Quan-Haase, «A Worker's Inquiry 2.0»: An Ethnographic Method for the Study of Produsage in Social Media Contexts, in: Christian Fuchs/Vinvent Moso (Hg.), Marx in the Age of Digital Capitalism, Leiden u. a. 2016, 447–448.

28 Nach den berühmten Formulierungen aus der *Deutschen Ideologie* von Marx und Engels, in: MEW 3, Berlin 1981, 33.

29 Shoshanna Zuboff, The Age of Surveillance Capitalism. The Fight for a Human Future at the New Frontier of Power, New York 2019, 130–132.

30 Bruns, Blogs, Wikipedia, Second Life, and Beyond, 173–175.

31 Marx/Engels, Das Kapital, in: MEW 23, 193, 196; vgl. Srnicek, Platform Capitalism, 40, 56, 133.

32 Zuboff, The Age of Surveillance Capitalism, 128–138; Christian Fuchs, Labor in Informational Capitalism and on the Internet, in: The Information Society 26, 2010, 179–196; Yochai Benkler, The Wealth of Networks: How Social Production Transforms Markets and Freedom, New Haven 2006, 34–35; Daniel Greene/Daniel Joseph, The Digital Spatial Fix, in: tripleC 13/2, 2015, 231–234.

33 Gary Becker, A Theory of the Allocation of Time, Economic Journal 75/299, 1965, 493, 513.

34 Dan Schiller, How to Think About Information, Urbana u. a. 2007, XIV.

35 Hannah Arendt, Elemente und Ursprünge totaler Herrschaft. Antisemitismus, Imperialismus, totale Herrschaft, München 1986, 332–337.

36 Vgl. Klaus Dörre, Landnahme und die Grenzen kapitalistischer Dynamik. Eine Ideenskizze, in: Berliner Debatte INITIAL 22/4, 2011, 56–72 (https://www.linksnet.de/arti kel/27742); ders., Demokratie statt Kapitalismus oder: Enteignet Zuckerberg, in: Hanna Ketterer/Karina Becker (Hg.), Was stimmt nicht mit der Demokratie? Berlin 2019, 21–51.

37 Bratton, The Stack, 82–83.

38 Mattias Ekman, The Relevance of Marx' Theory of Primitive Accumulation for Media and Communication Research, in: Fuchs/Mosco (Hg.), Marx in the Age of Digital Capitalism, 124–125; Zuboff, Surveillance Capitalism, 99–101, 138–155.

39 Srnicek, Platform Capitalism, 4–5; Staab, Digitaler Kapitalismus, 88–89.

40 Michel Foucault, Die Geburt der Biopolitik. Geschichte der Gouvernementalität II. Vorlesungen am Collège de France 1978/1979, Frankfurt/M. 2004, 169.

41 Gilles Deleuze, Postskriptum über die Kontrollgesellschaften, in: ders., Unterhandlungen 1972–1990, Frankfurt/M. 1993, 254–262.

4. Kapitel: Kontrollmacht

1 Staab, Digitaler Kapitalismus, 223; vgl. 27–52, 150–225, 340–344.

2 Ebd., 176–178; Dominique Cardon, À quoi rêvent les algorithms. Nos vies à l'heure des *big data*, Paris 2015, 16–19; Bratton, The Stack, 43. – Über das zunehmende Unbehagen von so genannten Wettbewerbshütern vgl. etwa Björn Finke, EZ-Kommission wirft Amazon unfaire Tricks vor, in: Süddeutsche Zeitung, 11.11.2020, 19.

3 Staab, Digitaler Kapitalismus, 135.

4 Die hier angestellten Überlegungen wurden weitgehend übernommen von: Alex Galloway, Protocol, or, How Control Exists After Decentralization, in: Rethinking Marxism 13/3–4, 2001, 81–88 (https://doi.org/10.1080/089356901101241758); ders., Protocol. How Controls Exists After Decentralization, Cambridge/MA u. a. 2006, 1–53; Alexander Galloway/Eugene Thacker, Protokoll, Kontrolle und Netzwerke, in: Ramón Reichert (Hg.), Big Data. Analysen zum digitalen Wandel von Wissen, Macht und Ökonomie, Bielefeld 2014, 289–312. – Vgl. Bratton, The Stack, 61–63; Wendy Hui Kyong Chung, Control Freedom. Power and Paranoia in the Age of Fiber Optics, Cambridge/MA u. a. 2006, 66–76; zum Verhältnis von Kommunikation und Kontrolle in der Kybernetik und bei Norbert Wiener vgl. Kay, Das Buch des Lebens, 126.

5 Bruno Latour, Die Logistik der immutable mobiles, in: Jörg Döring/Tristan Thielmann (Hg.), Mediengeographie: Theorie – Analyse – Diskussion, Bielefeld 2009, 124.

6 Vincent Mosco, The Digital Sublime. Myth, Power, and Cyberspace, Boston 2004, 162–164; Bratton, The Stack, 24, 206–208.

7 Zum Begriff abstrakter Maschinen vgl. Deleuze/Guattari, Tausend Plateaus, 706–710; Gilles Deleuze, Foucault, Frankfurt/M. 1987, 51–63.

8 Galloway, Protocol, 8, 246; vgl. Robert Simanowski/Ramón Reichert, Sozialmaschine Facebook. Dialog über das politisch Unverbindliche, Berlin 2020, 54–55.

9 Zuboff, The Age of Surveillance Capitalism, 115–119 und passim.

10 Egger, Außer Kontrolle, 6–7; Félix Tréguer, Wenn die Polizei Fieber misst, in: Le Monde diplomatique. Deutsche Ausgabe, Mai 2020, 7.

11 Christopher Zara, The Most Important Law in Tech Has a Problem, in: Wired, 01.03.2017 (https://www.wired.com/2017/01/the-most-important-law-in-tech-has-a-prob lem/); vgl. hierzu auch Zuboff, Surveillance Capitalism, 101–122; Mazzucato, The Entre preneurial State, 186–187.

12 Bobbie Johnson, Privacy no longer a social norm, says Facebook founder, in: The Guardian, 11.01.2010 (https://www.theguardian.com/technology/2010/jan/11/facebook-privacy).

13 Zuboff, zit. nach Srnicek, Platform Capitalism, 101; vgl. Dirk Helbig/Bruno S. Frey u. a., Das Digital-Manifest, in: Spektrum, 17.12.2015, 12 (https://www.spektrum.de/news/wie-algorithmen-und-big-data-unsere-zukunft-bestimmen/1375933).

14 Zit. nach Zuboff, Surveillance Capitalism, 119–120. Die hier angestellten Überlegungen beziehen sich auf Zuboffs Studie; s. a. Christopher Wylie, Mindf*ck. Wie die Demokratie durch Social Media untergraben wird, Köln 2020, 186. – Zur privat-staatlichen Kooperation, zur Monopolisierung europäischer Daten auf US-Servern und zu den Kontroversen über das so genannte Safe-Harbour-Abkommen vgl. Ammann, Die Machtprobe, 186–189.

15 Nach den Bemerkungen des CEOs von Google Larry Page 2013, in: Zuboff, Surveillance Capitalism, 105. Zur Produktion und Privilegierung von Kapital durch neuzeitliches Recht vgl. Katharina Pistor, Der Code des Kapitals. Wie das Recht Reichtum und Ungleichheit schafft, Berlin 2020.

16 Slobodian, Globalisten, 355–367 (insbesondere zu den wirtschaftsrechtlichen

Initiativen von Jan Tumlir in den GATT-Verhandlungen); Commission on Global Governance: Our Global Neighborhood, New York 1995, 95, zit. nach: Joseph, The Social and the Global, 89–90; Bruce R. Scott, Capitalism. Its Origins and Evolution as a System of Governance, New York u. a. 2011, 518–519.

17 Nils Jansen/Ralf Michaels, Beyond the State? Rethinking Private Law: Introduction to the Issue, in: The American Journal of Comparative Law 56/3, Sommer 2008, Special Symposion Issue: Beyond the State: Rethinking Private Law, 527–539. – Vgl. Vogl, Der Souveränitätseffekt, 225–230.

18 Andrew L. Shapiro, The Control Revolution. How the Internet Is Putting Individuals in Charge and Changing the World We Know, New York 1999; Lawrence Lessing, Code und andere Gesetze des Cyberspace, Berlin 2001. – Zum Kampf zwischen rechtlichem und digitalem Code vgl. Pistor, Der Code des Kapitals, 289–320.

19 Vgl. Regina Ogorek, Richterkönig oder Subsumtionsautomat? Zur Justiztheorie im 19. Jahrhundert, Frankfurt/M. 1986; Sabine Gless/Wolfgang Wohlers, Subsumtionsautomat 2.0. Künstliche Intelligenz statt menschlicher Richter? In: Martin Böse/Kay H. Schumann/Friedrich Toepel (Hg.), Festschrift für Urs Kindhäuser zum 70. Geburtstag, Baden-Baden 2019, 147–165.

20 Der glücklich gewählte Begriff einer «Polis der Soution» stammt von Evgeny Morozov; vgl. hierzu Nachtwey/Seidl, Die Ethik der Solution, 19–21.

21 Tom Slee, zit. nach ebd., 22; vgl. Dirk Helbig, The Birth of a Digital God, in: ders. (Hg.), Towards Digital Enlightenment, Cham/CHE, 103. – Zur Generierung maschinellen Mehrwerts (nach Marx) durch Information vgl. Gilles Deleuze/Félix Guattari, Anti-Ödipus. Kapitalismus und Schizophrenie I, Frankfurt/M. 1974, 291–293, 298–301; Matteo Pasquinelli, Der italienische Operaismo und die Informationsmaschine, in: Ramón Reichert (Hg.), Big Data, 320–321.

22 Staab, Digitaler Kapitalismus, 260–266; Vogl, Der Souveränitätseffekt, 111–112

23 Anna-Verena Nosthoff/Felix Maschewski, Die Gesellschaft der Wearables. Digitale Verführung und soziale Kontrolle, Berlin 2019, 67–72; vgl. Bratton, The Stack, 7; Aral, The Hype Machine, X-XI; Andrian Kreye, Nutzlose App, in: Süddeutsche Zeitung, 30.11.2020, 4. – Zur rasanten Umsatzsteigerung der notorischen Internetkonzerne seit dem Frühjahr 2020 vgl.. Tech Konzerne profitieren, in: Süddeutsche Zeitung, 31.10./01.11. 2020, 24.

24 Staab, Digitaler Kapitalismus, 188–189; Norbert Häring, Wer steckt hinter der Libra Association und was ist das Ziel von Libra? In: publikum.net, 18.12.2029 (https://publi kum.net/wer-steckt-hinter-der-libra-association-und-was-ist-das-ziel-von-libra/).

25 Thiel/Masters, Zero to One, 17.

26 Norbert Häring, Wie die USA ihre Dollar-Weltwährung ins Zeitalter von Libra retten wollen, in: Handelsblatt, 09.05.2020 (https://www.handelsblatt.com/politik/interna tional/kryptowaehrungen-wie-die-usa-ihre-dollar-weltwaehrung-ins-zeitalter-von-libra-retten-wollen/25813190.html?ticket=ST-3223158-ULZ1SUmztty34sgimvVt-ap4); Dorothea Schäfer, Facebook-Währung Libra: Nur ein genialer Marketingtrick? In: DIW Wochenbericht 86/37, 2019, 688 (https://www.diw.de/de/diw_01.c.678097.de/publikationen/wochenberichte/2019_37_5/facebook-waehrung_libra__nur_ein_genialer_marketingtrick__kommentar.html).

27 Henry S. Simons, Rules versus Authorities in Monetary Policy, in: The Journal of Political Economy 44/1, 1936, 4–8, 17, 22–25; vgl. dazu: Thorvald Grung Moe, Control of Finance as a Prerequisite for Successful Monetary Policy: A Reinterpretation of Henry Simons's ›Rules versus Authorities in Monetary Policy‹, in: Levy Economics Institute Working Paper Collection, Levy Economics Institute of Bard College, Working Paper No. 713, April 2012 (http://www.levyinstitute.org/pubs/wp_713.pdf).

28 Friedrich Hayek, Denationalisation of Money. The Argument Refined. Analysis of the Theory and Practice of Concurrent Currencies (1976), London [3]1990, 23, 28, 48, 100 ff. – Zur ersten Diskussion des *free banking* vgl. die Dissertation der Hayek-Schülerin Vera C. Smith, The Rationale of Central Banking and the Free Banking Alternative (1936), Indianapolis 1990.

29 So Catherine Malabous freundliche Paraphrase der *Declaration of Currency Independence* (https://medium.com/@currencyindependence/declaration-of-currency-indepen dence-b404296bf03b), die wiederum an der amerikanischen Unabhänggkeitserklärung Maß genommen hat: Catherine Malabou, Kryptowährungen oder die anarchistische Wende des zeitgenössischen Kapitalismus, in: Zeitschrift für Medien- und Kulturforschung 10/2, 2019, 97–98; zur kritischen Auseinandersetzung mit diesen Freiheitsversprechen vgl. Stefan Münker, Freiheit, die in Ketten liegt. Zur Philosophie der *blockchain*, in: ebd., 117–126.

30 Einführung in Libra. Whitepaper. Von den Mitgliedern der Libra Association, Juni 2019, 1–4.

31 So Volker Wieland, Mitglied im Sachverständigen Rat der Bundesregierung, zit. nach Alexander Hagelüken, Das Ende des Geldes, wie wir es kennen. Der Angriff auf Zinsen, Bargeld und Staatswährungen, München 2020, 155.

32 Einführung in Libra. Whitepaper, 1; vgl. Daniel Tischer, Cutting the network? Facebook's Libra currency as a problem of organization, in: Finance and Society 6/1, 2020, 19–33 (in jüngeren Versionen der Libra-Dokumente wurde der häufige Bezug auf Investoren und Investitionen ausgedünnt und abgemildert; vgl. ebd., 30).

33 Christian Catalini/Oliver Gratry/J. Mark Hou u. a., Die Libra-Reserve, 14.08.2019, 2 (https://libra.org/de-DE/wp-content/uploads/sites/14/2019/09/TheLibraReserve_de_DE.pdf); vgl. hierzu Volker Brühl, Libra – A Differentiated View on Facebook's Virtual Currency Project, in: Intereconomics 55/1, Januar/Februar 2020, 60–61 (https://www.intereconomics.eu/contents/year/2020/number/1/article/the-afd-s-winning-formula-no-need-for-economic-strategy-blurring-in-germany.html); Stefan Eichler/Marcel Thum, Libra – Totengräberin für gescheiterte Währungen, Herausforderung für gute Regulierung, in: ifo Schnelldienst 72/17, 12. September 2019, 20; Andreas Hanl, Währungswettbewerber Facebook: Ökonomische Implikationen der Corporate Cryptocurrency Libra, in: MAGKS Joint Discussion Paper Series in Economics 30, 2019, 8–10 (http://hdl.handle.net/10419/213471); Christian Hofmann, The Changing Concept of Money: A Threat to the Monetary System or an Opportunity for the Financial Sector? In: European Business Organization Law Review 21, 2020, 55.

34 Yves Mersch, Money and private currencies: reflections on Libra, in: Building

bridges: central banking law in an interconnected world. ECB Legal Conference 2019, European Central Bank, Dezember 2019, 16 (https://www.ecb.europa.eu/pub/pdf/other/ecb.ecblegalconferenceproceedings201912~9325c45957.en.pdf?258d648ffcf1be39f9d927e5c13f393f); Lars Hornuf, Libra: Eine Währung, die die Welt (nicht) braucht? In: ifo Schnelldienst 72/17, 12. September 2019, 10.

35 Einführung in Libra. Whitepaper, 2; Tischer, Cutting the network?, 27.

36 Einführung in Libra. Whitepaper, 9; Libra White Paper. Version 2.0. From the Libra Association Members, April 2020, 25 (https://libra.org/en-US/white-paper/?noredirect=en-US#cover-letter); Julian Grigo/Patrick Hansen, Digitalwährungen stehen vor dem Durchbruch, ifo Schnelldienst 72/17, 12. September 2019, 8; Ramaa Vasudevan, Libra and Facebook's Money Illusion, in: Challenge, 21.11.2019, 2 (https://doi.org/10.1080/05775132.2019.1684662); Markus K. Brunnermeier/Harold James/Jean-Pierre Landau, The Digitalization of Money, Working Papers. Print, 11–16 (https://scholar.princeton.edu/markus/publications/digitalization-money); Häring, Wer steckt hinter der Libra Association, 9.

37 So annoncierte Nick Szabo, einer der frühen Protagonisten von Kryptowährungen, im Jahr 1994: «Smart contracts werden Juristen, Politiker und eine gewaltsame Vollstreckung in vielen Geschäften und Sozialverhältnissen ersetzen, wenn nicht gar gegen sie schützen. Sie können auch dafür genutzt werden, neue lukrative Institutionen für freie Märkte zu gestalten»; zit. nach: Oliver Leistert, The Blockchain as a Modulator of Existence, in: MoneyLab, 07.02.2018 (https://networkcultures.org/moneylab/2018/02/07/the-blockchain-as-a-modulator-of-existence/); vgl. hierzu und zum folgenden auch: ders., Kontrolle ist gut, Vertrauen ist besser, Bezahlung am besten. Zur Souveränität von Blockchain, in: Zeitschrift für Medien- und Kulturforschung 10/2, 2019, 155–170. – Vgl. Pistor, Der Code des Kapitals, 294–301.

38 So der für Bankenaufsicht zuständige Bundesbankvorstand Joachim Wuermeling in einem Interview mit A. Hagelüken und M. Zydra: «Libra steht völlig quer zu allem», in: Süddeutsche Zeitung, 05.11.2019, 19. – Zur Debatte des Formats von Libra vgl. u. a. Louis Abraham/Dominique Guégan, The other side of the Coin: Risks of the Libra Blockchain, Working Papers 30, Department of Economics, Ca' Foscari University of Venice, 2019; Mersch, Money and private currencies; Maik Schmeling, What is Libra? Understanding Facebook's currency, SAFE Policy Letter, No. 76, Goethe University Frankfurt, 2019 (http://hdl.handle.net/10419/204501).

39 Vasudevan, Libra and Facebook's Money Illusion, 12. – Zu den Grenzen bisheriger Kontrollen vgl. Mersch, Money and private currencies, 17–18; Hornuf, Libra, 11; Schmeling, What is Libra?, 7–8; Tischer, Cutting the network?, 21.

40 Brunnermeier/James/Landau, The Digitalization of Money, 2, 15, 19–22.

41 Alan Cassidy/Claus Hulverscheidt, Was habt ihr denn? In: Süddeutsche Zeitung, 24.10.2019, 17; Häring, Wie die USA ihre Dollar-Weltwährung ins Zeitalter von Libra retten wollen; vgl. Libra White Paper. Version 2.0, 2, 11,25; Hagelüken, Das Ende des Geldes, 170.

42 Fernand Braudel, Afterthoughts on Material Civilization and Capitalism, Baltimore 1977, 64. – Zum Online-Staat vgl. Hanl, Währungswettbewerber Facebook, 16; Hofmann, The Changing Concept of Money, 55–57; Mersch, Money and pri-

vate currencies, 16; Schmeling, What is Libra?, 3. Und zur Umbenennung von Libra in Diem vgl. Aus Libra wird Diem, in: Spiegel Netzwelt, 02.10.2020.

5. Kapitel: Spiele der Wahrheit

1 Bratton, The Stack, 7–9, 14, 31–32; Reijer Hendrikse/Rodrigo Fernandez, Offshore Finance: How Capital Rules the World, in: Research Gate, 24.01.2019, 33–35 (https://www.researchgate.net/publication/330713868_Offshore_Finance_How_Capital_Rules_the_World).

2 Slobodian, Globalisten, 9–28, 336–337; Foucault, Die Geburt der Biopolitik, 188–190; Hendrikse/Fernandez, Offshore Finance, 30.

3 Friedrich Hayek, Der Weg zur Knechtschaft, zit. nach: Mirowski, Untote leben länger, 87.

4 Milton Friedman, Kapitalismus und Freiheit (1963), Stuttgart-Degerloch 1971, 21, 38–39, 45, 78–81; ders., Should There Be an Independent Monetary Authority?, in: The Essence of Friedman, 443; ders., The Economics of Free Speech, in: ebd., 9–17.

5 Herbert I. Schiller, Information and the Crisis Economy, New York u. a. 1986, 37; First National Bank of Boston v. Bellotti, 435 US 765 (1978) at 766.

6 Citizens United v. Federal Election Commission, 558 U. S. 310 (2010) (https://www.sup remecourt.gov/opinions/09pdf/08-205.pdf); vgl. dazu Wendy Brown, Die schleichende Revolution. Wie der Neoliberalismus die Demokratie zerstört, Berlin 2015, 181–208.

7 Etwa von Nicholas Negroponte, vgl. Mosco, The Digital Sublime, 73.

8 47 U. S. Code § 230 – Protection for private blocking and screening of offensive material, Subsection (c)(1) und (b)(2) bzw. (a)(4) (https://www.law.cornell.edu/us code/text/47/230); vgl. Jeff Kosseff, The Twenty-Six Words That Created the Internet, Ithaca u. a. 2019, 57–76; Christopher Zara, The Most Important Law in Tech has a Problem, in: Wired, 01.03.2017 (https://www.wired.com/2017/01/the-most-impor tant-law-in-tech-has-a-problem/); Zuboff, Surveillance Capitalism, 110–111.

9 Vgl. die Artikel 12–14 in dieser Richtlinie, welche die Nicht-Verantwortlichkeit von Internetdiensten definieren: https://eur-lex.europa.eu/LexUriServ/Lex UriServ.do?uri=CELEX:32000L0031:DE:HTML; zu den Ähnlichkeiten und Unterschieden zwischen US-amerikanischer und europäischer Gesetzgebung bzw. Rechtsprechung, die sich vor allem auf die unterschiedliche Gewichtung von Redefreiheit und Privatsphäre beziehen, vgl. Kosseff, The Twenty-Six Words, 149–163; Kenneth Propp, The emerging EU regulatory landscape for digital platform liability, in: Atlantic Council, 22.10.2019 (https://www.atlanticcouncil.org/blogs/new-atlanticist/the-emerging-eu-regula tory-landscape-for-digital-platform-liability/); Daphne Keller, Internet Platforms. Observations on Speech, Danger, and Money, in: Hoover Working Group on National Security, Technology, and Law, Aegis Series Paper No. 1807, June 13, 2018 (revised June 28, 2018), 11–15 (https:// lawfareblog . com/internet – platforms – observations – speech – danger – and – money).

10 Vgl. etwa das deutsche Teledienstgesetz vom 22.07.1997 (Abschnitt 3. Verantwortlichkeit), das im Februar 2007 vom Elektronischer-Geschäftsverkehr-Vereinheitlichungsgesetz (Abschnitt 3. Verantwortlichkeit) abgelöst wurde.

11 Mark Zuckerberg, zitiert nach Nicole S. Cohen, The Valorization of Surveillance: Towards a Political Economy of Facebook, in: Democratic Communiqué 22, No. 1, Spring 2008, 13–14. – Vgl. Forum on Information, 87–88.

12 Adrian Lobe, Der redet nur Blech, doch das darf er, in: Süddeutsche Zeitung, 18.08.2020, 11.

13 Seit Juni 2020 wird in den USA eine Reform von Section 230 diskutiert, ein Gesetzesentwurf zur Platform Accountability and Consumer Transparency (PACT), der auf Transparenz bei der Moderation von Inhalten und auf Beschwerdemechanismen abzielt; vgl. Forum on Information, 39. – Die bislang schärfste Initiative wurde Ende November 2020 von der EU mit einem Data-Governance-Act in Aussicht gestellt: die Gründung unabhängiger Organisationen, die als nicht kommerzielle Treuhänder den Transport und die Bündelung der Datenströme in Europa übernehmen und damit die Monopole der US-amerikanischen Konzerne brechen sollen (vgl. Holger Beckmann, Europas Angriff auf Google & Co., in: tagesschau.de, 25.11.2020 (https://www.tages schau.de/ausland/eu-datenschutz-115.html).

14 Kosseff, The Twenty-Six Words, 139–140; Matt Reynolds, The strange story of Section 230, the obscure law that created our flawed, broken internet, in: Wired, 24.03.2019, 5–6 (https://www.wired.co.uk/article/section-230-communications-decency-act). – Zur rechtlichen Diskussion freier Rede im Internet insbesondere in den USA vgl. Keller, Internet Platforms.

15 Shapiro, The Control Revolution, 53–59; Parker/Van Alstyne/Choudary, Platform Revolution, 7–8.

16 Evgeny Morozov, Smarte neue Welt. Digitale Welt und die Freiheit des Menschen, München 2013, 279–280.

17 Baecker, 4.0., 18.

18 Die Grundpfeiler der Google-Suche (https://www.google.com/search/howsearch works/mission/).

19 Cardon, À quoi rêvent les algorithms, 24–29; Eric Goldman, Search Engine Bias and the Demise of Search Engine Utopianism, in: Yale Journal of Law & Technology 8, 2006, 188–200; A. Diaz, Through the Google Goggles: Sociopolitical Bias in Search Engine Design, in: Amanda Spink/Michael Zimmer (Hg.), Web Search. Multidisciplinary Perspectives, Berlin u. a. 2008, 11–34; Hal R. Varian, The economics of Internet search, in: Johannes M. Bauer/Michael Latzer (Hg.), Handbook on the Economics of the Internet, Northampton 2016, 385–394.

20 Mark Zuckerberg, Building Global Community, 16.02.2017, 7–11 (https://www.facebook.com/notes/mark-zuckerberg/building-global-community/10154544292806634/); ders., zit. nach Ammann, Die Machtprobe, 207; vgl. auch die «Gemeinschaftsstandards» von Facebook: https://de-de.facebook.com/communitystan dards/. – Zur Nicht-Neutralität in den Selektionen von Suchmaschinen vgl. Goldman, Search Engine Bias.

21 Cardon, À quoi rêvent les algorithms, 66–71; Cohen, The Valorization of Surveillance, 12–13; Cathy O'Neil, Angriff der Algorithmen: Wie sie Wahlen manipulie-

ren, Berufschancen zerstören und unsere Gesundheit gefährden, München 2017, 244–252; Zuboff, Surveillance Capitalism, 458–461; Brian Morrissey, Facebook gives new face to online ads, in: Brandweek 47/35, 02.10.2006.

22 Tweet von Donald Trump, zit. nach Ammann, Die Machtprobe, 241.

23 Marx, Grundrisse der Kritik der politischen Ökonomie, in: MEW 42, 602; Cohen, The Valorization of Surveillance, 13; Paolo Virno, Grammatik der Multitude. Der Engel und der General Intellect, Wien 2019, 142–144.

24 So die ehemalige Google-Managerin Marissa Mayer, der Google-Chef Eric Schmidt und Facebooks Zuckerberg, zit. nach Morozov, Smarte neue Welt, 244–245; sowie Martin Weinberger, Too Big to know. Das Wissen neu denken, denn Fakten sind keine Fakten mehr, die Experten sitzen überall, und die schlaueste Person im Raum ist der Raum, Bern 2013, 13.

25 Novalis, Das allgemeine Brouillon (Materialien zur Enzyklopädistik), in: Schriften hg. v. P. Kluckhohn u. R. Samuel, Bd. 3, Stuttgart [3]1983, 275.

26 Bratton, The Stack, 8.

27 Vgl. Martin Heidegger, Die Herkunft der Kunst und die Bestimmung des Denkens, in: Petra Jaeger/Rudolf Lüthe (Hg.), Distanz und Nähe. Reflexionen und Analysen zur Kunst der Gegenwart, Würzburg 1983, 11–22; zum Internet als Weltbild vgl. Kevin Kelly, New Rules for the New Economy (1998), zit. nach Thomas Frank, One Market under God. Extreme Capitalism, Market Populism, and the End of Economic Democracy, London 2001, 345.

28 Alexander R. Galloway, The Poverty of Philosophy: Realism and Post-Fordism, in: Critical Inquiry 39, Winter 2013, 352; vgl. hierzu auch Lucas D. Introna, Algorithms, Governance, and Governmentality: On Governing Academic Writing, in: Science, Technology, & Human Values 41/1, 2016, 27.

29 Adrian Mackenzie, Cutting Code. Software and Sociality, New York u. a. 2006, 5–6.

30 Galloway, Poverty of Philosophy, 352.

31 Mark Fisher, Capitalist Realism. Is There No Alternative? Winchester u. a. 2009, 17.

32 Deleuze/Guattari, Anti-Ödipus, 45.

33 Vgl. Michel Betancourt, Kritik des Digitalen Kapitalismus, Darmstadt 2018, 184, 208; Cardon, À quoi rêvent les algorithms, 43; Frieder Nake, Das algorithmische Zeichen, in: W. Bauknecht/W. Brauer/Th. Mück (Hg.), Informatik 2001. Tagungsband der GI/OCG Jahrestagung 2001, Bd. 2, Konstanz 2001, 736–742.

34 Weinberger, Too Big to know, 10–11.

35 Chris Anderson, The End of Theory: The Data Deluge Makes the Scientific Method Obsolete, in: Wired, 23.06.2008, 5 (https://www.wired.com/2008/06/pb-theory/); Alex Pentland, Social Physics. How Good Ideas Spread. Lessons from a New Science, New York 2004.

36 Anderson, The End of Theory, 5.

37 Jean-François Lyotard, Das postmoderne Wissen, Wien 1986, 23.

38 Anderson, The End of Theory, 5; vgl. auch Armin Nassehi, Muster. Theorie der digitalen Gesellschaft, München 2019, 80–82.

39 Beispiele von Anderson, The End of Theory, 5; Weinberger, Too Big to know, 51, 221; Ammann, Die Machtprobe, 201.

40 Tooze, Crashed, 22.

41 Vgl. etwa Robert N. Procter/Londa Schiebinger (Hg.), Agnotology. The Making and Unmaking of Ignorance, Stanford 2008; Mirowski, Untote leben länger, 210–217; Susan Jacoby, The Age of American Unreason in a Culture of Lies, New York [2]2018, 221–243.

42 Vgl. Ludwig von Mises, Liberalismus, Jena 1927, 8: «Die Tatsache, daß es Not und Elend gibt, wäre selbst dann kein Beweis gegen den Liberalismus, wenn die Welt heute liberale Politik befolgen würde; noch immer bliebe ja die Frage offen, ob nicht bei anderer Politik mehr Not und Elend herrschen würden.» – Hayek, Der Wettbewerb als Entdeckungsverfahren, 4: Die «Gültigkeit einer Theorie des Wettbewerbs» kann «für jene Fälle, in denen sie interessant ist, nie empirisch nachgeprüft werden».

43 Mirowski, Untote leben länger, 89; Mirowski /Niki-Kah, The Knowledge We Have Lost in Information, 7, 70–72; William Davies/Linsey McGoey, Rationalities of ignorance: on financial crisis and the ambivalence of neo-liberal epistemology, in: Economy and Society, 41/1, 02.02.2012, 70 (https://doi.org/10.1080/03085147.2011.637331).

44 Zit. nach Ronald E. Day, The Modern Invention of Information. Discourse, History, and Power, Cabondale/IL 2008, 42–48; William Aspray, The Scientific Conceptualization of Information: A Survey, in: Annals of the History of Computing 7/2, April 1985, 123.

45 Friedrich August von Hayek, Economics and Knowldege, in: Economica, New Series 4/13, Februar 1937, 33–54; vgl. hierzu: Slobodian, Globalisten, 121.

46 Tri Vi Dang/Gary Gorton/Bengt Holmström, Ignorance, Debt and Financial Crises, Columbia University, April 2015, 1, 4, 38 (http://www.columbia.edu/~td2332/Paper_Ignorance.pdf); hierzu: Mirowski/Nik, The Knowledge We Have Lost in Information, 33. – Siehe auch Slobodian, Globalisten, 325; Mirowski, Untote leben länger, 86, 201–202; Colin Crouch, Die bezifferte Welt. Wie die Logik der Finanzmärkte das Wissen bedroht. Postdemokratie III, Berlin 2015, 13.

47 Elisa Shearer/Jeffrey Gottfried, News Use Across Social Media Platforms 2017, in: Pew Research Center, 06.09.2017 (https://www.journalism.org/wp-content/up loads/sites/8/2017/09/PJ_17.08.23_socialMediaUpdate_FINAL.pdf).

Exkurs: Fabel und Finanz

1 Baecker, 4.0., 196–197 (u. a. mit Verweis auf Peter Glaser, Der Überallgorithmus: Sind Programmiersprachen die neuen Weltsprachen? In: Neue Zürcher Zeitung, 16.02.2016, 37). – Die Begriffsprägung *infopinion* – systematische Indifferenz von Information und Meinung – wird David Weinberger zugeschrieben.

2 Vgl. Anton Delbrück, Die pathologische Lüge und die psychisch abnormen Schwindler. Eine Untersuchung über den allmählichen Übergang eines normalen psychischen Vorgangs in ein pathologisches Symptom. Für Ärzte und Juristen, Stuttgart 1891, 124.

3 Ingebretsen, Nasdaq, 58–59, 63–64.
4 Aral, The Hype Machine, 26–28.
5 Crain, Financial markets and online advertising, 374, 376, 379; Cassidy, Dot.con, 81.
6 Harry G. Frankfurt, Bullshit, Frankfurt/M. 2006.
7 Vgl. Janine Wedel, Shadow Elite. How the World's New Power Broker Undermine Democracy, Government, and the Free Markets, New York 2009, 23–45.
8 Wolfgang Ullrich, Ganz ohne Einflussangst. Zur Karriere der Influencer, in: POP. Kultur und Kritik 12, Frühling 2018, 45–49; Sebastian Löwe, Social Media Oktober, in: Pop-Zeitschrift, 22.10.2018 (https://pop-zeitschrift.de/2018/10/22/social-media-oktober-von-sebastian-loewe/#_ftnref8).
9 Herman Melville, Maskeraden oder Vertrauen gegen Vertrauen, Hamburg 1999, 18–19, 21, 91 (im Folgenden mit Seitenangaben im Text zitiert).
10 Michel Imbert, *The Confidence-Man* d'Herman Melville ou le discrédit des signes: du papier-monnaie aux Saintes Ècritures, in: Social Science Information 30/2, 01.06.1991, 305–322 (https://journals.sagepub.com/doi/abs/10.1177/053901891030002007); Matt Seybold, The Political Economy of *The Confidence-Man*, in: Leviathan 21/3, Oktober 2019, 51–59.
11 Christopher W. Sten, The Dialogue of Crisis in *The Confidence-Man*: Melville's «New Novel», in: Studies in the Novel 6/2, Sommer 1974, 165–185; Alexandra Vasa/Philippe Roepstorff-Robiano, Börsen-, Spekulations- und Inflationsroman, in: Joseph Vogl/Burkhardt Wolf (Hg.), Handbuch Literatur und Ökonomie, Berlin u. a. 2019, 578. – Während der «Kosmopolit» die zweite Romanhälfte dominiert, taucht er in der ersten Hälfte unter folgenden Versionen auf: Taubstummer, Mann mit Trauerflor, «Black Guinea», Mann im grauen Mantel, Mann mit Buch, Kräuterdoktor, Vertreter einer Philosophischen Gesindeagentur.
12 John W. Shroeder, Sources and Symbols for Melville's Confidence-Man, in: PMLA 66/4, 1951, 371; Wolfgang Pircher, Die Inszenierung von Vertrauen. Zur Theatralität des Geldes, in: Ralf Bohn/Heiner Wilharm (Hg.), Inszenierung und Ereignis, Bielefeld 2015, 200.
13 Melville, Maskeraden, 29; ders., The Confidence-Man: His Masquerade, hg. v. Elizabeth S. Foster, New York 1954, 12.
14 Imbert, *The Confidence-Man*, 308.
15 Melville, Confidence-Man, 13.
16 Melville, Maskeraden, 123–124; ders., Confidence-Man, 62.
17 Jacques Lacan, Die Psychosen. Das Seminar, Buch III (1955–1956), Wien 2016, 316–317.
18 Gilles Deleuze, Bartleby oder die Formel, in: Kritik und Klinik, Frankfurt/M. 2000, 112.
19 Lacan, Die Psychosen, 178; vgl. Lars Distelhorst, Kritik des Postfaktischen. Der Kapitalismus und seine Spätfolgen, Paderborn 2019, 179.
20 Melville, Confidence-Man, 206.
21 Lacan, Die Psychosen, 89–92. – Lacan bietet dabei die komplementäre Episode eines Eifersüchtigen auf, der sich gerade als «normaler Typus» der Gewissheit verweigert: «Das ist die berühmte Geschichte vom Eifersüchtigen, der seine Frau bis zur Tür des Zimmers verfolgt, wo sie mit einem anderen eingeschlossen

ist. Sie steht hinreichend in Kontrast zu der Tatsache, daß der Wahnsinnige auf jegliche reale Referenz verzichtet» (ebd. 92).

22 Seybold, The Political Economy of *The Confidence-Man*, 52.

23 Ähnliche Argumentationsfiguren führten – ebenfalls mit Rückgriff auf Jacques Lacan – zur Diagnose einer ‹psychotischen Struktur› solcher Diskurse; vgl. Distelhorst, Kritik des Postfaktischen, 170–183.

24 John G. Cawelti, Some Notes on the Structure of *The Confidence-Man*, in: American Literature 29/3, November 1957, 285; Imbert, *The Confidence-Man*, 319. – Vgl. hierzu und zum Folgenden auch Lacan, Die Psychosen, 80–81.

25 Vgl. Latour, Existenzweisen, 150–151 (mit indirektem Verweis auf Descartes); zum Verlust symbolischer Wirksamkeit: Slavoj Žižek, Die Tücke des Subjekts, Frankfurt/M. [3]2017, 443–460.

6. Kapitel: Die List der ressentimentalen Vernunft

1 Immanuel Kant, Idee zu einer allgemeinen Geschichte in weltbürgerlicher Absicht, in: Werke, hg. v. Wilhelm Weischedel, Wiesbaden 1964, Bd. 6, 37; ders., Zum ewigen Frieden. Ein philosophischer Entwurf, ebd., 224; Samuel Pufendorf, Die Gemeinschaftspflichten des Naturrechts. Ausgewählte Stücke aus *De officio Hominis et Civis* 1673, Frankfurt/M. 1943, 9 ff. – Vgl. hierzu Joseph Vogl, Kalkül und Leidenschaft. Poetik des ökonomischen Menschen, Zürich-Berlin 32008, 41–44.

2 Bernard Mandeville, Die Bienenfabel oder Private Laster, öffentliche Vorteile, Frankfurt/M. 1980, 147–154.

3 Marx, Grundrisse, in: MEW 42, 149.

4 Friedrich Nietzsche, Zur Geneaologie der Moral, in: Sämtliche Werke. Kritische Studienausgabe, hg. v. G. Colli u. M. Montinari, München 1999, Bd. 5, 270, 374; ders. Götzen-Dämmerung, oder: Wie man mit dem Hammer philosophiert, in: ebd., Bd. 6, 92–93; Max Scheler, Das Ressentiment im Aufbau der Moralen (1915), in: Vom Umsturz der Werte. Abhandlungen und Aufsätze, Gesammelte Werke, Bd. 3, Bern [5]1972, 37–42; Jean-Paul Sartre, Der Idiot der Familie. Gustave Flaubert 1821–1857, Bd. 1, Reinbek 1977, 404–427. – Vgl. dazu Gilles Deleuze, Nietzsche und die Philosophie, Frankfurt/M. 1985, 122–130; Reinhard Olschanski, Ressentiment. Über die Vergiftung des europäischen Geistes, Paderborn 2015, 15–50.

5 Deleuze, Nietzsche, 129.

6 Werner Sombart, Der Bourgeois. Zur Geistesgeschichte des modernen Wirtschaftsmenschen, München u. a. 1913, 431–432; Scheler, Ressentiment, 44–46. – Allerdings hat das Ressentiment schon seit dem 18. Jahrhundert den Charakter einer Empfindung ohnmächtigen Schmerzes, mit Rachegedanken verbunden, angenommen (P. Probst, Ressentiment, in: Historisches Wörterbuch der Philosophie, hg. v. J. Ritter u. a., Darmstadt 2007, Bd. 8, 921); und als *resentment* bzw. «Vergeltungsgefühl» hat es seit Adam Smith und vor dem Hintergrund entstehender Marktmodelle in eine Ökonomie des Verdienens geführt, in der Sympathien mit den Akten des Belohnens und Bestrafens gleichermaßen als Reaktionsweisen des

«Vergeltungsgefühls» ausgewiesen sind (Adam Smith, Theorie der ethischen Gefühle, hg. v. W. Eckstein, Hamburg 1994, 95–114; vgl. Ashraf H. A. Rushdy, After Injury: A Historical Anatomy of Forgiveness, Resentment, and Apology, Oxford 2018, 124–125).

7 Scheler, Ressentiment, 42.

8 Nietzsche, Genealogie, 280. – Vgl. hierzu und zur Kritik liberaler Rechtsgleichheit Christoph Menke, Kritik der Rechte, Berlin 2015, 345–351,

9 Karl Marx, Zur Judenfrage, in: MEW 1, 366; vgl. Menke, Kritik der Rechte, 7–12.

10 Scheler, Ressentiment, 42–43; vgl. Patrick Lang, Max Scheler's Analysis of *Ressentiment* in Modern Democracies, in: Bernardino Fantini/Dolores Martín Moruno/Javier Moscoso (Hg.), On Resentment: Past and Present, Newcastle 2013, 64; Uffa Jensen, Zornpolitik, Berlin 2017, 37–38. – Zum fehlenden Nachweis eines Zusammenhangs zwischen Ressentiment und ökonomischen Nachteilen vgl.: Philip Manow, Die politische Ökonomie des Populismus, Berlin 2018, 13; Jan-Werner Müller, Was ist Populismus? Ein Essay, Berlin 2016, 33; Karin Priester, Rechter und linker Populismus, Annäherung an ein Chamäleon, Frankfurt/M. 2012, 17–18; Tooze, Crashed, 576.

11 Scheler, Ressentiment, 44–50, 67, 119–120; Sartre, Der Idiot der Familie, Bd. 5, Reinbek 1980, 251; Olschanski, Ressentiment, 18–19.

12 Sören Kierkegaard, Kritik der Gegenwart, oder: Zwei Zeitalter, Salzburg u. a. 2011, 34, 38. – Kierkegaard verwendet den dänischen Begriff *misundelse*, der ins Deutsche mit ‹Neid›, ins Englische mit *envy* oder *ressentiment* übersetzt wurde und als «ethischer Neid» (ebd., 35) eine enge strukturelle Verwandtschaft mit dem Begriff des Ressentiments bei Nietzsche und Scheler aufweist: verbunden mit einem «Reflexions-Spiel» des Vergleichens und «Nivellierens» (ebd., 40); vgl. dazu Rushdy, After Injury, 146–170. – Zur «Wertungsform» des Ressentiments bei Scheler vgl. Lang, Max Scheler's Analysis of *Ressentiment*, 66; und zur ‹Neurotisierung› des objektiven Geistes durch das Ressentiment: Sartre, Der Idiot der Familie, Bd. 5 (Vierter Teil. Objektive und Subjektive Neurose).

13 Jacques Lacan, La logique du fantasme. Séminaire 1966–1967, Paris 2004 (Sitzung vom 31.05.1967); vgl. Slavoij Žižek, Genieße Deine Nation wie Dich selbst! Der andere und das Böse – vom Begehren des ethnischen Dings, in: Joseph Vogl (Hg.), Gemeinschaften. Positionen zu einer Philosophie des Politischen, Frankfurt/M. 1994, 145; Samo Tomšič, The Capitalist Unconscious. Marx and Lacan, London u. a. 2015, 67–69.

14 Sartre, Der Idiot der Familie, Bd. 1, 404–405; ähnlich Kierkegaard, Kritik der Gegenwart, 19–20.

15 Manuel Funke/Moritz Schularick/Christoph Trebesch, Going to extremes: Politics after financial crises, 1870–2014, in: European Economic Review 88, 2016, 227–260, insbesondere 227–229; Manuel Funke/Christoph Trebesch, Financial Crises and the Populist Right, in: ifo DICE Report 15/4, Dezember 2017, 6–9.

16 Theodor W. Adorno, Aspekte des neuen Rechtsradikalismus, Berlin 2019, 9–10.

17 Vgl. Piketty, Das Kapital im 21. Jahrhundert.

18 Karl Marx/Friedrich Engels, Das kommunistische Manifest. Eine moderne Edition, Hamburg u. a. 1999, 46–48.

19 Arendt, Elemente und Ursprünge totaler Herrschaft, 44–83; vgl. Gerhard Han-

loser, Antisemitismus. Eine Geschichte in drei Stationen von der Gründerzeit über die Weltwirtschaftskrise bis heute, Münster 2003, 39–62.

20 Vogl, Das Gespenst des Kapitals, 124–127.

21 Melville, Confidence-Man, 9; Hayek, zit. nach Hendrikse/Fernandez, Offshore Finance, 32–33.

22 Max Horkheimer/Theodor W. Adorno, Dialektik der Aufklärung. Philosophische Fragmente, Frankfurt/M. 1971, 156.

23 Arendt, Elemente und Ursprünge totaler Herrschaft, 100, 336.

24 Theodor W. Adorno, Studies in the Authoritarian Personality, in: Gesammelte Schriften, hg. V. R. Tiedemann, Darmstadt 1998, Bd. 9/1, Soziologische Schriften II, Erste Hälfte, 269; vgl. Bernd Sommer, Prekarisierung und Ressentiment. Soziale Unsicherheit und rechtsextreme Einstellungen in Deutschland, Wiesbaden 2010, 250–258.

25 Vgl. Evgeny Morozov, Bizarre Freundschaften. Die neuen Rechten und Big Tech, in: Süddeutsche Zeitung, 21.01.2019, 11; Tränen in der Facebook-Zentrale, in: Spiegel Netzwelt, 28.09.2015 (https://www.spiegel.de/netzwelt/netzpolitik/face book-frage stunde-mit-indiens-regierungschef-modi-endet-mit-traenen-a-1055000.html); Face book CEO Mark Zuckerberg Hails PM Narendra Modi For Connecting With Masses Via Facebook, in: NDTV, 17.02.2017 (https://www.ndtv.com/india-news/facebook-ceo-mark-zuckerberg-hails-pm-narendra-modi-for-connecting-with-masses-via-facebook-1660719); Zuboff, Surveillance Capitalism, 126; Yochai Benkler/Robert Faris/Hal Roberts, Network Propaganda: Manipulation, Disinformation, and Radicalization in American Politics, Oxford 2018, 272; Jacob S. Hacker/Paul Pierson, Let them Eat Tweets: How the Right Rules in an Age of Extreme Inequality, New York 2020; Maik Fielitz/Holger Marcks, Digitaler Faschismus. Die sozialen Medien als Motor des Rechtsextremismus, Berlin 2020, 121; Roger McNamee im Interview mit Jannis Brühl, in: Die Aussteiger, in: Süddeutsche Zeitung, 15.09.2020, 9; Aral, The Hype Machine, 47.

26 Benkler/Faris/Roberts, Network-Propaganda, 269–288

27 Mark Zuckerberg, Building Global Community, 16.02.2017, 1–10 (https://www.face book.com/notes/mark-zuckerberg/building-global-community/10154544292806634/); vgl. Facebook CEO Mark Zuckerberg Hails PM Narendra Modi For Connecting With Masses Via Facebook, in: NDTV, 17.02.2017; Forum on Information, 68. – Zum Verhältnis von Liberalismus, Populismus und Gemeinschaftskonzepten in den USA vgl. Priester, Rechter und linker Populismus, 193–195.

28 Vgl. ebd., passim; Müller, Was ist Populismus?; Manow, Die politische Ökonomie des Populismus.

29 Zuckerberg, Building Global Community, 3; Herfried Münkler, Populismus in Deutschland. Eine Geschichte seiner Mentalitäten, Mythen und Symbole, o. O. 2012, 8.

30 Benkler/Faris/Roberts, Network-Propaganda, 13–14.

31 Vgl. Andreas Reckwitz, Die Gesellschaft der Singularitäten. Zum Strukturwandel der Moderne, Berlin 2019, 261–263.

32 Zit. nach Müller, Was ist Populismus?, 58.

33 Ebd., 56–57.

34 Nach einer Bemerkung des letzten US-Präsidenten, zitiert in: Hubert Wetzel, Mobilisierung per App, in: Süddeutsche Zeitung, 28.05.2020, 7. – Überaus plausibel erscheinen darum Forderungen nach dem Einbau von Friktionen, Verzögerungen und Unterbrechungen in der Netzkommunikation; vgl. Forum on Information, 77–76.

35 Michael Latzer/Katharina Hollnbuchner/Natascha Just/Florian Saurwein, The economics of algorithmic selection on the Internet, in: Johannes M. Bauer/Michael Latzer (Hg.), Handbook on the Economics of the Internet, Cheltenham u. a. 2016, 395–425.

36 Parker/Van Alstyne/Choudary, Platform Revolution, 10–11.

37 Lorraine Daston, Warum sind Fakten kurz? In: Kaleidoskopien 4, 2002, 132–144.

38 Henri Monniers Spießerfigur Joseph Prudhomme, zit. nach einer Übersetzeranmerkung von Traugott König in: Sartre, Idiot der Familie, Bd. 1, 620.

39 Zuckerberg, Building Global Community, 4; Forum on Information, 68.

40 Aral, The Hype Machine, 65–67.

41 Deleuze, Postskriptum über die Kontrollgesellschaften, 258. – Zum Begriff des Molaren vgl. Deleuze/Guattari, Tausend Plateaus, 290–297.

42 Gabriel Tarde, Die Gesetze der Nachahmung (1890), Frankfurt/M. 2003; zur These, die Digitalisierung mache soziale Regelmäßigkeiten nur sichtbar, «ohne sie erfunden zu haben» vgl. Nassehi, Muster, 44.

43 Vgl. Reckwitz, Gesellschaft der Singularitäten, 429–442; Zoran Terzić, Idiocracy. Denken und Handeln im Zeitalter des Idioten, Zürich-Berlin 2020, 173–175.

44 Ernesto Laclau, Universalismus, Partikularismus und die Frage der Identität, in: Emanzipation und Differenz, Wien-Berlin 2002, 45–64.

45 Terzić, Idiocracy, 161–181. – Vielleicht wäre dafür auch der Begriff eines ‹plutokratischen Populismus› angebracht, sofern Mechanismen der Tribalisierung mit Strategien der Bereicherung verknüpft sind (vgl. Hacker/Pierson, Let Them Eat Tweets, 5 und passim).

46 Jodi Dean, Publicity's Secret: How Technoculture Capitalizes on Democracy, Cornell 2002, 8.

Literaturverzeichnis

[Anonym]: Ein Boom für die Reichen, in: Süddeutsche Zeitung, 10. Juli 2019, S. 17.

[Anonym]: Facebook CEO Mark Zuckerberg Hails PM Narendra Modi For Connecting With Masses Via Facebook, in: NDTV, 17. Februar 2017 (https://www.ndtv.com/india-news/facebook-ceo-mark-zuckerberg-hails-pm-narendra-modi-for-connecting-with-masses-via-facebook-1660719).

[Anonym]: Tech-Konzerne profitieren, in: Süddeutsche Zeitung, 31. Oktober / 01. November 2020, S. 24.

[Anonym]: Tränen in der Facebook-Zentrale, in: Spiegel Netzwelt, 28. September 2015 (https://www.spiegel.de/netzwelt/netzpolitik/facebook-fragestunde-mit-indiens-regierungschef-modi-endet-mit-traenen-a-1055000.html).

[Anonym]: Viel Lohn für wenige, in: Süddeutsche Zeitung, 05. Juli 2019, S. 8.

[Anonym]: Wie Uber täglich 10 Millionen Euro Verlust einfährt, in: Orange by Handelsblatt, 05. Juni 2019 (https://orange.handelsblatt.com/artikel/61372).

Abraham, Louis / Dominique Guégan: The other side of the Coin: Risks of the Libra Blockchain, in: Working Papers Department of Economics Ca' Foscari University of Venice 30 (2019), S. 1–36.

Acheson, A. L. K. u. a. (Hg.): Bretton Woods Revisited. Evaluations of the International Monetary Fund and the International Bank for Reconstruction and Development, Toronto 1972.

Adorno, Theodor W.: Aspekte des neuen Rechtsradikalismus, Berlin 2019.

Adorno, Theodor W.: Studies in the Authoritarian Personality, in: Gesammelte Schriften, hg. v. R. Tiedemann, Bd. 9/1, Soziologische Schriften II, Erste Hälfte, Darmstadt 1998.

Almiron, Núria: Journalism in Crisis: Corporate Media and Financialization, New York 2010.

Ammann, Thomas: Die Machtprobe. Wie Social Media unsere Demokratie verändern, Hamburg 2020.

Anderson, Chris: The End of Theory: The Data Deluge Makes the Scientific Method Obsolete, in: Wired, 23. Juni 2008 (https://www.wired.com/2008/06/pb-theory/).

Aral, Sinan: The Hype Machine. How Social Media Disrupts Our Elections, Our Economy and Our Health – and How we Must Adapt, London 2020.

Arendt, Hannah: Elemente und Ursprünge totaler Herrschaft. Antisemitismus, Imperialismus, totale Herrschaft, München 1986.

Arzt, Ingo: Die Geister, die ich rief, in: die tageszeitung, 30. Juli 2019, S. 3.
Aspray, William: The Scientific Conceptualization of Information: A Survey, in: Annals of the History of Computing 7/2 (1985), S. 117–145.
Bachelier, Louis: Théorie de la Spéculation, in: Annales scientifiques de l'École Normale Supérieure, Sér. 3, Bd. 17, 1900, S. 21–86.
Baecker, Dirk: 4.0 oder Die Lücke, die der Rechner lässt, Berlin 2018.
Becker, Gary: A Theory of the Allocation of Time, in: Economic Journal 75/299 (1965), S. 493–517.
Beckmann, Holger: Europas Angriff auf Google & Co., in: tagesschau.de, 25. November 2020 (https://www.tagesschau.de/ausland/eu-datenschutz-115.html).
Benkler, Yochai: The Wealth of Networks: How Social Production Transforms Markets and Freedom, New Haven 2006.
Benkler, Yochai / Faris, Robert / Roberts, Hal: Network Propaganda: Manipulation, Disinformation, and Radicalization in American Politics, Oxford 2018.
Betancourt, Michel: Kritik des Digitalen Kapitalismus, Darmstadt 2018.
Black, Fischer / Scholes, Myron: The Pricing of Options and Corporate Liabilities, in: Journal of Political Economy 81/3 (1973), S. 637–654.
Block, Fred L.: The Origins of International Economic Disorder. A Study of United States International Monetary Policy from World War II to the Present, Berkeley u. a. 1977.
Blyth, Mark: Austerity: The History of a Dangerous Idea, Oxford u. a. 2013.
Böckenförde, Ernst-Wolfgang: Kennt die europäische Not kein Gebot?, in: Neue Zürcher Zeitung, 21. Juni 2010.
Braithwaite, John: Regulatory Capitalism. How It Works, Ideas for Making It Work Better, Cheltenham u. a. 2008.
Bratton, Benjamin H.: The Stack. On Software and Sovereignty, Cambridge/MA 2015.
Braudel, Fernand: Afterthoughts on Material Civilization and Capitalism, Baltimore 1977.
Braunberger, Gerald: Deutschland und Italien: das Wirtschaftswachstum, in: Fazit, Frankfurter Allgemeine Wirtschaftsblog, 27. Mai 2018 (https://blogs.faz.net/fazit/2018/05/27/deutschland-und-italien-das-wirtschaftswachstum-9957/).
Brenner, Robert: Boom & Bubble. Die USA in der Weltwirtschaft, Hamburg 2003.
Brown, Brian A. / Quan-Haase, Anabel: «A Worker's Inquiry 2.0»: An Ethnographic Method for the Study of Produsage in Social Media Contexts, in: Christian Fuchs / Vinvent Moso (Hg.), Marx in the Age of Digital Capitalism, Leiden u. a. 2016, S. 447–448.
Brown, Wendy: Die schleichende Revolution. Wie der Neoliberalismus die Demokratie zerstört, Berlin 2015.
Brühl, Jannis: Die Aussteiger, Interview mit Tristan Harris und Roger McNamee, in: Süddeutsche Zeitung, 15. September 2020, S. 9.
Brühl, Volker: Libra – A Differentiated View on Facebook's Virtual Currency Project, in: Intereconomics 55/1 (2020), S. 60–61 (https://www.intereconomics.eu/contents/year/2020/number/1/article/the-afd-s-winning-formula-no-need-for-economic-strategy-blurring-in-germany.html).
Brunnermeier, Markus K. / James, Harold / Landau, Jean-Pierre: The Digitalization

of Money, Working Papers. Print, S. 11–16 (https://scholar.princeton.edu/markus/publi cations/digitalization-money).
Bruns, Axel: Blogs, Wikipedia, Second Life, and Beyond. From Production to Produsage, New York u. a., 2008.
Burke, Peter: Papier und Marktgeschrei. Die Geburt der Wissensgesellschaft, Berlin 2014.
Cardon, Dominique: À quoi rêvent les algorithms. Nos vies à l'heure des big data, Paris 2015.
Cassidy, Alan / Hulverscheidt, Claus: Was habt ihr denn?, in: Süddeutsche Zeitung, 24. Oktober 2019, S. 17.
Cassidy, John: Dot.con – How America Lost Its Mind and Money in the Internet Era, New York 2003.
Cassidy, John: How Markets Fail. The Logic of Economic Calamities, New York 2009.
Castells, Manuel: The Internet Galaxy. Reflections on the Internet, Business, and Society, Oxford 2003.
Catalini, Christian / Gratry, Oliver / Hou, J. Mark u.a: Die Libra-Reserve, 14. August 2019, S. 2 (https://libra.org/de-DE/wp-content/uploads/sites/14/2019/09/TheLibraRe serve_de_DE.pdf).
Cawelti, John G:. Some Notes on the Structure of *The Confidence-Man*, in: American Literature 29/3 (1957), S. 278–288.
Cesarano, Filipo: Money Theory and Bretton Woods. The Construction of an International Monetary Order, Cambridge 2006.
Chung, Wendy Hui Kyong: Control Freedom. Power and Paranoia in the Age of Fiber Optics, Cambridge/MA u. a. 2006.
Clement, Piet: Introduction, in: Claudio Borio u. a. (Hg.), Past and Future of Central Bank Cooperation, Cambridge u. a. 2008.
Cohen, Nicole S.: The Valorization of Surveillance: Towards a Political Economy of Facebook, in: Democratic Communiqué 22/1 (2008), S. 13–14.
Cömert, Hasan: Central Banks and Financial Markets. The Declining Power of US Monetary Policy, Cheltenham u. a. 2013.
Crain, Matthew: Financial markets and online advertising: reevaluating the dotcom investment bubble, in: Information, Communication & Society 17/3 (2014), S. 371 384.
Crouch, Colin: Die bezifferte Welt. Wie die Logik der Finanzmärkte das Wissen bedroht. Postdemokratie III, Berlin 2015.
Crouch, Colin: Gig Economy. Prekäre Arbeit im Zeitalter von Uber, Minijobs & Co., Frankfurt/M. 2019.
Dang, Tri Vi / Gorton, Gary / Holmström, Bengt: Ignorance, Debt and Financial Crises, Columbia University, April 2015 (http://www.columbia.edu/~td2332/Paper_Ignorance.pdf).
Daston, Lorraine: Warum sind Fakten kurz?, in: Kaleidoskopien 4 (2002), S. 132–144.
Davies, William / McGoey, Linsey: Rationalities of ignorance: on financial crisis and the ambivalence of neo-liberal epistemology, in: Economy and Society, 41/1 (2012), S. 64–83 (https://doi.org/10.1080/03085147.2011.637331).

Davis, Gerald F. / Kim, Suntae: Financialization of the Economy, in: Annual Review of Sociology 41 (2015) S. 203–221.
Day, Ronald E.: The Modern Invention of Information. Discourse, History, and Power, Cabondale/IL 2008.
Dean, Jodi: Publicity's Secret: How Technoculture Capitalizes on Democracy, Cornell 2002.
Delbrück, Anton: Die pathologische Lüge und die psychisch abnormen Schwindler. Eine Untersuchung über den allmählichen Übergang eines normalen psychischen Vorgangs in ein pathologisches Symptom. Für Ärzte und Juristen, Stuttgart 1891.
Deleuze, Gilles: Nietzsche und die Philosophie, Frankfurt/M. 1985.
Deleuze, Gilles: Foucault, Frankfurt/M. 1987.
Deleuze, Gilles: Postskriptum über die Kontrollgesellschaften, in: ders.: Unterhandlungen 1972–1990, Frankfurt/M. 1993, 254–262.
Deleuze, Gilles: Bartleby oder die Formel, in: ders.: Kritik und Klinik, Frankfurt/M. 2000, S. 94–123.
Deleuze, Gilles / Guattari, Félix: Anti-Ödipus. Kapitalismus und Schizophrenie I, Frankfurt/M. 1974.
Deleuze, Gilles / Guattari, Félix: Tausend Plateaus. Kapitalismus und Schizophrenie, Berlin 1992.
De Goede, Marieke: Virtue, Fortune, and Faith. A Genealogy of Finance, Minneapolis u. a. 2005.
Demary, Markus / Schuster, Thomas: Die Neuordnung der Finanzmärkte. Stand der Finanzmarktregulierung fünf Jahre nach der Lehman-Pleite, Köln 2013.
Diaz, A.: Through the Google Goggles: Sociopolitical Bias in Search Engine Design, in: Amanda Spink / Michael Zimmer (Hg.), Web Search. Multidisciplinary Perspectives, Berlin u. a. 2008, S. 11–34.
Distelhorst, Lars: Kritik des Postfaktischen. Der Kapitalismus und seine Spätfolgen, Paderborn 2019.
Donner, Martin: Äther und Information. Die Apriori des Medialen in Zeitalter technischer Kommunikation, Berlin 2017.
Dörre, Klaus: Demokratie statt Kapitalismus oder: Enteignet den Zuckerberg! In: Hanna Ketterer / Karina Becker (Hg.), Was stimmt nicht mit der Demokratie? Eine Debatte mit Klaus Dörre, Nancy Fraser, Stephan Lessenich und Hartmut Rosa, Frankfurt/M. 2019, S. 21–51.
Dörre, Klaus: Landnahme und die Grenzen kapitalistischer Dynamik. Eine Ideenskizze, in: Berliner Debatte INITIAL 22/4 (2011), S. 56–72.
Duménil, Gérard / Lévy, Dominique: The Crisis of Neoliberalism, Cambridge/MA u. a. 2011.
Dunbar, Nicholas: Inventing Money. The Story of Long-Term Capital Management and the Legends behind it, Chichester 2000.
Eichengreen, Barry: Vom Goldstandard zum Euro. Die Geschichte des internationalen Währungssystems, Berlin 2000.
Eichengreen, Barry: Global Imbalances and the Lessons of Bretton Woods, Cambridge/MA 2007.
Eichler, Stefan / Thum, Marcel: Libra – Totengräberin für gescheiterte Währungen,

Herausforderung für gute Regulierung, in: ifo Schnelldienst 72/17, 12. September 2019, S. 20.
Egger, Pepe: Außer Kontrolle, in: Der Freitag, 30. April 2020, S. 6.
Ekman, Mattias: The Relevance of Marx' Theory of Primitive Accumulation for Media and Communication Research, in: Christian Fuchs / Vincent Mosco (Hg.), Marx in the Age of Digital Capitalism, Leiden u. a. 2016, S. 105–132.
Erhard, Ludwig: Wohlstand für alle, Düsseldorf 1957.
Esposito, Elena: Die Zukunft der Futures. Die Zeit des Geldes in Finanzwelt und Gesellschaft, Heidelberg 2010.
Esposito, Elena: Information, in: Claudio Baraldi / Giancarlo Corsi / Elena Esposito: Glossar zu Niklas Luhmanns Theorie sozialer Systeme, Frankfurt/M. 1997, S. 76–78.
Fama, Eugene / Miller, Merton H.: The Theory of Finance, Hinsdale/IL 1972.
Fielitz, Maik / Marcks, Holger: Digitaler Faschismus. Die sozialen Medien als Motor des Rechtsextremismus, Berlin 2020.
Finke, Björn: EZ-Kommission wirft Amazon unfaire Tricks vor, in: Süddeutsche Zeitung, 11. November 2020, S. 19.
Fisahn, Andreas: Stellungnahme zur Anhörung des Haushaltsausschusses des Deutschen Bundestages am 7.5.2012 zum Fiskalvertrag u. a. (https://eurodemostuttgart.files.wordpress.com/2012/05/prof-dr-andreas-fisahn.pdf).
Fisher, Mark: Capitalist Realism. Is There No Alternative? Winchester u. a. 2009.
Foster, John Bellamy / McChesney, Robert W.: The Endless Crisis. How Monopoly-Finance Capital Produces Stagnation and Upheaval from the USA to China, New York 2012.
Foucault, Michel: Die Geburt der Biopolitik. Geschichte der Gouvernementalität II. Vorlesungen am Collège de France 1978/1979, Frankfurt/M. 2004.
Fox, Justin: The Myth of the Rational Market. A History of Risk, Reward, and Delusion on Wall Street, New York 2009.
Frank, Thomas: One Market under God. Extreme Capitalism, Market Populism, and the End of Economic Democracy, London 2001.
Frankfurt, Harry G.: Bullshit, Frankfurt/M. 2006.
Friedman, Benjamin M.: The Future of Monetary Policy: The Central Bank as an Army with only a Signal Corps?, in: NBER Paper Series, National Bureau of Economic Research, Working Paper 7420 (1999), S. 1–28 (https://www.nber.org/system/files/working_papers/w7420/w7420.pdf).
Friedman, Milton: Capitalism and Freedom, Chicago 1962.
Friedman, Milton: Kapitalismus und Freiheit, Stuttgart-Degerloch 1971.
Friedman, Milton: The Essence of Friedman, Stanford 1987.
Fuchs, Christian: Labor in Informational Capitalism and on the Internet, in: The Information Society 26 (2010), S. 179–196.
Funke, Manuel / Schularick, Moritz / Trebesch, Christoph: Going to extremes: Politics after financial crises, 1870–2014, in: European Economic Review 88 (2016), S. 227–260.
Funke, Manuel / Trebesch, Christoph: Financial Crises and the Populist Right, in: ifo DICE Report 15/4 (2017), S. 6–9.
Galbraith, John Kenneth: The Affluent Society, Harmodsworth 1958.

Galloway, Alex: Protocol. How Controls exists after Decentralization, Cambridge/MA u. a. 2006.
Galloway, Alex: Protocol, or, How Control Exists after Decentralization, in: Rethinking Marxism 13/3–4 (2001), S. 81–88.
Galloway, Alexander R.: The Poverty of Philosophy: Realism and Post-Fordism, in: Critical Inquiry 39 (2013), S. 347–366.
Galloway, Alexander / Thacker, Eugene: Protokoll, Kontrolle und Netzwerke, in: Ramón Reichert (Hg.), Big Data. Analysen zum digitalen Wandel von Wissen, Macht und Ökonomie, Bielefeld 2014, S. 289–312.
Giersch, Herbert: Beschäftigung, Stabilität, Wachstum – wer trägt die Verantwortung? In: ders., (Hg.), Wie es zu schaffen ist. Agenda für die deutsche Wirtschaftspolitik, Stuttgart 1983, 21–33.
Gilardi, Fabrizio: The Institutional Foundations of Regulatory Capitalism: The Diffusion of Independent Regulatory Agencies in Western Europe, in: Annals of the American Academy of Political and Social Science 598/1 (2005), S. 84–101.
Glaser, Peter: Der Überallgorithmus: Sind Programmiersprachen die neuen Weltsprachen? In: Neue Zürcher Zeitung, 16. Februar 2016, S. 37.
Gless, Sabine / Wohlers, Wolfgang: Subsumtionsautomat 2.0. Künstliche Intelligenz statt menschlicher Richter? In: Martin Böse / Kay H. Schumann / Friedrich Toepel (Hg.), Festschrift für Urs Kindhäuser zum 70. Geburtstag, Baden-Baden [illegible]
Greene, Daniel / Joseph, Daniel: The Digital Spatial Fix, in: tripleC 13/2 (2015), S. 223–247.
Greider, William: Secrets of the Temple. How the Federal Reserve Runs the Country, New York u. a. 1987.
Grewal, David Singh: Network Power. The Social Dynamics of Globalization, New Haven u. a. 2008.
Grigo, Julian / Hansen, Patrick: Digitalwährungen stehen vor dem Durchbruch, ifo Schnelldienst 72/17 (2019), S. 6–12.
Grimm, Dieter: Die Verfassung und die Politik. Einsprüche in Störfällen, München 2001.
Goldman, Eric: Search Engine Bias and the Demise of Search Engine Utopianism, in: Yale Journal of Law & Technology 8 (2006), S. 188–200.
Gowan, Peter: Crisis in the Heartland. Consequences of the New Wall Street System, in: New Left Review 55 (2009) S. 5–29.
Hacker, Jacob / Pierson, Paul: Winner-Take-All Politics. How Washington Made the Rich Richer – And Turned Its Back in the Middle Class, New York u. a. 2010.
Hacker, Jacob S. / Pierson, Paul: Let them Eat Tweets: How the Right Rules in an Age of Extreme Inequality, New York 2020.
Hafner, Wolfgang: Ein vergessener genialer Wurf zur Bewertung von Optionen. Vinzenz Bronzin nahm die nobelpreiswürdige Black-Scholes-Formel vorweg, in: Neue Züricher Zeitung, 8. Oktober 2005, Fokus der Wissenschaft.
Hagelüken, Alexander: Das Ende des Geldes, wie wir es kennen. Der Angriff auf Zinsen, Bargeld und Staatswährungen, München 2020.
Hagelüken, Alexander / Zydra, Markus: «Libra steht völlig quer zu allem», Interview mit Joachim Wuermeling, in: Süddeutsche Zeitung, 5. November 2019, S. 19.

Hamelink, Cees J.: Finance and Information. A Study of Converging Interests, Norwood/NJ 1983.
Hanl, Andreas: Währungswettbewerber Facebook: Ökonomische Implikationen der Corporate Cryptocurrency Libra, in: MAGKS Joint Discussion Paper Series in Economics 30 (2019), S. 8–10.
Hanloser, Gerhard: Antisemitismus. Eine Geschichte in drei Stationen von der Gründerzeit über die Weltwirtschaftskrise bis heute, Münster 2003.
Hardt, Michael / Negri, Tony: Empire. Die neue Weltordnung, Frankfurt/M. 2002.
Häring, Norbert: Wer steckt hinter der Libra Association und was ist das Ziel von Libra? In: publikum.net, 18. Dezember 2019 (https://publikum.net/wer-steckt-hinter-der-libra-association-und-was-ist-das-ziel-von-libra/).
Häring, Norbert: Wie die USA ihre Dollar-Weltwährung ins Zeitalter von Libra retten wollen, in: Handelsblatt, 09. Mai 2020 (https://www.handelsblatt.com/politik/in ternational/kryptowaehrungen-wie-die-usa-ihre-dollar-weltwaehrung-ins-zeitalter-von-libra-retten-wollen/25813190.html?ticket=ST-3223158-ULZ-1SUmztty34sgim vVt-ap4).
Haucap, Justus / Stühmeier, Torben: Competition and antitrust in Internet markets, in: Johannes M. Bauer / Michael Latzer (Hg.), Handbook on the Economics of the Internet, Northhampton 2016, S. 183–210.
Hayek, Friedrich August von: Der Wettbewerb als Entdeckungsverfahren, Kieler Vorträge gehalten am Institut für Weltwirtschaft an der Universität Kiel, Neue Folge 56, Kiel 1968.
Hayek, Friedrich August von: Denationalisation of Money. The Argument Refined. Analysis of the Theory and Practice of Concurrent Currencies, London 1990.
Hayek, Friedrich August von: Economics and Knowledge, in: Economica, New Series 4/13 (1937), S. 33–54.
Hayek, Friedrich: The Use of Knowledge in Society, in: The American Economic Review 35/4 (1945), S. 519–530.
Heidegger, Martin: Die Herkunft der Kunst und die Bestimmung des Denkens, in: Petra Jaeger / Rudolf Lüthe (Hg.), Distanz und Nähe. Reflexionen und Analysen zur Kunst der Gegenwart, Würzburg 1983, S. 11–22.
Helbig, Dirk / Frey, Bruno S. u. a.: Das Digital-Manifest, in: Spektrum, 17. Dezember 2015, S. 12.
Helbig, Dirk: The Birth of a Digital God, in: ders. (Hg.), Towards Digital Enlightenment, Cham/CHE 2019, S. 103–106.
Hendrikse, Reijer / Fernandez, Rodrigo: Offshore Finance: How Capital Rules the World, in: Research Gate, 24. Januar 2019, S. 33–35 (https://www.researchgate.net/publica tion/330713868_Offshore_Finance_How_Capital_Rules_the_World).
Herrmann, Ulrike: Die wenigen Reichen besitzen fast alles, in: die tageszeitung, 16. Juli 2020, S. 3.
Herrmann, Ulrike / Reinecke, Stefan: Deutschland verhindert, mehr nicht, Interview mit Adam Tooze, in: die tageszeitung, 21. April 2020, S. 3.
Hofmann, Christian: The Changing Concept of Money: A Threat to the Monetary System or an Opportunity for the Financial Sector? In: European Business Organization Law Review 21/2 (2020), S. 37–68.

Horkheimer, Max / Adorno, Theodor W.: Dialektik der Aufklärung. Philosophische Fragmente, Frankfurt/M. 1971.

Hornuf, Lars: Libra: Eine Währung, die die Welt (nicht) braucht? In: ifo Schnelldienst 72/17, 12. September 2019, S. 10.

Hudson, Michael: Der Sektor. Warum die globale Finanzwirtschaft uns zerstört, Stuttgart 2019.

Illing, Gerhard: Zentralbanken im Griff der Finanzmärkte. Umfassende Regulierung als Voraussetzung für eine effiziente Geldpolitik, Bonn 2011.

Imbert, Michel: *The Confidence-Man* d'Herman Melville ou le discrédit des signes: du papier-monnaie aux Saintes Écritures, in: Social Science Information 30/2 (1991), S. 305–322.

Ingebretsen, Mark: Nasdaq. A History of the Market that Changed the World, Roseville 2002.

Ingraham, Christopher: One chart shows how the stock market is completely decoupled from the labor market, in: Washington Post, 09. Mai 2020.

Introna, Lucas D.: Algorithms, Governance, and Governmentality: On Governing Academic Writing, in: Science, Technology, & Human Values 41/1 (2016), S. 17–49.

Jansen, Nils / Michaels, Ralf: Beyond the State? Rethinking Private Law: Introduction to the Issue, in: The American Journal of Comparative Law 56/3 (2008), Special Symposion Issue: Beyond the State: Rethinking Private Law, S. 527–539.

Jacoby, Susan: The Age of American Unreason in a Culture of Lies, New York 2018.

Jensen, Uffa: Zornpolitik, Berlin 2017.

Johnson, Bobbie: Privacy no longer a social norm, says Facebook founder, in: The Guardian, 11. Januar 2010, (https://www.theguardian.com/technology/2010/jan/11/face book-privacy).

Joseph, Jonathan: The Social and the Global. Social Theory, Governmentality and Global Policies, Cambridge 2012.

Judt, Tony: Dem Land geht es schlecht. Ein Traktat über unsere Unzufriedenheit, München 2011.

Kahrt, Friedo / Müller, Carolin / Sahr, Aaron: Staatliche Zahlungs(un)fähigkeit. Missverständnisse und Missverhältnisse monetärer Souveränität in Europa (II), in: Soziopolis, 28. Januar 2020 (https://www.soziopolis.de/beobachten/wirtschaft/artikel/staat liche-zahlungsunfähigkeit/).

Kant, Immanuel: Kritik der Urteilskraft, in: Werke, hg. v. W. Weischedel, Bd. 5, Wiesbaden 1957.

Kant, Immanuel: Idee zu einer allgemeinen Geschichte in weltbürgerlicher Absicht, in: ebd., Bd. 6, Wiesbaden 1964, S. 31–50.

Kant, Immanuel: Zum ewigen Frieden. Ein philosophischer Entwurf, in: ebd., S. 191–251.

Kaufman, Henry: The Road to Financial Reformation, Hoboken 2009.

Kay, Lilly: Das Buch des Lebens. Wer schrieb den genetischen Code? München u. a. 2001.

Keller, Daphne: Internet Platforms. Observations on Speech, Danger, and Money, in: Hoover Working Group on National Security, Technology, and Law, Aegis Series Paper No. 1807 (2018) (revised June 28, 2018), S. 11–15 (https://lawfareblog.com/inter net-platforms-observations-speech-danger-and-money).

Kenney, Martin / Zysman, John: The Rise of the Platform Economy, in: Issues in Science and Technology 32/3 (2016), S. 1–17.

Keynes, John Maynard: Allgemeine Theorie der Beschäftigung, des Zinses und des Geldes, Berlin 1983.

Kierkegaard, Sören: Kritik der Gegenwart, oder: Zwei Zeitalter, Salzburg u. a. 2011.

Knight, Frank H.: «What is Truth» in Economics?, in: Journal of Political Economy 48/1 (1940), S. 1–32.

Kosseff, Jeff: The Twenty-Six Words That Created the Internet, Ithaca u. a. 2019.

Krasner, Stephen D.: Compromising Westphalia, in: International Security 20/3 (1995/1996), S. 115–151.

Kreye, Andrian: Nutzlose App, in: Süddeutsche Zeitung, 30. November 2020, S. 4.

Krippner, Greta R.: Capitalizing on Crisis. The Political Origins of the Rise of Finance, Harvard 2011.

Kurz, Mordecai: Endogenous Uncertainty and Rational Belief Equilibrium: A Unified Theory of Market Volatility, Stanford University, 14. Juli 1999 (http://www.stanford.edu/~mordecai/OnLinePdf/13.UnifiedView_1999.pdf).

Kyrtsēs, Alexandros-Andreas: Introduction: Financial Deregulation and Technological Change, in: ders. (Hg.), Financial Markets and Organizational Technologies: System Architectures, Practices and Risks in the Era of Deregulation, London 2010, S. 1–28.

Lacan, Jacques: Die Psychosen. Das Seminar, Buch III (1955–1956), Wien 2016.

Lacan, Jacques: La logique du fantasme. Séminaire 1966–1967, Paris 2004.

Laclau, Ernesto: Universalismus, Partikularismus und die Frage der Identität, in: Emanzipation und Differenz, Wien-Berlin 2002, S. 45–64.

Lang, Patrick: Max Scheler's Analysis of Ressentiment in Modern Democracies, in: Bernardino Fantini / Dolores Martín Moruno / Javier Moscoso (Hg.), On Resentment: Past and Present, Newcastle 2013.

Latour, Bruno: Existenzweisen. Eine Anthropologie der Modernen, Berlin 2014.

Latour, Bruno: Die Logistik der immutable mobiles, in: Jörg Döring / Tristan Thielmann (Hg.), Mediengeographie, Bielefeld 2009, S. 111–144.

Latour, Bruno / Lépinay, Vincent: Die Ökonomie als Wissenschaft der leidenschaftlichen Interessen, Frankfurt/M. 2010.

Latzer, Michael / Hollnbuchner, Katharina / Just, Natascha / Saurwein, Florian: The economics of algorithmic selection on the Internet, in: Johannes M. Bauer / Michael Latzer (Hg.), Handbook on the Economics of the Internet, Northampton 2016, S. 395–425.

Lazonick, William: Sustainable Prosperity in the New Economy? Business Organization and High-Tech Employment in the United States, Kalamazoo 2009

Lazonick, William / Mazzucato, Mariana: The risk-reward nexus in the innovation-inequality relationship: who takes the risks? Who gets the rewards? In: Industrial and Corporate Change 22/4 (2013), S. 1093–1128.

Leder, Sylvain: BlackRock in Paris. Der Finanzriese und Macrons Rentenreform, in: Le Monde diplomatique. Deutsche Ausgabe, Januar 2020, S. 9.

Leistert, Oliver: The Blockchain as a Modulator of Existence, in: MoneyLab, 07. Februar 2018 (https://networkcultures.org/moneylab/2018/02/07/the-blockchain-as-a-zmo dulator-of-existence/).

Leistert, Oliver: Kontrolle ist gut, Vertrauen ist besser, Bezahlung am besten. Zur Souveränität von Blockchain, in: Zeitschrift für Medien- und Kulturforschung 10/2 (2019), S. 155–170.
Leonhardt, David: Why You Shouldn't Believe Those G. D. P. Numbers, in: New York Times, 15. November 2019 (https://www.nytimes.com/2019/12/15/opinion/gdp-america.html).
Lepenies, Philipp: Die Macht der einen Zahl. Eine politische Geschichte des Bruttoinlandsprodukts, Frankfurt/M. 2013.
Lessing, Lawrence: Code und andere Gesetze des Cyberspace, Berlin 2001.
Levi-Faur, David: The Global Diffusion of Regulatory Capitalism, in: Annals of the American Academy of Political and Social Science 598/1 (2005), S. 12–32.
Liebert, Nicola: Fataler Reichtum. Zuviel Geld in falschen Händen, in: Le Monde Diplomatique. Deutsche Ausgabe, August 2012, S. 1, 10–11.
Lindblom, Charles E.: The Market as Prison, in: The Journal of Politics 44 (1982), S. 324–336.
LiPuma, Edward / Lee, Benjamin: Financial Derivatives and the Globalization of Risk, Durham u. a. 2004.
Lobe, Adrian: Der redet nur Blech, doch das darf er, in: Süddeutsche Zeitung, 18. August 2020, S. 11.
Lovink, Geert: Sad by Design. On Platform Nihilism, London 2019.
Löwe, Sebastian: Social Media Oktober, in: Pop-Zeitschrift, 22. Oktober 2018 (https://pop-zeitschrift.de/2018/10/22/social-media-oktober-von-sebastian-loewe/#_ftnref8).
Luenberger, David G.: Information Science, Princeton u. a. 2006.
Luhmann, Niklas: Soziale Systeme. Grundriß einer allgemeinen Theorie, Frankfurt/M. 1987.
Luhmann, Niklas: Die Wirtschaft der Gesellschaft, Frankfurt/M. 1988.
Luhmann, Niklas: Die Realität der Massenmedien, Wiesbaden 1996.
Lyotard, Jean-François: Das postmoderne Wissen, Wien 1986.
MacKay, Donald M.: In Search of Basic Symbols, in: Claus Pias (Hg.), Cybernetics / Kybernetik. The Macy-Conferences 1946–1953, Bd. 1: Transactions / Protokolle, Zürich u. a. 2003, S. 480–509.
MacKay, Donald M.: Appendix I. The Nomenclature of Information Theory, in: ebd., 511–512.
Mackenzie, Adrian: Cutting Code. Software and Sociality, New York u. a. 2006.
MacKenzie, Donald: An Engine, Not a Camera. How Financial Models Shape Markets, Cambridge/MA u. a. 2006.
MacKenzie, Donald: Opening the Black Boxes of Global Finance, in: Alexandros-Andreas Kyrtsis (Hg.), Financial Markets and Organizantional Techologies. System Architectures, Practises and Risks in the Era of Deregulation, New York u. a. 2010, S. 92–116.
Magdoff, Harry / Sweezy, Paul M.: Stagnation and the Financial Explosion, New York 2009.
Malabou, Catherine: Kryptowährungen oder die anarchistische Wende des zeitgenössischen Kapitalismus, in: Zeitschrift für Medien- und Kulturforschung 10/2 (2019), S. 97–108.

Malkiel, Burton G.: A Random Walk Down Wall Street, New York 2003.
Mandelbrot, Benoit B. / Hudson, Richard L.: Fraktale und Finanzen. Märkte zwischen Risiko, Rendite und Ruin, München 2009.
Mandeville, Bernard: Die Bienenfabel oder Private Laster, öffentliche Vorteile, Frankfurt/M. 1980.
Manow, Philip: Die politische Ökonomie des Populismus, Berlin 2018.
Marazzi, Christian: Verbranntes Geld, Zürich-Berlin 2011.
Martin, Randy: The Twin Towers of Financialisation: Entanglements of Political and Cultural Economies, in: The Global South 3/1 (2009), S. 108–125.
Marx, Karl: Zur Judenfrage, in: MEW, Bd. 1, Berlin 1981, S. 347–377.
Marx, Karl: Grundrisse der Kritik der politischen Ökonomie, in: MEW, Bd. 42, Berlin 1983.
Marx, Karl: Ökonomisch-philosophische Manuskripte aus dem Jahre 1844, in: MEW, Ergänzungsband 1, Berlin 1970, S. 465–588.
Marx, Karl / Engels, Friedrich: Die Deutsche Ideologie, in: MEW, Bd. 3, Berlin 1981.
Marx, Karl / Engels, Friedrich: Das Kapital, Bd. 1, in: MEW, Bd. 23, Berlin 1969.
Marx, Karl / Engels, Friedrich: Das kommunistische Manifest. Eine moderne Edition, Hamburg u. a. 1999.
Mason, Paul: Postkapitalismus. Grundrisse einer kommenden Ökonomie, Frankfurt/M. 2016.
Mayer, Martin: The Fed. The Inside Story of How the World's Most Powerful Financial Institution Drives the Markets, New York 2001.
Mazepa, Patrizia / Mosco, Vincent: A political economy approach to the Internet, in: Johannes M. Bauer / Michael Latzer Bauer (Hg.), Handbook on the Economics of the Internet, Northampton 2016, S. 163–183.
Mazzucato, Mariana: The Entrepreneurial State. Debunking Public vs. Private Sector Myths, New York 2013.
McChesney, Robert W.: Digital Disconnect. How Capitalism is Turning the Internet Against Democracy, New York u. a. 2013.
Meeker, Mary / DePuy, Chris: The Internet Report, Morgan Stanley Global Technology Group, Februar 1996.
Melville, Herman: Maskeraden oder Vertrauen gegen Vertrauen, Hamburg 1999.
Melville, Herman: The Confidence-Man: His Masquerade, hg. v. Elizabeth S. Foster, New York 1954
Menke, Christoph: Kritik der Rechte, Berlin 2015.
Mersch, Yves: Money and private currencies: reflections on Libra, in: Building bridges: central banking law in an interconnected world. ECB Legal Conference 2019, European Central Bank, Dezember 2019, S. 13–20 (https://www.ecb.europa.eu/pub/pdf/other/ecb.ecblegalconferenceproceedings201912~9325c45957.en.pdf?258d648ffcf1be39f9d927e5c13f393f).
Merton, Robert C.: Continuous-Time Finance, Cambridge/MA 1990.
Merton, Robert C.: Theory of Rational Option Pricing, Cambridge/MA 1971.
Micklethwait, John / Wooldridge, Adrian: A Future Perfect. The Essentials of Globalization, New York 2000.
Mirowski, Philip: Untote leben länger. Warum der Neoliberalismus nach der Krise noch stärker ist, Berlin 2015.

Mirowski, Philip / Nik-Khah, Edward: The Knowledge We Have Lost in Information. The History of Information in Modern Economics, Oxford 2017.

Mises, Ludwig von: Liberalismus, Jena 1927.

Moe, Thorvald Grung: Control of Finance as a Prerequisite for Successful Monetary Policy: A Reinterpretation of Henry Simons's <Rules versus Authorities in Monetary Policy>, in: Levy Economics Institute Working Paper Collection, Levy Economics Institute of Bard College, Working Paper No. 713 (2012) (http://www.levyinstitute.org/pubs/wp_713.pdf).

Morrissey, Brian: Facebook gives new face to online ads, in: Brandweek 47/35 (2006), 11.

Morozov, Evgeny: Smarte neue Welt. Digitale Welt und die Freiheit des Menschen, München 2013.

Morozov, Evgeny: Bizarre Freundschaften. Die neuen Rechten und Big Tech, in: Süddeutsche Zeitung, 21. Januar 2019, S. 11.

Mosco, Vincent: The Digital Sublime. Myth, Power, and Cyberspace, Boston 2004.

Müller, Jan-Werner: Was ist Populismus? Ein Essay, Berlin 2016.

Münkler, Herfried: Populismus in Deutschland. Eine Geschichte seiner Mentalitäten, Mythen und Symbole, o. O. 2012.

Münker, Stefan: Freiheit, die in Ketten liegt. Zur Philosophie der blockchain, in: Zeitschrift für Medien- und Kulturforschung 10/2 (2019), S. 117–126.

Musil, Robert: Der Mann ohne Eigenschaften, in: Gesammelte Werke, hg. v. A. Frisé, Bd. 1, Reinbek 1978.

Nachtwey, Oliver/ Seidl, Timo: Die Ethik der Solution und der Geist des digitalen Kapitalismus, IFS Working Paper 11, Institut für Sozialforschung, Frankfurt/M. Oktober 2017.

Nake, Frieder: Das algorithmische Zeichen, in: W. Bauknecht / W. Brauer / Th. Mück (Hg.), Informatik 2001. Tagungsband der GI/OCG Jahrestagung 2001, Bd. 2, Konstanz 2001, S. 736–742.

Nassehi, Armin: Muster. Theorie der digitalen Gesellschaft, München 2019.

Nesvetailova, Anastasia / Belli, Carlos: Global Financial Governance. Taming Financial Innovation, in: Sophie Harman / David Williams (Hg.), Governing the World? Cases in Global Governance, London u. a. 2013, S. 46–61.

Niehans, Jürg: A History of Economic History. Classic Contributions. 1729–1980, Baltimore u. a. 1990.

Nietzsche, Friedrich: Zur Geneaologie der Moral, in: Sämtliche Werke. Kritische Studienausgabe, hg. v. G. Colli u. M. Montinari, München 1999, Bd. 5, S. 245–412.

Nietzsche, Friedrich: Götzen-Dämmerung, oder: Wie man mit dem Hammer philosophiert, in: Sämtliche Werke. Kritische Studienausgabe, hg. v. G. Colli u. M. Montinari., München 1999, Bd. 6, S. 55–161.

Nosthoff, Anna-Verena / Maschewski, Felix: Die Gesellschaft der Wearables. Digitale Verführung und soziale Kontrolle, Berlin 2019.

Novalis: Das allgemeine Brouillon (Materialien zur Enzyklopädistik), in: Schriften hg. v. P. Kluckhohn u. R. Samuel, Bd. 3, Stuttgart 1983.

Ogorek, Regina: Richterkönig oder Subsumtionsautomat? Zur Justiztheorie im 19. Jahrhundert, Frankfurt/M. 1986.

Olschanski, Reinhard: Ressentiment. Über die Vergiftung des europäischen Geistes, Paderborn 2015.
O'Neil, Cathy: Angriff der Algorithmen: Wie sie Wahlen manipulieren, Berufschancen zerstören und unsere Gesundheit gefährden, München 2017.
Orléan, André: Le pouvoir de la finance, Paris 1999.
Parker, Geoffrey G. u. a.: Platform Revolution. How Networked Markets Are Transforming the Economy – And How to Make Them Work for You, New York u. a. 2016.
Pasquinelli, Matteo: Der italienische Operaismo und die Informationsmaschine, in: Ramón Reichert (Hg.), Big Data. Analysen zum digitalen Wandel von Wissen, Macht und Ökonomie, Bielefeld 2014, S. 313–332.
Pentland, Alex: Social Physics. How Good Ideas Spread. Lessons from a New Science, New York 2004.
Perez, Carlota: Technological Revolutions and Financial Capital. The Dynamics of Bubbles and Golden Ages, Cheltenham u. a. 2002.
Philipponnat, Thierry: Le Capital. De l'Abondance à l'Utilité, Paris 2017.
Piketty, Thomas: Das Kapital im 21. Jahrhundert, München 2014.
Pircher, Wolfgang: Die Inszenierung von Vertrauen. Zur Theatralität des Geldes, in: Ralf Bohn / Heiner Wilharm (Hg.), Inszenierung und Ereignis, Bielefeld 2015, S. 189–206.
Pistor, Katharina: Der Code des Kapitals. Wie das Recht Reichtum und Ungleichheit schafft, Berlin 2020.
Prantl, Heribert: Das Finale nach dem Ende, in: Süddeutsche Zeitung, 29. Juni 2012, S. 2.
Preis, Tobias: Ökonophysik. Die Physik des Finanzmarktes, Wiesbaden 2011.
Priester, Karin: Rechter und linker Populismus, Annäherung an ein Chamäleon, Frankfurt/M. 2012.
Probst, P.: Ressentiment, in: Historisches Wörterbuch der Philosophie, hg. v. J. Ritter, K. Gründer, G. Gabriel, Darmstadt 2007, Bd. 8, S. 921–924.
Procter, Robert N. / Schiebinger, Londa (Hg.): Agnotology. The Making and Unmaking of Ignorance, Stanford 2008.
Propp, Kenneth: The emerging EU regulatory landscape for digital platform liability, in: Atlantic Council, 22. Oktober 2019 (https://www.atlanticcouncil.org/blogs/new-atlanticist/the-emerging-eu-regulatory-landscape-for-digital-platform-liability/).
Pufendorf, Samuel: Die Gemeinschaftspflichten des Naturrechts. Ausgewählte Stücke aus De officio Hominis et Civis 1673, Frankfurt/M. 1943.
Reckwitz, Andreas: Die Gesellschaft der Singularitäten. Zum Strukturwandel der Moderne, Berlin 2019.
Reichert, Ramon: Das Wissen der Börse. Medien und Praktiken des Finanzmarktes, Bielefeld 2009.
Reynolds, Matt: The strange story of Section 230, the obscure law that created our flawed, broken internet, in: Wired, 24. März 2019, S. 5–6 (https://www.wired.co.uk/article/section-230-communications-decency-act).
Rödl, Florian: EU im Notstandsmodus, in: Blätter für deutsche und internationale Politik 5 (2012), S. 5–8.

Rushdy, Ashraf H. A.: After Injury: A Historical Anatomy of Forgiveness, Resentment, and Apology, Oxford 2018.

Sahr, Aaron: Das Versprechen des Geldes. Eine Praxistheorie des Kredits, Hamburg 2017.

Sahr, Aaron: Keystroke-Kapitalismus. Ungleichheit auf Knopfdruck, Hamburg 2017.

Samuelsen, Paul A.: Proof That Properly Anticipated Prices Fluctuate Randomly, in: Collected Papers of Paul A. Samuelson, Bd. 3, Cambridge/MA. u. a. 1972, S. 782–790.

Santner, Eric L.: The Rebranding of Sovereignty in the Age of Trump: Toward a Critique of Manatheism, in: William Mazzarella / Eric L. Santner / Aaron Schuster: Sovereignty, Inc. Three Inquiries in Politics and Enjoyment, Chicago 2019, S. 19–112.

Sartre, Jean-Paul: Der Idiot der Familie. Gustave Flaubert 1821–1857, Bd. 1, Reinbek 1977; Bd. 5, Reinbek 1980.

Sauer, Ulrike: Nichts als leere Versprechen, in: Süddeutsche Zeitung, 27. April 2020, S. 17.

Schäfer, Dorothea: Facebook-Währung Libra: Nur ein genialer Marketingtrick?, in: DIW Wochenbericht 86/37 (2019), S. 688 (https://www.diw.de/de/diw_01.c.678097.de/publikationen/wochenberichte/2019_37_5/facebook-waehrung_libra__nur_ein_genialer_marketingtrick__kommentar.html).

Schäffler, Stephan: Mathematik der Information. Theorie und Anwendungen der Shannon-Wiener Information, Berlin u. a. 2015.

Scheler, Max: Das Ressentiment im Aufbau der Moralen (1915), in: Vom Umsturz der Werte. Abhandlungen und Aufsätze, Gesammelte Werke, Bd. 3, Bern 1972, S. 33–147.

Schiller, Dan: How to Think About Information, Urbana u. a. 2007.

Schiller, Dan: Digital Depression. Information Technology and Economic Crisis, Urbana u. a. 2014.

Schiller, Herbert I.: Information and the Crisis Economy, New York u. a. 1986.

Schmeling, Maik: What is Libra? Understanding Facebook's currency, in: SAFE Policy Letter 76 (2019) (http://hdl.handle.net/10419/204501).

Schnelle, H.: Information, in: Historisches Wörterbuch der Philosophie, Darmstadt 2007, Bd. 4, hg. v. J. Ritter, K. Gründer, G. Gabriel, S. 356–357.

Schoukens, Paul / Barrio, Alberto / Montebovi, Saskia: Social Protection of Non-Standard Workers: The Case of Platform Work, in: Bram Devolder (Hg.), The Platform Economy. Unravelling the Legal Status of Online Intermediaries, Cambridge u. a. 2019, S. 227–258.

Schularick, Moritz / Baldenius, Till u. a.: Die neue Wohnungsfrage Gewinner und Verlierer des deutschen Immobilienbooms, in: Marcrofinance Lab, Universität Bonn, Juni 2019. Webseite: http://www.macrohistory.net/wp-content/uploads/2019/06/Die-neue-Wohnungsfrage.pdf

Scialom, Laurence: La fascination de l'ogre. Comment desserrer l'étau de la finance, Paris 2019.

Scornos, Dina / Bammens, Niels: International Corporate Taxation of Digital Platforms, in: Bram Devolder (Hg.), The Platform Economy. Unravelling the Legal Status of Online Intermediaries, Cambridge u. a. 2019, S. 327–362.

Scott, Bruce R.: Capitalism. Its Origins and Evolution as a System of Governance, New York u. a. 2011
Seybold, Matt: The Political Economy of *The Confidence-Man*, in: Leviathan 21/3 (2019), S. 51–59.
Shapiro, Andrew L.: The Control Revolution. How the Internet Is Putting Individuals in Charge and Changing the World We Know, New York 1999.
Shawcross, William: Murdoch. The Making of a Media Empire, New York 1997.
Shearer, Elisa / Gottfried, Jeffrey: News Use Across Social Media Platforms 2017, in: Pew Research Center, 06. September 2017 (https://www.journalism.org/wp-content/uploads/sites/8/2017/09/PJ_17.08.23_socialMediaUpdate_FINAL.pdf).
Shroeder, John W.: Sources and Symbols for Melville's *Confidence-Man*, in: PMLA 66/4 (1951), S. 363–380.
Simanowski, Robert / Reichert, Ramón: Sozialmaschine Facebook. Dialog über das politisch Unverbindliche, Berlin 2020.
Simons, Henry S.: Rules versus Authorities in Monetary Policy, in: The Journal of Political Economy 44/1 (1936), S. 1–30.
Skidelsky, Robert: Keynes. The Return of the Master, New York 2009.
Slaughter, Anne-Marie: A New World Order. Government Networks and the Disaggregated State, Princeton 2004.
Slobodian, Quinn: Globalisten. Das Ende der Imperien und die Geburt des Neoliberalismus, Berlin 2019.
Smith, Adam: Theorie der ethischen Gefühle, hg. v. W. Eckstein, Hamburg 1994.
Smith, Vera C.: The Rationale of Central Banking and the Free Banking Alternative (1936), Indianapolis 1990.
Srnicek, Nick: Platform Capitalism, Cambridge 2017.
Sombart, Werner: Der Bourgeois. Zur Geistesgeschichte des modernen Wirtschaftsmenschen, München u. a. 1913.
Sommer, Bernd: Prekarisierung und Ressentiment. Soziale Unsicherheit und rechtsextreme Einstellungen in Deutschland, Wiesbaden 2010.
Staab, Philipp: Digitaler Kapitalismus. Markt und Herrschaft in der Ökonomie der Unknappheit, Berlin 2019.
Sten, Christopher W.: The Dialogue of Crisis in The Confidence-Man: Melville's «New Novel», in: Studies in the Novel 6/2 (1974), S. 165–185.
Strange, Susan: Mad Money. When Markets Outgrow Governments, Ann Arbor 1998.
Streeck, Wolfgang: Die gekaufte Zeit. Die vertagte Krise des demokratischen Kapitalismus, Berlin 2013.
Tarde, Gabriel: Die Gesetze der Nachahmung (1890), Frankfurt/M. 2003.
Tarde, Gabriel: Psychologie économique, Bd. 1, Paris 1902.
Terzić, Zoran: Idiocracy. Denken und Handeln im Zeitalter des Idioten, Zürich-Berlin 2020.
Terranova, Tiziana: Free Labor: Producing Culture for the Digital Economy, in: Social Text 18/2 (2000), S. 33–58.
Thépaut, Yves: Le concept d'information dans l'analyse économique contemporaine, in: Hermès. La Revue 44/1 (2006), S. 161–168.

Thiel, Peter / Masters, Blake: Zero to One. Notes on Startups or How to Build the Future, New York 2014.
Tilly, Richard: Geld und Kredit in der Wirtschaftsgeschichte, Stuttgart 2003.
Tischer, Daniel: Cutting the network? Facebook's Libra currency as a problem of organization, in: Finance and Society 6/1 (2020), S. 19–33.
Tomšič, Samo: The Capitalist Unconscious. Marx and Lacan, London u. a. 2015.
Tooze, Adam: Crashed. How a Decade of Financial Crises Changed the World, New York 2018.
Tréguer, Félix: Wenn die Polizei Fieber misst, in: Le Monde diplomatique. Deutsche Ausgabe, Mai 2020, S. 7.
Turner, Adair: Between Debt and Devil: Money, Credit, and Fixing Global Finance, Princeton 2015.
Turner, Adair: Econmics After the Crisis. Objectives and Means, Cambridge u. a. 2012.
Ullrich, Wolfgang: Ganz ohne Einflussangst. Zur Karriere der Influencer, in: POP. Kultur und Kritik 12 (2018), S. 45–49.
Varian, Hal R.: The economics of Internet search, in: Johannes M. Bauer / Michael Latzer (Hg.), Handbook on the Economics of the Internet, Northampton 2016, 385–394.
Varoufakis, Yanis: Das Euro-Paradox. Wie eine andere Geldpolitik Europa wieder zusammenführen kann, München 2016.
Varoufakis, Yanis: Der globale Minotaur. Amerika und die Zukunft der Weltwirtschaft, München 2012.
Varoufakis Yanis: Die ganze Geschichte. Meine Auseinandersetzung mit Europas Establishment, München 2017.
Vasa, Alexandra / Roepstorff-Robiano, Philippe: Börsen-, Spekulations- und Inflationsroman, in: Joseph Vogl / Burkhardt Wolf (Hg.), Handbuch Literatur und Ökonomie, Berlin u. a. 2019, S. 566–580.
Vasudevan, Ramaa: Libra and Facebook's Money Illusion, in: Challenge, 21. November 2019, S. 2 (https://doi.org/10.1080/05775132.2019.1684662).
Vega, Don Joseph de la: Die Verwirrung der Verwirrungen. Vier Dialoge über die Börse in Amsterdam, Breslau 1919.
Vega, Don Joseph de la: Confusión de Confusiones, Universidad Nacional de Cuyo, Mendoza/Argentina 2013.
Virno, Paolo: Grammatik der Multitude. Der Engel und der General Intellect, Wien 2019.
Vogel, Hans-Jochen: Mehr Gerechtigkeit! Wir brauchen eine neue Bodenordnung – nur dann wird Wohnen auch wieder bezahlbar, Freiburg 2019.
Vogel, Steffen: Europas Revolution von oben. Sparpolitik und Demokratieabbau in der Eurokrise, Hamburg 2013.
Vogl, Joseph: Kalkül und Leidenschaft. Poetik des ökonomischen Menschen, Zürich-Berlin 2008.
Vogl, Joseph: Das Gespenst des Kapitals, Zürich-Berlin 2010.
Vogl, Joseph: Der Souveränitätseffekt, Zürich-Berlin 2015.
Waschbüsch, Lukas: Saftig ausgepresst, in: die tageszeitung, 09. Juli 2019, S. 21.
Wedel, Janine: Shadow Elite. How the World's New Power Broker Undermine Democracy, Government, and the Free Markets, New York 2009.

Wetzel, Hubert: Mobilisierung per App, in: Süddeutsche Zeitung, 28. Mai 2020, S. 7.
Weinberger, Martin: Too Big to know. Das Wissen neu denken, denn Fakten sind keine Fakten mehr, die Experten sitzen überall, und die schlaueste Person im Raum ist der Raum, Bern 2013.
Wiener, Norbert: Kybernetik. Regelung und Nachrichtenübertragung in Lebewesen und Maschine, Reinbek 1968.
Willmroth, Jan: Die Null wird stehen, in: Süddeutsche Zeitung, 26. Juli 2019, S. 15.
Windolf, Paul: Was ist Finanzmarkt-Kapitalismus?, in: Paul Windolf (Hg.), Finanzmarkt-Kapitalismus. Kölner Zeitschrift für Soziologie und Sozialpsychologie, Sonderheft 45 (2005), S. 20–57.
Wittgenstein, Ludwig: Über Gewißheit, hg. v. G. E. M Anscombe u. H. G. von Wright, Frankfurt/M. 1969.
Wylie, Christopher: Mindf*ck. Wie die Demokratie durch Social Media untergraben wird, Köln 2020.
Zara, Christopher: The Most Important Law in Tech has a Problem, in: Wired, 01. März 2017 (https://www.wired.com/2017/01/the-most-important-law-in-tech-has-a-pro blem/).
Žižek, Slavoj: Die Tücke des Subjekts, Frankfurt/M. 2017.
Žižek, Slavoj: Genieße Deine Nation wie Dich selbst! Der andere und das Böse – vom Begehren des ethnischen Dings, in: Joseph Vogl (Hg.), Gemeinschaften. Positionen zu einer Philosophie des Politischen, Frankfurt/M. 1994, S. 133–164.
Zuboff, Shoshanna: The Age of Surveillance Capitalism. The Fight for a Human Future at the New Frontier of Power, New York 2019.
Zuboff, Shoshanna: Big other: surveillance capitalism and the prospects of an information civilization, in: Journal of Information Technology 30 (2015), S. 75–89.
Zuckerberg, Mark: Building Global Community, 16. Februar 2017 (https://www.face book.com/notes/mark-zuckerberg/building-global-community/10154544292806634/).

Gesetze, Urteile, Berichte, Programme

Bundeszentrale für politische Bildung: Größere Finanzkrisen seit 1970, 15. November 2017 (https://www.bpb.de/nachschlagen/zahlen-und-fakten/globalisierung/52625/finanzkrisen-seit-1970).
Capgemini, World Wealth Report 2011, 22. Juni 2011 (https://www.capgemini.com/resources/world-wealth-report-2011/).
Citizens United v. Federal Election Commission, 558 U. S. 310 (2010) (https://www.supre mecourt.gov/opinions/09pdf/08-205 pdf).
Communications Decency Act, 47 U. S. Code § 230: Protection for private blocking and screening of offensive material (1996) (https://www.law.cornell.edu/uscode/text/47/230).
First National Bank of Boston v. Bellotti, 435 U. S. 765 (1978).
Forum on Information & Democracy: Report on Infodemics, November 2020 (https://informationdemocracy.org/wp-content/uploads/2020/11/ForumID_Report-on-in fodemics_101120.pdf).
Gesetz zur Vereinheitlichung von Vorschriften über bestimmte elektronische Infor-

mations- und Kommunikationsdienste (Elektronischer-Geschäftsverkehr-Vereinheitlichungsgesetz – ElGVG), 26. Februar 2007.
International Money Fund: External Evaluation of IMF Surveillance. Report by a Group of Independent Experts, Washington 1999.
Libra Association: Einführung in Libra. Whitepaper. Von den Mitgliedern der Libra Associtation, Juni 2019.
Libra Association: Libra White Paper. Version 2.0. From the Libra Association Members, April 2020 (https://libra.org/en-US/white-paper/?noredirect=en-US#cover-letter).
Richtlinie 2000/31/EG des Europäischen Parlaments und des Rates vom 8. Juni 2000 über bestimmte rechtliche Aspekte der Dienste der Informationsgesellschaft, insbesondere des elektronischen Geschäftsverkehrs, im Binnenmarkt («Richtlinie über den elektronischen Geschäftsverkehr») (https://eur-lex.europa.eu/LexUriServ/LexUriServ.do?uri=CELEX:32000L0031:DE:HTML).
Gesetz über die Nutzung von Telediensten (Teledienstgesetz – TDG) vom 22. Juli 1997 (Art. 1 in: Gesetz zur Regelung der Rahmenbedingungen für Informations- und Kommunikationsdienste-Gesetz –JuKDG).